四川省社会科学重点研究基地“地方文化资源保护与开发研究中心”一般项目“巴蜀文学与文献研究论稿”（DFWH2020-005）
四川省社会科学重点研究基地“李冰研究中心”一般项目“清代灌县诗人陈炳魁及其诗文辑佚研究”（LBYJ2019-018）
本书由人文在线出版基金资助出版

王燕飞　喻　芳　张婷婷◎著

巴蜀文学与文献研究论稿

吉林文史出版社

图书在版编目（CIP）数据

巴蜀文学与文献研究论稿/王燕飞，喻芳，张婷婷著. —长春：吉林文史出版社，2020. 11
ISBN 978 - 7 - 5472 - 7373 - 9

Ⅰ. ①巴… Ⅱ. ①王… ②喻… ③张… Ⅲ. ①地方文学史 - 文学史研究 - 四川 ②地方文献 - 研究 - 四川 Ⅳ. ①I209. 971 ②K297. 1

中国版本图书馆 CIP 数据核字（2020）第 218161 号

巴蜀文学与文献研究论稿
BASHU WENXUE YU WENXIAN YANJIU LUNGAO

作　　者／王燕飞　喻　芳　张婷婷
策划编辑／刘　芬
责任编辑／王明智
封面设计／人文在线
出版发行／吉林文史出版社
地　　址／长春市福祉大路出版集团 A 座　　邮　　编／130118
网　　址／www. jlws. com. cn
电　　话／0431—81629375
印　　刷／天津雅泽印刷有限公司
开　　本／710mm × 1000mm　　16 开
字　　数／304 千
印　　张／19. 25
版　　次／2020 年 11 月第 1 版　　2020 年 11 月第 1 次印刷
书　　号／ISBN 978 - 7 - 5472 - 7373 - 9
定　　价／75. 00 元

序

在公元前316年秦国吞并巴、蜀两国之前，巴、蜀本为西南地区的两个古方国。两国山水相连，互动频繁，但彼此因为经济、政治等原因，常有争战。而秦并巴、蜀之后，巴、蜀融入中原，接受中原文化洗礼，古方国的巴与蜀变成了一种具有地域特色的文化概念。

2300多年来，原方国时期的巴蜀区域屡有变迁，但总体以今天的四川省和重庆市行政区域为主体。大体说来，巴地以山区和丘陵为主，蜀地则以成都平原为主，辅之以周边的丘陵山区。在历史上，古巴、古蜀两国总体以四川盆地为核心。

巴、蜀地理相连，虽然巴的自然条件不如蜀，但因为蜀地河流最后都注入长江，所以，长江是两地的自然联结纽带。蜀、巴之间是干、支关系，上、下游关系。在历史上，巴与蜀虽有自然生态方面的显著差异，但因为这种单一的水系关系，巴、蜀又常常难以区分，联成一体。人们常说“巴山蜀水”，的确，山是巴之魂，水是蜀之灵。水润天府，山孕巴国。山水是巴蜀文化的根脉，从这个意义上说，蜀文化离不开巴文化，反之，巴文化也天然地蕴含了蜀文化的因子。所以，在漫长的相互融合之中，巴、蜀共同构成了具有区别于其他地域的区域文化个性，所以，巴蜀文化成为与齐鲁文化、吴越文化、燕赵文化、河洛文化、三晋文化、三秦文化、荆楚文化、湖湘文化等鼎足而立的地域文化。不错，就对外而言，巴蜀文化无疑是一个整体；但对内来说，巴文化与蜀文化当然还是有相当的差异。这种差异，早在《华阳国志》中就有“巴有将，蜀有相”之分野，所以，巴文化偏武，蜀文化偏文，一文一武、一阴一阳，构成了巴蜀文化的自然与文化生态。

由上面简要梳理可知，巴蜀最早是由古方国名演化而来。但在中国古代历史中，并没有“巴蜀文化”这一提法，也没有巴文化、蜀文化的提法。巴蜀文化的最早提出是二十世纪三四十年代的事，距今不足百年。虽然巴蜀文化这一概念出现得比较晚，但并不意味着这一概念尚未成熟。事实上，巴蜀历史非常悠久，巴蜀文化是一个内涵非常丰富的概念。自这一概念的提出到现在，有关巴蜀文化的研究成果已经很多，但毋庸讳言的是，由于巴蜀文化自身的悠久性、多样性、复杂性，人们对它的研究事实上还有许多的空白。比如，巴蜀大地历史的星空曾涌现出数不胜数的文化名人，但人们习惯对那些最闪亮的“巨星”，如司马相如、扬雄、李白、苏轼等关注频繁，而对那些划过巴蜀历史星空并不耀眼的“文星”，却疏于关注。这种研究格局，对我们系统全面把握巴蜀文化的总貌是有较大缺憾的。

西华大学文学与新闻传播学院王燕飞博士（副教授）、喻芳副教授和张婷婷讲师（四川大学博士在读），合力推出了一部《巴蜀文学与文献研究论稿》，他们问序于我。我因为工作关系，这些年持续关注、推动巴蜀文化的研究，所以，欣然应允。拿着书稿，看着目录，我的眼前为之一亮：他们的研究正是避开学界那些热闹的名人，用心专注于那些尚不为人们熟悉的巴蜀作家及其相关文献。这种研究看似细琐，似乎难以引起较大的共鸣，但却意义重大，不可小视。因为，这些研究让我们看到了巴蜀文学生态的多样性和原真性，对我们了解巴蜀文学与文献的丰富多彩，提供了别样的窗口与路径。通读全书，兴奋不已，有以下几点给我留下深刻印象。

第一，研究对象的时间维度纵长。细数一下，本书研究对象从晚唐五代到晚清，时间跨度近千年。这其中，作者关注的重点集中于晚唐五代和明清时期，避开了学界对于唐、宋巴蜀文学研究的热点。书中对五代西蜀文学进行了研究，探讨了花间词的色彩审美特质和五代西蜀诗歌的创作特色及诗史意义。在五代西蜀文学中，以词最为著名，代表其成就的《花间集》是我国第一部文人词总集，在文学史上具有重要的地位。花间词风绮靡秾艳，清丽婉媚，其色彩意象可谓是斑斓多姿，丰富多彩。《“淡妆浓抹总相宜”——论花间词的色彩美》一文从花间词的“色彩美”入手，发现花间词人善于运用文学语言设色，以唤起人们的审美意识，从而形成了独特的艺术风格和美学魅力。然而，正因为花间词的杰出成就和重大影响，向来人们谈到五代西蜀文学时，只言其词而不言其诗，甚至以词掩诗。《论五代西蜀诗歌》通过研究认为：五代西蜀不仅在词史上是一个辉煌的时代，同时它也是一个诗歌的时代，诗人众多，作品繁富，且具有独特的地域色彩，在中国诗歌史上有一定的价值和意义。孙光宪是花间词派的代表作家，在晚唐五代文人词坛具有重要的地位和影响。他的著作多半已亡佚，也没有专门的文论，但从其遗存的著作、文章、词作中可窥见他的文学思想主张：在士人群体人格俗化的五代时期，孙光宪标举儒家诗教，反对浅俗鄙陋之风，崇尚清之人格与诗美，既特出于当时，也影响了后世文学的发展。

明代作家主要关注的是著名学者、文学家杨慎及其妻子黄峨。杨慎的诗论著作《升庵诗话》不主一家之见，亦异于当时声势浩大的“前后七子”的复古理论主张，从文学发展的客观规律出发，提出了自己的诗歌美学观点：主张约情合性的情感之美，主张意在言外的含蓄之美，主张绮艳有骨的清丽之美。他还把反映世俗文化内容的戏曲提高到与诗赋同等的位置，在一定程度上肯定了人的自然真感情，从中已初见晚明思想解放与个性解放的端倪。杨慎因“议大礼”故被谪戍云南永昌卫，终生不得赦免，杨慎、黄峨夫妻也被迫分离三十多年，尝尽离别的悲苦。他们长歌当哭，写下大量的离思之作，真实地记录了他们的情感历程，表现了家庭失和、爱情缺失对男性、女性的不同影响，展现了男性、女性在人生痛苦中的不同境遇，更揭示出女性在封建时代不可逆转的悲剧宿命。

清代作家主要研究了郫县诗人许儒龙和盛大器。许儒龙是清代郫县著名诗人，有700多首诗歌流传于世，其中涉及梅花的诗歌有五十多首。许儒龙爱梅、种梅、寻梅、写梅、忆梅、咏梅，像宋代“梅妻鹤子”的诗人林和靖一样，也以鹤为伴。在梅花诗中，诗人托梅言志，显个人之品；视梅为友，遣高雅之趣；借梅抒情，表愁苦之思；托梅寓意，彰隐逸之风。许儒龙的梅花诗直抒胸臆，感情恣肆，多言志抒情之作，为咏梅诗增添了新的元素，在咏梅诗史上具有一定的价值和意义。盛大器是清代嘉庆、道光年间的郫县籍著名诗人，早负才名，志高行卓，学富品优。他在嘉庆十三年（1808年）中举后，曾七次参加科举考试，均以失败告终，后绝意科场，教授乡里，晚年主讲于岷阳书院。他曾参与（嘉庆）《郫县志》的编纂工作，交游广泛，著有诗集，惜已不存。通过相关文献的勾稽，作者从三个方面对盛大器的家世、生平、交游、著述等情况进行了研究。

在本书作者的努力下，巴蜀一些小作家得到关注和研究，填补了相关领域的研究空白。比如广汉作家张邦伸，郫县诗人许儒龙、盛大器，灌县诗人陈炳魁，晚清著名才女曾懿等。

应该看到，巴蜀作家不仅仅是由那些名家大腕构成，还有一大批淹没在历史星空中的小家小户，他们甚至名不见经传，但正是因为有他们的存在，才让巴蜀文学与文化显得更加丰富多彩。对这些小家小户的发现、发掘、整理与研究，无疑是本书学术研究的价值和意义所在。当然，巴蜀历史星空中众多繁星的探赜索隐，单靠一本书的力量肯定是远远不够的，需要包括本书作者在内的一大批有志向的同道携手努力，但本书的尝试无疑是非常值得肯定的。我们拭目以待。

第二，对巴蜀才女作家的关注。巴蜀由于特殊的地理环境与人文背景，向来人才辈出。这些人才不独表现为风度翩翩、才华横溢的才子，也有一批特立独行、巾帼也不让须眉的名媛。据李朝正、李义清《巴蜀历代名媛著作考要》著录，巴蜀历代女性作者有 300 多人，著作 207 部。这无疑是一座巨大的宝藏。本书作者首先从道教文化的层面去解读古代巴蜀女性文学创作繁荣的原因，追溯“蜀女多才”的文化渊源。晚唐、五代时期，“蜀女多才”已成为人们的共识，“蜀女多才”的浪漫传奇离不开道教文化的滋养。巴蜀地区浓厚的道教氛围，悠久的道教文化传统，影响到社会生活的方方面面，铸就了巴蜀女作家的重要文化性格，她们独立自主，离经叛道，胆大妄为，任情恣意，胸怀潇洒；她们挥才于笔端，寄情于翰墨，使古代巴蜀女性文学创作呈现出空前的繁荣。另外，作者还对古代巴蜀女作家中的杰出代表如花蕊夫人、黄峨、曾懿等人及其作品进行了较为深入的研究。再有，摩诃池、宣华苑是五代蜀国著名的皇家园林，至今已消失殆尽，无迹可寻。《花蕊夫人笔下的成都园林》一文认为：花蕊夫人的宫词给我们描摹了摩诃池、宣华苑最美好的时光，再现了五代蜀国那转瞬即逝的短暂繁华；花蕊夫人的这些诗篇除了具有历史价值外，它所承载的注重自然、生态之美的思想意识与园林理念，对于今天我们探讨和培育成都的园林文化和城市生态美学具有不可忽视的作用。

黄峨是巴蜀四大才女之一，是明代最杰出的散曲女作家，才情卓著，文采斐然，本书用了三篇文章的力度进行研究。黄峨散曲“云蒸霞烂”，呈现出多样化的风格，但很少有人注意到她散曲所具有的明显的戏剧因素。《黄峨散曲的戏剧因素》认为黄峨的散曲善于塑造形象，创造意境，抒难言之情，状难摹之景。研究黄峨散曲的戏剧因素有利于我们更深刻地认识黄峨散曲的思想价值，同时也给黄峨散曲的甄别提供一种新的思路。黄峨在后人文献中是一个“闺门肃穆”的严整妇人，作者通过梳理黄峨的作品，沿着其中的情感脉络，惊奇地发现了女诗人辛酸幽曲的情感历程。《从“金钗笑刺红窗纸”的纯真少女到“闺门肃穆”的严整妇人——论明代女诗人黄峨的情感历程》一文认为黄峨的情感历程是一条心灵裂变之路，无常的命运，悲苦的人生彻底改变了这个敢爱敢恨，有一腔火热深情的多情女子，割裂了她的个性与情感。同时，作者还将黄峨与沈仕进行了比较研究。二人同是明代同时期的散曲作家，都写了大量的闺怨之曲，不论散曲的共同特征和他们所处的相同的时代背景，以及北曲、南曲不同的艺术特征，他们的闺怨之曲都充分表现出男女作家的性别意识，是不同性别视角之下的幽怨之歌，别有一种凄美之情。

清代四川闺秀第一的曾懿，不仅是著名的才女，还是著名的女医和美食家。然而这样一位多才式的人物，却没有得到应有的关注。《诗梦草堂西，偏爱杜陵诗——论晚清四川女诗人曾懿对杜甫的接受》一文从曾懿的诗歌作品入手，探讨了曾懿对杜甫接受，对于杜甫在晚清，尤其是在女性读者群体中的接受情况，提供了一个典型、生动的考察视角，尤为难得。

第三，稀见巴蜀文学文献资料的搜集、辑补和整理。文献的搜集、整理是需要有甘于坐冷板凳的人才能深入得下去。本书作者集腋成裘，对一些稀见的、不大为人注意的巴蜀文学文献资料进行了搜集、辑补和整理，儿见其情。如书中对于灌县作家陈炳魁诗文作品的辑佚。（民国）《灌县志》卷六《艺文志》著录：“陈炳魁著有《黼廷文存》二卷。”然此书已经亡佚。作者调查后发现（民国）《灌县志》附《灌志文征》卷一至卷六收其文 30 篇，卷九收诗《都江堰歌》1 首，后又从清人王增祺所编《诗缘正编》辑出诗 2 首，共辑得陈炳魁诗文33篇（首）。同时，作者还认为《灌志文征》收录的30篇应是《黼廷文存》二卷的全部文章。应该说，这是目前陈炳魁诗文最为完整的辑本，实在难得。再如，《历代蜀词全辑》《历代蜀词全辑续编》两书共辑录历代蜀人词作8200多首，作者360余人，对历代蜀词旁征博采，备极勤劬。但是，任何大型文献资料的搜集都难以做到穷尽，恰如落叶的打扫。本书作者从清代华阳人王增祺的《聊园词存》一卷中辑得65首，这一补遗对促进蜀词的研究当然具有积极意义。再如，西华大学四川省社会科学重点研究基地“地方文化资源保护与开发研究中心”因地处岷江流域，多年来，有关都江堰的研究成为该中心的研究重点和特色。该中心先后出版了《都江堰文献集成·历史文献卷》（古代卷）、《都江堰文献集成·历史文献卷》（近代卷）、《都江堰文献集成·历史文献卷》（文学卷）共三部著作，合计200余万字，为“都江堰学”的建构奠定了扎实的文献基础。但有关都江堰的文献集成，显然远未“终结”，本书作者在相关文献研读中，发现了不少漏收的情况，于是对《都江堰文献集成·历史文献卷》（文学卷）进行了辑补，共补辑诗文154篇（首）。相信这样的辑补仅仅是开始，假以时日，类似的拾遗补阙还会不断出现。民谚“众人拾柴火焰高”，用在文献的搜集整理上，尤为得当。

本书的第四部分是巴蜀名人年谱整理，主要是对清代的两位川籍作家年谱的点校：一位是费天修编的《费燕峰先生年谱》四卷，一位是张邦伸自编的《云谷年谱》。新都费密是清初“蜀中三杰”（另外两位是遂宁吕潜与达县唐甄），由于资料的缺乏，学界对其研究侧重于其思想方面。费天修《费燕峰先生年谱》在费密的生平、交游、诗歌等方面记录了不少相关资料，据此可以进一步推动费密的深入研究，它的整理，定当嘉惠学林。张邦伸是清乾隆年间广汉著名学者，著述宏富，编有《锦里新编》十六卷、《全蜀诗汇》十二卷，在搜集、保存巴蜀作家、作品方面居功甚伟。学界对其知之甚少，研究也处于空白阶段，本书作者对其年谱的发掘整理，也必将有力推动张邦伸的研究，这确是文献整理的价值所在。

当然，《巴蜀文学与文献研究论稿》的优长与贡献，肯定不止上述三点，相信读者朋友自有明鉴，无须我再饶舌。

真心希望本书作者继续勤奋耕耘，为包括巴蜀文学与文献在内的巴蜀文化研究贡献更多的智慧与精彩。

是为序。

潘殊闲

庚子年春暄之月谨识于成都邻杜居

目　录

巴蜀文学研究

巴蜀女诗人研究

巴蜀文学文献辑补

巴蜀名人年谱整理

巴蜀文学研究

“浓妆淡抹总相宜”

——论花间词的色彩美

产生于五代后蜀的《花间集》被后人誉为“近世倚声填词之祖”①，它以晚唐温庭筠为鼻祖，风格绮靡秾艳，清丽婉媚。花间词人使用色彩字和色彩意象相当普遍，“色彩”在他们的创作中占有相当大的比重。正如王士祯《花草蒙拾》所说：“花间字法，最著意设色，异纹细艳，非后人纂组所及。如‘泪沾红袖黦’‘犹结同心苣’‘豆蔻花间趖晚日’‘画梁尘黦’‘洞庭波浪飐晴天’，山谷所谓古蕃锦者，其殆是耶！”②

一、多姿多彩、浓淡相宜的花间色彩意象

花间词的色彩意象可谓是斑斓多姿，丰富多彩，共使用了黄金、红、白、青、蓝、紫、黑等色系，其中常用的是黄金、红、白、青四个色系的意象，每个色系又由若干色彩组成，比如红色系列就有红、朱、绛、檀、丹等，青色系列就有青、翠、碧、黛、绿等。不同色系、不同色彩又互相搭配，交相辉映，形成多彩多姿的艺术境界：或富丽堂皇，令人眩目；或清新淡雅，含蓄深美，就像苏轼笔下的西湖“浓妆淡抹总相宜”，具有无比的艺术魅力。

《中国古典文学荟萃》丛书之《花间词》附录三《〈花间词〉的意向表现极其感觉》③ 一文分九个主题，对花间作家总体用色情况做了分析，为了更清

① （南宋）陈振孙．直斋书录解题［M］．上海：上海古籍出版社，1987：581.

② （清）王士祯．花草蒙拾［M］．词话丛编第一册［Z］．上海：上海古籍出版社，1986：673.

③ 里功，贵群．中国古典文学荟萃·花间词［M］．北京：北京燕山出版社，2001：223—249.

楚地了解花间作家在艺术创作中对色彩的运用情况，现将各主题与色彩意向的运用次数统计于下表之中：

花间词主题与色彩意向对应统计表

	浪漫的情爱	女性的姿态	怨旷与伤逝	离情与别恨	游仙	咏物	入世的政治态度	出世的理想抱负	边塞与地方风物	总计
青绿系列	13	46	68	98	12	7	19	13	18	294
白色系列	14	28	44	92	8	5	13	9	8	221
黄金系列	18	22	56	66	8	15	13	8	9	215
红色系列	13	25	49	67	8	7	9	2	16	196
紫色	1	2	2				1	1	1	8
彩色		1		5	1					7
黑色				1			1	1	1	4
蓝色	2			2						4

从以上表格中我们可以看出，花间词家设色，以青、白、黄金、红色系列为主，其中青色系列最多，白、黄金、红色系列相差不多，紫色、彩色、蓝色、黑色极少，相差悬殊。这样的用色偏向和特色不禁使人联想到唐代绘画：李思训父子的金碧山水是大青大绿，勾金填朱，呈现出富丽堂皇、厚重艳丽的风格，“唐代的敦煌壁画，以红、黄为主调，在红、黄、青、绿的强烈对比中渲染出色彩斑斓，气象万千的西方极乐世界，一派富贵、欢乐的气象”①。另外把青、白二色相配，又形成青绿山水的清雅明丽、天然淡远之美，而白、青、黄、红色彩的搭配又似鲜明亮丽的花鸟工笔画。从总体上看，花间词家设色，除了镂金错彩、雕金刻玉的秾艳之美，也不乏清丽淡远之趣。比如温庭筠的《菩萨蛮》(其四)：

> 翠翘金缕双鸂鶒。水纹细起春池碧。池上海棠梨。雨晴红满枝。绣衫遮笑靥。烟草粘飞蝶。青琐对芳菲。玉关音信稀。②

这是一首怀旧相思的小词，整首词色调丰富，五彩缤纷，翠、金、碧、红

① 陈华昌．诗与画的相关性研究［M］．西安：陕西人民美术出版社，1995：69.

② 里功，贵群．中国古典文学荟萃·花间词［M］．北京：北京燕山出版社，2001：3.

的多原色描绘出春水融融、水鸟双双、花红艳艳的欢悦气氛，象征着两情相悦的温馨，可它却是凄美的回忆。“青琐”“玉关”虽是物名、地名，却从清淡的色感上传递出冷落哀怨的信息。现实与回忆，痛苦与欢悦，时间与空间，就这样统一在斑斓的色彩中。

又如毛熙震的《菩萨蛮》(其一)：

梨花满院飘香雪。高楼夜静风筝咽。斜月照帘帷。忆君和梦稀。小窗灯影背。燕语惊愁态。屏掩断香飞。行云山外归。①

这首词反复渲染同一色调，设色淡雅，整个画面笼罩着一片凄凉、幽冷的白色。在夜的背景下，杏花飘零如雪，纷纷扬扬，斜月照帘如水，烟影朦朦，那行踪不定的白云正轻轻飘落在相思人迷离的心中。思念的痛苦，忧怨的叹息，恍惚的情愫，就这样悄无声息地融化在一片洁白的花影月色中。

下面我们再从花间词的艺术特色来分析花间词家在创作中的总体设色特征，可以得出这样的结论：花间词家总体设色不仅呈现出浓淡相宜的特征，甚至有清淡超浓丽之趋势。花间词家中，一向以“温韦”（温庭筠、韦庄）并称，前人一般认为温庭筠词秾艳而韦庄词清丽。“顾宪融云：‘世以温、韦并称，然温浓而韦澹，各极其妙。’周济云：‘毛嫱、西施，天下美妇人也。严妆佳，淡妆亦佳，粗服乱头，不掩国色。飞卿严妆也；端己淡妆也。’况周颐云：‘韦文靖词与温方城齐名，熏香掬艳，眩目醉心，犹能运密入疏，寓浓于澹’。”② 此外，参照李冰若《栩庄漫记》对花间词家艺术风格的划分，可以看出花间词十八家中，风格近温庭筠或与温庭筠相似的有四家：牛峤、顾敻、魏承班、阎选；风格与韦庄相同或相近的词家有五位：皇甫松、薛昭蕴、张泌、牛希济、孙光宪；介于“温韦”之间的有四位：欧阳炯、和凝、尹鹗、毛熙震；别开一派的有：鹿虔扆、李珣。从以上作家的艺术色彩系列的浓淡走向来看，设色清淡一系稍压浓艳一系，呈上扬趋势。而且就“温李”两家而言，也是如此，温庭筠词中有“淡”似韦者，而韦庄词中却少有“浓”似温者。

① 里功，贵群．中国古典文学荟萃·花间词［M］．北京：北京燕山出版社，2001：192.
② 艾治平．花间词艺术［M］．上海：学林出版社，2001：82.

二、花间色彩意象的情感负载与艺术表现

色彩是一定物质在人们意识中的反映，是“破碎了的光……太阳的光与地球相撞，破碎分散，因而整个地球形成美丽的色彩……”① 可见色彩本身并不具备情感，色彩的情感是色彩在人们意识中所引起的情感反映活动，作家在艺术创作过程中把自己的内心情感活动、审美体验及其对生活的认识，有意或无意地通过设色表现出来，进而形成自己特有的艺术风格。因此文学作品中的色彩描述，在经过了作家的选择、加工以后，已经成为文学的意象，具有丰富的表情内涵和象征意义。

（一）青绿色系

在花间词中，用得最多的色彩系列是青绿色系，具体包括青、翠、碧、黛、绿、柳色等色彩。青绿色可以使人联想到天空、森林、草地、湖海、树叶、禾苗的颜色，它象征着纯真、自然、新鲜、生命、朝气、平静、安逸、希望、理想等，给人以清淡、宁静、高雅、纯净、淡漠、高洁、凉爽、幽静的感觉。

在花间词中，青绿色系主要用于描写女子的首饰、面妆、衣物、建筑物、室内装饰以及自然景物。其中“翠”字、“黛”字用于女子面妆、衣饰最为频繁，如“翠翘”“翠云”“翠霞”“翠屏”“翡翠裙”“黛眉”“黛怨”等，在《花间集》中比比皆是。花间词中女子的形象，大多满含愁怨、凄苦，或愁眉不展，或孤寂惆怅，她们翠黛色的面妆、衣饰委婉地透露出个中冷落、凄清的信息。

“碧”字、“绿”字、“青”字用于描写自然景物最多，其中犹以刻画草、柳、水三种物象最为突出，在中国古典文学中，这三种物象都与离别有关，长期以来，已经成为与离愁有关的固定意象。比如，“记得绿罗裙，处处怜芳草”②（牛希济《生查子》），芳草是绿色的，由草色的绿联想到裙的绿，进而

① 赵国志．色彩构成［M］．沈阳：辽宁美术出版社，1989：2.

② 里功，贵群．中国古典文学荟萃·花间词［M］．北京：北京燕山出版社，2001：99.

联想到穿裙的人，词中女主人公的思绪可谓是愁肠寸断，百转千回。又如，“牡丹花谢莺声歇，绿杨满院中庭月。相忆梦难成，背窗灯半明”①（温庭筠《菩萨蛮》其八），银色的月光，满院的绿杨，点染出春残梦远，人在天涯的悲凄之情；再如，“目送征鸿飞杳杳，思随流水去茫茫。兰红碧波忆潇湘”②（孙光宪《浣溪沙》其一），气势壮阔的浩浩春水中蕴含着词人的无限悠思。

青绿色系的色彩还常用于描写女冠，表现道冠环境的清幽和女道士生活的寂寞，词境清幽宁静，给人以不食人间烟火的仙家感觉，似乎把滚滚红尘彻底隔绝，让人感觉格外清新超然。如“碧桃红杏，迟日媚笼光影。彩霞深，香暖熏莺语，风清引鹤音”③（毛熙震《女冠子》其一），碧桃映红杏，清风伴鹤鸣让人感觉仙气隐隐，远离凡俗；又如，“竹疏虚槛静，松密醮坛阴。何事刘郎去，信沉沉”④（张泌《女冠子》），翠竹稀疏、松林阴暗，可想象环境的冷寂凄清，人物的寂寞惆怅。

（二）白色系列

白色系列的色彩包括白色、玉色、皓色、冰色、银色、雪色、粉色等。白色明度高而感觉冷，常常使人联想到蓝天上的白云、迷蒙的雾气、晶莹的冰雪、剔透的美玉等物象，它表现力极为丰富，象征着高贵、纯洁、明快、清白、纯粹、神圣、正义、光明、真理、失败、低贱、贫穷等，给人以淡雅、宁静、高洁、纯净、冷漠、凉爽、寒冷、衰弱的感觉。

在花间词中，白色的使用较为多变，表现力非常丰富，主要用于描写自然景物、人物、首饰、器物、建筑物等。首先以描写人物为最多，在中国古代，皮肤白皙一向被视为美丽和高贵的标志，玉也因其具有温润洁白之美，且是高贵、坚贞的象征，也多用于描写人物。在花间词中，这类表现随处可见，比如，女子的美称、饰物：“玉人”“玉容”“人似玉”“玉肌肤”“雪面”“玉钗”“玉佩”“玉燕”等，表现女子的美丽尊贵；男子的美称、饰物：“玉郎”“玉鞭郎”“玉连环”“玉衔”等，表现男子的风流贵气。

① 里功，贵群．中国古典文学荟萃·花间词［M］．北京：北京燕山出版社，2001：4.
② 里功，贵群．中国古典文学荟萃·花间词［M］．北京：北京燕山出版社，2001：138.
③ 里功，贵群．中国古典文学荟萃·花间词［M］．北京：北京燕山出版社，2001：185.
④ 里功，贵群．中国古典文学荟萃·花间词［M］．北京：北京燕山出版社，2001：74.

其次以表现自然景物的词句最多，比如写柳絮："洛阳愁绝。杨柳花飘雪。终日行人恣攀折。桥下水流呜咽。"①（温庭筠《清平乐》其二）霸陵伤别，杨柳依依，絮舞如雪，流水潺潺，呜咽失声，其中多少离恨。写霜雪："正是断魂迷楚雨，不堪离恨咽湘弦。月高霜白水连天。"②（薛昭蕴《浣溪沙》其六）霜月如雪，水天一色，离别的情境是那样的凄楚清冷、绵邈迷离，让人怅惘万分。另外关于月亮的描写则更让人神往："玉露""玉钩""玉轮""玉兔""银蟾"等美称就足让人浮想联翩。月亮在中国古代审美意识中常常流露出一种神秘的女性意味，新月如眉，常让人想起玉阶伫立的月下佳人，宁静恬淡的风姿散发着悠悠神韵，好比一幅美丽的图画，而当轻风吹过，烟月迷离，又让画面蒙上了一种凄楚朦胧之美，弥漫着难以名状的轻忧淡愁。所以月亮意向在以绮怨为主要审美情绪的花间词中，可以说是非常好的情感载体。比如顾敻的《玉楼春》（其三）："月皎露华窗影细。风送菊香沾绣袂。博山炉冷水沉微，惆怅金闺终日闭。"③以月色如霜、秋露晶莹、窗影婆娑、香风摇曳的良辰美景反衬美人深闺的寂寞惆怅，幽思袅袅，随风荡漾。

（三）金黄色系

金黄色系列的色彩主要有金色、黄色两种。黄色是光带中最为光亮的色彩，在有彩色的纯色中明度最高，常常使人联想到太阳、光、柠檬、迎春花、秋天等物象，象征着光明、希望、明朗、快活、自信、高贵、尊贵，给人以活泼、轻快、明亮、富丽、华美、浓艳的感觉。而金色属于黄色的一种，但它又不同于一般的黄色，它更加光彩夺目、光亮耀眼、富丽堂皇。

在花间词中，金黄色系为主要意向，多用于闺房及女子的首饰衣物、建筑物、自然景物、动物等。其中金色明视度很高，注目性高，又比较温和，用来形容女子衣饰，点缀闺房环境气氛，最为华丽富贵，给人以金碧辉煌的感觉。比如女子首饰有"步摇金""金钿""金燕软""金凰""金条脱"等；器物有"金铺""金笼""金鸭香浓""金磬""金炉"等；衣物有"金缕衣""缕黄

① 里功，贵群．中国古典文学荟萃·花间词［M］．北京：北京燕山出版社，2001：23.
② 里功，贵群．中国古典文学荟萃·花间词［M］．北京：北京燕山出版社，2001：51.
③ 里功，贵群．中国古典文学荟萃·花间词［M］．北京：北京燕山出版社，2001：123.

金”“越罗衣褪郁金黄”“裙上金缕凤”等。此外，金色、黄色还多用于描写建筑物和自然景物，金碧辉煌的建筑物通常象征富贵，与进士求仕中举和荣华富贵有关，比如“金闺”“金锁”“金扉”“金堂”“金井”“金殿”等；还用于描写自然景物，比如用金色写柳树的美丽和轻飘柔顺，有耀眼眩目之感，比如“柳似金”“柳叶金丝”“柳丝金缕”等，用黄色描摹垂柳的淡黄色的烟波，分外柔和明丽飘逸，如“嫩黄”“飘黄”“须知春色柳丝黄”等。

（四）红色系列

红色系列的色彩主要有红、朱、绛、檀、丹等，红色的纯度很高，注目性也高，所以它对人的刺激性很强，被称为“血与火”的色彩，常使人联想到灯光、火焰、柑橘、秋叶、热情、活力等物象，可也能让人联想到鲜血、危险、警戒。因此它既象征着革命、喜庆、热情、幸福、吉祥、公正，给人以热情奔放、喜气幸福之感，同时也象征着紧张、血腥、恐怖、悲哀，让人害怕。

红色在花间词中多用于描写女子的面妆、肌肤、眼泪、衣物，室内器物、建筑物、自然景物等。比如写美人的面妆“朱唇”“嫩红双脸”“山印红腮”“点翠匀红”“檀心（唇涂檀色）”“红妆”；写肌肤的“肌骨细匀红玉软”“红玉”；写衣物的“红袖”“红宫锦”“石榴裙”“红纱”“绣罗红嫩”等，以此来展现闺中女子的青春俏丽，南国佳人的热情活泼。写眼泪的“红泪”“泪掩红”“泪界莲腮雨线红”等，在这里，红色是悲伤的象征，滴泪成血，“红泪”就是“血泪”；写建筑物多用“醉红楼月”“红楼”“红房”“红窗”“红墙”“朱栏”“朱扉”等词汇，表现出词中人物生活的大环境的气派、富贵、温馨；写室内器物多用“红蜡烛”“红纱一点灯”“灯花结碎红”“红戏灯花笑”“红罗帐”，表现出一派暖意融融、光影摇曳、红纱朦胧的闺中氛围；在自然景物中，以写花为最多，如“蓼红花”“桃花践破红”“杏花红”“红蒂”“红藕”“红苞”“庭花照日红”“湿愁红”“砌花零落红深浅”“露泣愁红”等。其中有以乐景写哀情的：“花花。满枝红似霞。罗袖画帘肠断，卓香车。”[1]（温庭筠《思帝乡》）春光明媚，花红似霞，本应赏心悦目，却心痛断肠。有以哀景

① 里功，贵群．中国古典文学荟萃·花间词［M］．北京：北京燕山出版社，2001：25.

写哀情的："春欲暮，满地落花红带雨。惆怅玉笼鹦鹉。单栖无伴侣。"①（韦庄《归国遥》其一）落花满地的迟暮春景正是主人公孤单、冷清、寂寞的内心写照。

在花间词中，色彩意象斑斓多姿，丰富多彩，各大色系，各种色彩都有自己的表情、思想、内涵，作家在营造艺术氛围的过程中，运用文学和绘画的共同艺术表征，或镂金错彩、叠翠堆金，或清淡白描、飘忽淡雅，以其生花妙笔任意挥洒泼墨，描绘出一幅幅色彩绚丽的诗意画面。他们在文学创作中积累了大量色彩运用的经验，形成了自己独特的艺术风格，具有永恒的美学魅力。

---

① 里功，贵群．中国古典文学荟萃·花间词［M］．北京：北京燕山出版社，2001：40.

论五代西蜀诗歌

五代是一个封建割据的时代，北方五朝，南方十国，前后兴灭近百年，政治混淆不清，社会兀臬不安。正如欧阳修所说：“于此之时，天下大乱，中国之祸，篡弑相寻。”① 但是南北方的情况又有所不同，北方黄河流域的广大地区遭受了严重的破坏，而南方诸国则较为稳定。地处西南的前后蜀国不仅未受兵革之祸，而且政教平治，社会安宁，在诗、词、文的创作方面都取得了丰硕的成果。

在西蜀文学中，以词最为著名，代表其成就的《花间集》，是选录晚唐、五代（尤其是西蜀）曲子词的第一部总集，被誉为“近世倚声填词之祖”。花间词在文学史上具有重要的地位，并且取得了杰出的艺术成就，前人对此早有定论。然而，正因为如此，人们说到五代西蜀文学时，往往以词掩诗，似乎在文学兴盛的西蜀，诗歌这一传统的文学形式已悄然凋零，诗坛也冷落沉寂。其实，当时文坛的实际情况是：诗歌创作较之曲子词更为兴盛，人们更重视的是诗而不是词。西蜀诗坛不仅诗人众多，而且诗歌题材多样，价值取向独特，呈现出一定的地域文化色彩。

一、西蜀诗人群体的构成

仅据清代蜀人李调元所编《全五代诗》的统计，前后蜀有诗传后世者上

---

① （北宋）欧阳修．新五代史［M］．北京：中华书局，1974：762．

百家，占五代诗坛诗人数量的六分之一。其中，中原文士闻讯相依，本土诗人层出不穷，上至帝王，下到百姓，从朝廷官员到林下僧侣道人，无不雅好词章，乃至于出现了巾帼不让须眉的盛况。

西蜀诗人群体大致可以分为四类：

第一类：帝王诗人。前后蜀两朝，共历七十五年，各传二世，两朝后主王衍、孟昶都生长于富贵安宁的环境之中，从小受到良好的教育，撇开治理政事不论，都称得上是好文有才之士，可谓当时文坛盟主。

第二类：仕宦诗人。由于前、后蜀政权都能善待士人，注重文化教育，提倡儒学，并且继续实行有唐以来的科举选士制度。因而西蜀诗人大多乐于为人君所用，有的还官居高位、仕途显达，在前后蜀的政治文化生活中发挥了重要作用。这一类诗人是西蜀诗坛的主流，著名的有韦庄、冯涓、卢延让、牛峤、张蠙、牛希济、王仁裕、欧阳彬、孙光宪、欧阳炯、尹鹗、毛熙震等。

第三类：僧道、隐逸诗人。五代之世，诸朝君主都信奉佛教，故西蜀也不例外。前后蜀政权都非常重视佛教，对儒释道并重。同时民间信教的也越来越多，出家的人大大增加，崇佛之风在蜀中是愈演愈烈。同时滥觞于蜀地的道教，在西蜀两朝同样是倍受重视。佛、道两教的盛行使得僧侣、道士的人数大量增加，其中能诗者不少，最著名的当数诗僧贯休、道士诗人杜光庭。

第四类：女性诗人。西蜀诗人中，还有一个群落值得我们去关注。据何光远《鉴诫录》记载："吴越饶营妓，燕赵多美姝，宋产歌姬，蜀出才妇。"[①] 蜀女多才，古来如此，汉有卓文君，唐有薛涛，遗韵流风，绵延不绝。仅五代几十年间，西蜀见诸载籍的女诗人就有十二人，比如张窈窕、李玉箫、尼姑海印、李舜弦、黄崇嘏、花蕊夫人等。她们或"下笔成章"，或"才思清峻"[②]，或文武双全。

① （后蜀）何光远．鉴诫录·卷十［M］．北京：中华书局，1985：75.
② （后蜀）何光远．鉴诫录·卷十［M］．北京：中华书局，1985：76.

二、西蜀诗歌的价值取向

（一）现实主义精神一脉相承——讽谕诗

五代之世分裂动乱，社会风气下降堕落，时代精神整体衰落。五代之诗向来被人们视为“气格摧弱，沦于鄙俚”“悲哀为主，风流不归”。[①] 然而在西蜀诗歌创作中却出现了一个与此截然不同的异调——讽谕诗。

西蜀诗歌内容丰富，题材多样，包括讽谕诗、艳情诗、宫词、赠答诗、酬唱诗、咏物诗、题画诗、僧道诗、记游诗、隐逸诗等，但其中大放异彩，最值得肯定的却是继承白居易诗歌现实主义精神的讽谕诗，这种价值取向在五代诗坛可以说是独树一帜，具有重要的价值和意义。

由于前后蜀帝王好文重士，政坛气氛相对宽松，绝大多数文人都乐于仕宦，在政治生活中发挥了重要作用，得以用他们的诗笔挥洒江山，指斥时事，反映民生疾苦，讽刺不法官吏。因此，在前后蜀诗坛，学习白居易现实主义精神的讽谕诗非常突出，成为西蜀诗歌的一大特色。

当时诗坛有一批耿介敢言之士，比如贯休、冯涓、张道古、欧阳炯、杨士达、蒋贻恭、顾敻、刘隐辞、张立等。他们关心百姓疾苦，不畏强权，直谏敢言。这种用世的精神反映在诗歌的创作上，足可以昭示后人。这些诗人虽大多不是名家、大家，但他们却继承了诗歌的“美刺教化”传统，积极干预现实，反映社会人生。这类诗作对唐咸通以来，“风雅道丧”“洞房蛾眉、神仙诡怪”“郑卫之声鼎沸”的诗坛，就像一缕夏日凉风，带来清新的感觉，呈现出一种崭新的气象和生机。

诗僧贯休是五代时期的著名诗人，他大力创作乐府诗，学习白居易讽谕诗的现实主义精神，指斥酷吏、奸臣，贵戚、阔少，反映老百姓的疾苦。《鉴诫录》禅月吟条称：“白乐天为广大教化主，禅月次焉。”[②] 比如其《公子行》诗，讽刺王公贵戚不顾百姓疾苦，生活奢靡：

① （北宋）范仲淹．唐异诗序［A］//范文正公集·卷六［M］．上海：商务印书馆，1937：90.

② （后蜀）何光远．鉴诫录·卷五［M］．北京：中华书局，1985：34.

锦衣鲜华手擎鹘，闲行气貌多轻忽。稼穑艰难总不知，五帝三皇是何物。（《全五代诗》卷四七）

《酷吏词》则公开指责赋税沉重，酷吏可恶：

霰雨灂灂，风吼如斸。有叟有叟，暮投我宿。吁叹自语，云太守酷。如何如何，掠脂斡肉。吴姬唱一曲，等闲破红束。韩娥唱一曲，锦段鲜照屋。宁知一曲两曲歌，曾使千人万人哭。不惟哭，亦白其头，饥其族。所以祥风不来，和气不复。蝗乎螽乎，东西南北。（《全五代诗》卷四七）

贯休以后又有欧阳炯、杨士达、蒋贻恭、顾敻、刘隐辞等发扬白居易讽谕诗的现实主义精神。

欧阳炯曾拟白居易讽谏诗五十篇献孟昶，但其诗已不传。

刘隐辞的咏《白盐山》《滟滪堆》二诗讽刺前蜀先主王建养子王宗宪，刺他作为一方镇守，带给百姓的只有危害，没有一点儿好处。据《十国春秋》记载："宗宪镇宁江日，辟隐辞为节度掌书记。宗宪起家武人，颇务诛求，多为骄横。隐辞数数进谏，宗宪颇不平，无复宾客之礼对，将吏咄责之。隐辞求退职又不许，遂咏《白盐山》《滟滪堆》诗刺之。"①

滟滪雀嵬百万秋，年年出没几时休。未容寸土生纤草，能向当江覆巨舟。无事便腾千尺浪，与人长作一堆愁。都缘不似蟠溪石，难使渔翁下钓钩。（《滟滪堆》）

占断瞿塘一峡烟，危峰迥出众峰前。都缘顽梗揎浮世，遮莫峥嵘倚半天。有树只知栖鸟雀，无云不易驻神仙。假饶突兀高千丈，争及平平数亩田。（《白盐山》）

蒋贻恭的《安仁宰捣蒜》刻画了一个贪官污吏的丑恶嘴脸：

安仁县令好诛求，百姓脂膏满面流。半破磁缸盛醋酒，死牛肠肚作馒头。长生岁取餐三顿，乡老盘庚犯五瓯。半醉半醒齐出县，共伤

① （清）吴任臣．十国春秋·卷四二［M］．北京：中华书局，1983：620.

涂炭不胜愁。(《鉴诫录》卷四)

冯涓有《生日歌》谏王建减轻赋税,《险竿歌》则讽刺前蜀官场中的钻营之风和权力之争:

险竿儿,听我语,更有险竿险于汝。解从上处失君恩,落向天涯海边去。险竿儿,尔须知,险处欲往宜尔思。上得欲下下不得,我谓此辈险于险竿儿。(《鉴诫录》卷四)

由此可见,五代诗人的讽谕诗虽然在内容上继承了白居易讽谕诗的现实主义传统和“其辞质而径,欲见之者易谕也。其言直而切,欲闻之者深诫也”① 的艺术主张,但是他们在诗歌的实用性和通俗性上走得更远,由讽谕向嘲讽、讥刺发展。

(二)宫中人写宫中事——“宫词”的光大

虽然蜀地经济繁荣,政局稳定,但前后蜀君主却没有远大的政治抱负,不思进取,满足于偏安一隅,尽情享受游宴之乐,刻意追求感官享受。上行下效,再加上蜀人历来“尚滋味”“好辛香”,耽于享乐的传统习性,狂热的享乐欲望在西蜀大地弥漫,游乐之风愈演愈烈。上至皇帝、文武百官,下至文人墨客、市井百姓,莫不热衷于宴饮游历、声色歌舞之乐。这种从上到下追欢逐乐的风尚对诗歌的创作也产生了很大的影响。西蜀诗坛出现了大量的记游诗和“宫词”。

记游诗主要反映前蜀君臣、贵戚的游历生活,意义不大。

后蜀孟昶性格畏懦,三十年不到南郊,其游历生活则主要限于宫内歌舞、宴饮、赏花、钓鱼、打球、走马等活动。花蕊夫人以宫中人写宫中事,创作大型组诗百首“宫词”,使这一诗歌形式得以光大,如:

舞头皆著画罗衣,唱得新翻御制词。每日内庭闻教队,乐声飞上到龙墀。

殿前排宴赏花开,宫女侵晨探几回。斜望花开遥举袖,传声宣唤

① (唐)白居易.与元九书[A]//朱金城.白居易集笺校.北京:上海古籍出版社,1988:2789.

近臣来。

小球场近曲池头，宣唤勋臣试打球。先向画楼排御幄，管弦声动立浮油。

池心小样钓鱼船，入玩偏宜向晚天。挂得彩帆教便放，急风吹过水门前。（《全五代诗》卷六十）

诗人在真实的生活基础上，用轻松活泼的笔调，生动地表现了一派歌舞升平、管弦急促、温柔富贵的皇家宫廷生活。

（三）爱情意识的表现——艳情诗

在西蜀诗中还有大量的表现男女恋情的诗作。这类内容在牛峤、牛希济、尹鹗、顾夐、毛熙震、毛文锡、韩琮、欧阳炯等人的诗中尤多，比如牛希济的《闺怨》：

春山烟欲收，天淡星稀小。残月脸边明，别泪临清晓。语多情未了，回首犹重道。记得绿罗裙，处处怜芳草。（《全五代诗》卷四十）

诗人把离别之情景写得深情绵邈、含蓄蕴藉，营造出一种缠绵悱恻的惜别之境。

（四）文人雅趣——咏物、题画诗

西蜀社会环境优越，政治氛围宽松，诗人们的生活较为优游，他们的一些咏物和题画诗描写了上层官僚士大夫阶层的生活感受和文人的高雅情趣。如韦縠的《红蔷薇》，诗意虽无寄寓，但辞采华美而颇具清丽之色：

九天碎霞明泽国，造化工夫潜剪刻。浅碧眉长约细枝，深红刺短钩春色。晴日当楼晓香歇，锦带盘空欲成结。谢豹声催麦陇秋，春风吹落猩猩血。（《全五代诗》卷五九）

许多学者认为真正的题画诗产生于唐代，“唐代题画诗的一大艺术特色，是在描绘画面形象、表现自己观画时的思想感情活动的同时，还发表自己的艺术见解”①。西蜀题画诗也具有这样的特色，并且笔力矫健、气势磅礴，如蒋

① 陈华昌．唐代诗与画的相关性研究［M］．西安：陕西人民美术出版社，1993：242.

贻恭的题画诗《题张道隐太山祠画龙》：

世人空解竞丹青，惟子通元得墨灵。应有鬼神看下笔，岂无风雨助成形。威疑喷浪归沧海，势欲拏云上杳冥。静闭绿堂深夜后，晓来帘幕似闻腥。（《全五代诗》卷五十七）

诗人赞叹画家的灵感悟性，犹如得上天之玄妙，笔墨之灵气，犹如有鬼神观照，风雨相助。体物写形是形神兼备，惟妙惟肖：龙入沧海是巨浪滔天，龙飞九天是风起云涌，甚至诉诸人的嗅觉，让人觉得飞龙翻腾间似乎闻到了大海的腥味。

此外，欧阳炯的长篇古诗《贯休应梦罗汉画歌》《题景焕画应天寺壁天王画》也是想象丰富奇特，内容细腻充实，辞彩华丽、气势浩大之作。

（五）世外清音——僧道、隐逸诗

在西蜀诗坛，还有少量的僧道、隐逸诗，这部分诗作描写了僧道、隐逸诗人的闲云野鹤般的诗酒生活：奕棋、品茗、漱泉、读书、修道，表现他们的清高不俗、品格高雅。这些诗自然潇洒，表现诗人在大自然的怀抱中尽情体验心灵的自由和宁静，感受生命本真的快乐。比如：

逸格格难及，半先相遇稀。落花方满地，一局到斜晖。（贯休《观棋》）

渐寒沙上雨，欲暝水边村。莫忘分襟处，梅花扑酒尊。（唐求《送友人归邛州》）

避世垂纶不记年，官高争得似君闲。倾白酒，对青山，笑指柴门待月还。（李珣《渔父歌》）

综上所述，五代西蜀诗歌不仅作品繁富，在五代诗坛举足轻重，而且作家众多，作品题材广泛，体现出强烈的时代特征和一定的地域特色。因此，在“置君犹易吏，变国若传舍”① 的五代乱世，西蜀诗应以其独特的价值，在中国诗歌史上取得其应有的地位。

① （北宋）欧阳修．新五代史［M］．北京：中华书局，1974：2.

孙光宪文学思想初探

孙光宪（约900—968），字孟文，号葆光子，陵州贵平（今四川省仁寿县）人，是花间词派的代表作家，今存词共84首，其中《花间集》收录61首，仅次于温庭筠，《尊前集》收录23首，在晚唐五代文人词坛具有重要的地位和影响。他的著作多半已亡佚，也没有专门的文论，但他的文学思想主张，还是能从其遗存的著作、文章、词作中窥见一斑。他虽身处五代乱世，却能超凡脱俗于当世，他的一些关于文学创作的思想主张既反映了晚唐五代的文学审美思潮，又不拘泥于时俗。

一、孙光宪的文学创作观

（一）标举文学的风雅精神

在诗歌创作上，孙光宪注重文学的教化功能，标举《诗经》的风雅精神。他认为“以诗见志，乃宣父之遗训也”①，“意疏理寡，实风雅之罪人”②。

孙光宪的诗歌全部亡佚，今已不能见其面目，但他对表现百姓疾苦的聂夷中诗《公子家》《咏田家》大加赞赏：

《公子家》：“种花于西园，花发青楼道。花下一禾生，去之为恶

① （五代）孙光宪．北梦琐言·卷五［M］．北京：中华书局，1980：36.
② （五代）孙光宪．北梦琐言·卷七［M］．北京：中华书局，1980：64.

草。”又《咏田家》诗云：“父耕原上田，子斫山下荒。六月禾未秀，官家已修仓。”又云：“锄禾日当午，汗滴禾下土。谁念盘中餐，粒粒皆辛苦。”又云：“二月卖新丝，五月粜新谷。医得眼前疮，剜却心头肉。我愿君王心，化为光明烛。不照绮罗筵，只照逃亡屋。”所谓言近意远，合三百篇之旨也。①

此外，孙光宪对于反映百姓劳役、兵役之苦，讽刺边将穷兵黩武的诗歌也是大加称赞，认为其具有《诗经》怨刺诗的精神：

唐马植相公，曾镇安南，安抚军民，怀柔蛮獠，废珠池，尚俭素。李琢后镇是邦，用法大酷，军城远出而属南蛮，六七年间，劳动兵役。咸通七年，高骈收复之。先是，荆、徐间征役拒蛮，人甚苦之。有举子闻许卒二千没于蛮乡，有诗刺曰：“南荒不择吏，致我交趾覆。联绵三四年，致我交趾辱。懦者斗则退，武者兵益黩。军容满天下，战将多金玉，刮得齐民疮，分为猛士禄。雄雄许昌师，忠武冠其族。去为万骑风，住为一川肉。时有残卒回，千门万户哭。哀声动闾里，怨气成山谷。谁能听鼓声，不忍看金镞。念此堪泪流，悠悠颍川绿。”吟此诗，有以见失于授任，为国家生事，《大东》之苦，斯其类乎。②

可见孙光宪对具有现实主义精神的风雅之作非常赞赏，认为诗歌应该反映现实生活，表现民生疾苦。

五代之世分裂动乱，社会风气下降堕落，时代精神整体衰落。五代之诗向来被人们视为“气格摧弱，沦于鄙俚”“悲哀为主，风流不归”③。孙光宪却标举《诗经》的现实主义精神，主张诗歌关注民生疾苦，既是其非凡见识的体现，也是其儒家情怀的表露。

即使对词这种当时人们公认为“艳科”的文学题材，他也主张其应具有和诗一样言志抒情的功能，在《北梦琐言》卷六中，他对和凝的“艳词”就

---

① （五代）孙光宪．北梦琐言·卷二［M］．北京：中华书局，1980：10.
② （五代）孙光宪．北梦琐言·卷二［M］．北京：中华书局，1980：9.
③ （北宋）范仲淹．唐异诗序［A］//范文正公集·卷六［M］．上海：商务印书馆，1938：90.

表示反对，认为“然相国厚重有德，终为艳词玷之”[①]，所以，在花间词风趋于绮靡浓艳的情调，沉缅于绮罗香泽之声色时，作为花间词的代表作家，孙光宪的词在题材上却另辟蹊径，表现出对社会生活的深切关注和深沉思考。这主要表现在他的咏史词的创作上，他借古讽今，揭露、讽刺封建帝王享乐的生活，这类词有七首，如《河传》《后庭花》二首等。在《后庭花》其一中，他对历史上的荒淫亡国之君隋炀帝和陈后主进行了深刻的批判，表现出超人的胆识：

景阳钟动宫莺啭。露凉金殿。轻飚吹起琼花旋。玉叶如剪。

晚来高阁上，珠帘卷，见坠香千片。修蛾慢脸陪雕辇。后庭新宴。[②]

此词描写了陈后主皇宫的景色之美，人物之美。在时花美女、纸醉金迷的绮靡画面中暗含着讥讽之意。

又如《后庭花》其二，借用历史典故寄托了词人深沉的感慨和对当世统治者的警戒：

石城依旧空江国。故宫春色。七尺青丝芳草碧。绝世难得。

玉英凋落尽，更何人识。野棠如织。只是教人添怨忆。怅望无极。[③]

据《南史·后妃列传》载：“张贵妃发长七尺，圩黑如漆，其光可鉴。”[④]词人从“七尺青丝芳草绿”“玉英凋落尽”的今昔对比中，流露出物是人非之感，隐隐寄托着词人的亡国之忧，思想含蓄而深沉。正如陈廷焯所说：“胸有所郁，触处伤怀，妙在不说破，说破则浅矣。”[⑤]

此外，孙光宪的边塞词反映了战乱给人民带来的痛苦。如《定西番》《上行怀》《酒泉子》《临江山》等，具有很强的现实主义精神。他在《酒泉子》

① （五代）孙光宪．北梦琐言·卷六［M］．北京：中华书局，1980：51.
② 杨景龙．花间集校注［M］．北京：中华书局，2014：1141.
③ 杨景龙．花间集校注［M］．北京：中华书局，2014：1144.
④ （唐）李延寿．南史［M］．北京：中华书局，1975：3481.
⑤ 张璋，黄畲．全唐五代词［M］．上海：上海古籍出版社，1986：809.

其一中写道：

空碛无边，万里阳关道路。马萧萧，人去去，陇云愁。

香貂旧制戎衣窄。胡霜千里白。绮罗心，魂梦隔。上高楼。①

词人把男女离情放置在万里愁云、胡霜千里、征途漫漫的背景下进行抒写，境界辽阔、词境沉郁，所以被汤显祖评为“三叠文之《出塞曲》，而长短句之《吊古战场文》也。直读不禁鼻酸”②。对于北宋范仲淹的“穷塞主之词”以及南宋辛弃疾的“金戈铁马”之声都有着很大的借鉴作用。

（二）反对怨刺粗鄙之诗风

含蓄蕴藉是后人所体认的《诗经》的主要传统之一，孙光宪继承儒家诗教，主张怨而不怒、含蓄蕴藉的诗风，反对直露的怨刺粗鄙之作。

在《北梦琐言》卷七中他批评罗隐诗：

多怨刺，当路子弟忌之。③

对于晚唐五代学贾岛的末流人物的诗之鄙陋也以微言讽之：

进士李洞慕贾岛，欲铸而顶戴，尝念“贾岛佛”，而其诗体又僻于贾。复有包贺者，多为粗鄙之句，至于“苦竹笋抽青橛子，石榴树挂小瓶儿”。又云“雾是山巾子，船为水靸鞋”。又云“棹摇船掠鬓，风动竹捶胸”。虽好事托以成之，亦空穴来风之义也。卢延让哭边将诗曰：“自是硇砂发，非干炮石伤。牒多身上职，盎大背边疮。”人谓此是“打脊诗”也。…… 学吟之流，得不以斯为戒也。④

孙光宪在创作中对此主张也是身体力行，他有不少边塞词反映了社会动乱给人民带来的痛苦，怀古词对统治者的骄奢淫逸进行委婉劝诫，而且风格含蓄典雅，开拓出了新的词境。

特别是在其咏史词中，他注重运用历史典故，选取富有表现性的典型细

① 杨景龙．花间集校注［M］．北京：中华书局，2014：1160.
② 徐朔方．汤显祖诗文集［M］．北京：北京古籍出版社，1982：1477.
③ （五代）孙光宪．北梦琐言·卷七［M］．北京：中华书局，1980：64.
④ （五代）孙光宪．北梦琐言·卷七［M］．北京：中华书局，1980：63.

节，以沉痛的历史教训，警示当朝统治者，抒发兴亡之感，思想深刻而含蓄。如《河传》其一：

太平天子。等闲游戏。疏河千里。柳如丝，偎依绿波春水。长淮风不起。

如花殿脚三千女。争云雨。何处留人住。锦帆风。烟际红。烧空。魂迷大业中。①

以隋炀帝开运河巡江都的典故，前面极写其豪华、欢愉的场景：三千殿脚女如花似玉，美丽风流，风吹锦帆，云烟燃空。而后却陡接以“烧空。魂迷大业中”的惨痛，使得“花团锦簇，顿形消灭”②，在突兀的对比中揭示历史的教训：纵情游乐、荒淫无度必然致使国家灭亡。

在五代时期，诗歌的通俗化成为时代的潮流，这与统治者的提倡有很大的关系。在这个时期，称帝称王者，要不是鸡偷鼠窃之徒，要不就是赳赳武夫，整体文化素质十分低下，他们的欣赏口味必然带有浓重的世俗味，往往喜爱那些通俗易懂的浅近之作。如《诗话总龟》载：

卢延逊五举方登第，尝作诗云：“狐冲官道过，犬刺店门开。”租庸张相诵之。又曰：“饿猫临鼠穴，饥犬舐鱼砧。”成中令击赏之。又曰：“栗爆烧毡破，猫跳触鼎翻。”王忠懿爱之。卢尝谓人曰：“平生投谒公卿，不意得猫儿狗子力也。”③

在五代这样的乱世中，士人品质低劣、人格卑下，特别是仕宦作家，已经彻底走向世俗化。他们明哲保身，以求荣华富贵；他们随波逐流，沉湎于享乐侈靡，更有甚者朝秦暮楚，无半点忠义观念。欧阳修著《五代史》每每慨叹于此，他在卷五十四中云：

五代之世，仅得“全节之士三，死事之臣十有五，而怪士之被服儒者以学古自名，而享人之禄、任人之国者多矣”。④

---

① 杨景龙．花间集校注［M］．北京：中华书局，2014：1103.
② 李冰若．栩庄漫记［A］//张璋，黄畬．全唐五代词．上海：上海古籍出版社，1986：8011.
③ （北宋）阮阅．诗话总龟［M］//王士祯．五代诗话．北京：人民文学出版社，1989：192.
④ （北宋）欧阳修．新五代史［M］．北京：中华书局，1974：611.

五代作家人格的世俗化、名利化必定会导致士人为追逐名利而创作浅俗之作以迎合君王，从而致使诗歌的格调卑弱，风格浅俗。

孙光宪身处五代乱世，能够超凡脱俗于当世，反对直露、浅俗、粗鄙的文学风格，主张怨而不怒、含蓄典雅的文风，在当时可谓独树一帜，难能可贵。

二、孙光宪的文学审美观

（一）在审美标准上，重视作家人格与作品的关系

孙光宪在《北梦琐言》卷七中说：

> 进士高蟾，诗思虽清，务为奇险，意疏理寡，实风雅之罪人。薛许州谓人曰："倘见此公，欲赠其掌。"然而落第诗曰："天上碧桃和露种，日边红杏倚云栽。芙蓉生在秋江上，不向春风怨未开。"盖守寒素之分，无躁竞之心，公卿间许之。①

可见他认为，在文学创作中，作者的人格品性与作品有密切的联系，只有安贫自守、心态平和、淡薄名利，才能写出好作品。

这其实已涉及文学创作中文品与人品、诗格与人格的关系。"究其渊源，则是先秦的'比德'审美理想。《礼记·玉藻》曰：'古之君子必佩玉'，'君子无故，玉不去身，君子于玉比德焉。'人格善则为美，是审美目标、善美相联。这便成了特定的文化心态和意识，积淀为诗品即人品的审美标准"②。因此，在中国文学审美上，人们一般认为，文品与人品、诗格与人格密切相连。刘勰说："各师成心，其异如面。"③ 元遗山说："心画心声总失真，文章宁复见为人！高情千古《闲居赋》，争信安仁拜路尘。"④ 元代杨维桢说："评诗之品无异人品也。人有面目骨骼，有情性神气；诗之丑好高下皆然。"⑤ 近代国

① （五代）孙光宪．北梦琐言·卷七［M］．北京：中华书局，1980：64.

② 吴功正．中国文学美学［M］．南昌：江西教育出版社，2001：292.

③ 范文澜．文心雕龙注［M］．北京：人民文学出版社，1978：505.

④ 王运熙，顾易生．中国文学批评史（上册）［M］．上海：复旦大学出版社，2007：391.

⑤ 杨维桢．赵氏诗录序［A］//郭邵虞．中国文学批评史（下册）．天津：天津百花文艺出版社，1999：125.

学大师王国维也有精辟的论断，他认为做文先做人，人如其文。如《人间词话》四十四中说："东坡之词旷，稼轩之词豪。无二人之胸襟而学其词，犹东施之效捧心也。"甚至认为文无禁区，其关键在作家的人品高低，《人间词话》三十二中说："词之雅、郑，在神不在貌。永叔、少游虽作艳语，终有品格。方之美成，便有淑女与倡会之别。"①

五代乱世，武夫悍将高喊着"天子兵强马壮者为之"② 而相互攻杀，以图谋篡帝位。特别是中原地区，先后有梁、唐、晋、汉、周五朝相互更迭，混乱得无以复加。正如欧阳修在《新五代史·序》中所说的那样，这是一个"置君犹易吏，变国若传舍"③ 的纷乱时代。长期的战乱割据彻底摧毁了士人的儒家道德观念和人格理想，他们的人格已经完全背离了"修身、齐家、治国、平天下"的传统，并且发生了剧烈的质变，士人的整体人格已走向堕落。

而孙光宪在政治上却始终抱着报效国家、救世济民之志。他事荆南高氏四世五主达三十七年之久。其间，他直言敢谏，特别是他劝谏荆南归依北宋一事，体现出他犀利的政治眼光和不凡的见识。在文学创作上，他重视作家的人格与作品的关系，不沦于俗流，不汲汲于红尘，虽然他自负才学，恃才傲物，时有怀才不遇的怨怼，据《五代诗话》记载，他"自恨诸候幕府不足展其才"④，常怏怏不得志，并且在他的词中也流露出落拓与不甘："落絮飞花满帝城。看看春尽又伤情。岁华频度想堪惊。风月岂唯今日恨，烟霄终待此身荣。未甘虚老负平生。"⑤（《浣溪沙》其四）尽管如此，他却能"不事侧媚，甘处穷寂矣"⑥，保持内心的孤傲与清高，"品流巫峡外，名籍紫微中"⑦（《女冠子》其一），"勿以吹箫绊，不同群"⑧（《女冠子》其二）。而正是他的这种个性气质和人生遭遇，形成了他自甘寂寞、穷寂的人格特征。这种品性与其词交

① 王国维、周锡山．人间词话汇编汇校汇评［M］．太原：北岳文艺出版社，2004：87.
② （北宋）薛居正，等．旧五代史［M］．北京：中华书局，1987：1302.
③ （北宋）欧阳修．新五代史［M］．北京：中华书局，1974：5.
④ （清）王士祯．五代诗话·卷七［M］．北京：中华书局，1985：249.
⑤ 杨景龙．花间集校注［M］．北京：中华书局，2014：1240.
⑥ 吴梅．词学通论［M］．上海：复旦大学出版社，2005：46.
⑦ 杨景龙．花间集校注［M］．北京：中华书局，2014：1177.
⑧ 杨景龙．花间集校注［M］．北京：中华书局，2014：1175.

相辉映，成就了其词冷峭孤洁的美学风貌。

（二）在审美取向上，崇尚清美

作为一种审美趣味，“清”可谓是历史悠久，源远流长，直到魏晋六朝，“清”才作为诗歌的一种理想的审美风格而沉淀下来。“清”既是指一种超凡绝俗、神清骨冷的气质，也是指一种冰清玉洁、幽寒明净的境界。在文学评论中，人们常常将“清”与其他概念联系起来用。比如“清冷”“清奇”“清幽”“清绝”“清丽”“清淡”等。孙光宪对“清”的审美风格非常推崇，他在《白莲集》序中称赏齐己诗歌：

> 词韵清润，平澹而意远，冷峭而□□。郑谷郎中有与师云：“应是逢新雪，高吟得好诗。格清无俗字，思苦有苍髭。”其为诗家称许如此。①

在《北梦琐言》中，他崇尚清修、清介、清俊的人格，多次赞美词句清美、诗思清丽的诗人，如卷十中称：“杨奇鲲辈皆有词藻，途中诗云：‘风里浪花吹又白，雨中岚色洗还青。江鸥聚处窗前见，林狖啼时枕上听。此际自然无限趣，王程不敢暂留停。’词甚清美也。”②

在实际创作中孙光宪的词风气骨遒劲、清刚朗丽，一向为人们所公认，他以刚劲的气骨构建其清境，以浓丽的色彩熔铸其丽色，以绮靡的情思演绎其风骨。例如：

清丽的南越风俗：

> 孔雀尾拖金线长。怕人飞起入丁香。越女沙头争拾翠，相呼归去背斜阳。③（《八拍蛮》）

清新的农家生活：

> 茅舍槿篱溪曲。鸡犬自南自北。菰叶长，水葓开，门外春波涨

① （清）王士禛．五代诗话·卷七［M］．北京：中华书局，1985：281.

② （五代）孙光宪．北梦琐言·卷十［M］．北京：中华书局，1980：93.

③ 杨景龙．花间集校注［M］．北京：中华书局，2014：1199.

渌。听织。声促。轧轧鸣梭穿屋。[1]（《风流子》）

凄清的思边之情：

数枝开与短墙平。见雪萼、红跗相映。引起谁人边塞情。

帘外欲三更，吹断离愁月正明。空听隔江声。[2]（《望梅花》）

清淡的渔家情怀：

草芊芊，波漾漾。湖边草色连波涨。沿蓼岸，泊枫汀，天际玉轮初上。

扣舷歌，联极望。桨声伊轧知何向。黄鹄叫，白鸥眠，谁似侬家疏旷？[3]（《渔歌子》其一）

“清”作为一种诗歌审美追求，从晚唐五代到宋初一直绵延不绝，在经历了贾岛诗风的清奇、清冷，姚合诗风的清丽、淡远，齐己诗风的清润、冷峭，到宋初晚唐体诗风的清淡闲远，这已经体现了诗歌在“清”的审美趣味上的极至体验和最高境界。孙光宪对清美的追求，既是对这种时代审美精神的响应，同时还烙上了自己个人的印迹：这就是在清境中构建了刚劲的气骨，为“清”的审美趣味增加了一种格调。

在五代的衰乱时代，社会精神萎靡颓丧，士人群体人格俗化，五代诗歌呈现出“格致卑浅”[4]之弊，情感色彩苍白贫弱，审美趣味狭小浅俗，就像苏东坡所说：“唐末五代文章衰陋，诗有贯休，书有亚栖，村俗之气，大率相似。”[5]在这样的时代风气和审美思潮之下，孙光宪标举儒家诗教，重视文学的现实主义传统和诗格与人格的关系，反对浅俗鄙陋之风，崇尚清之人格与诗美，表现了他深厚的学养，卓越的见识，高尚的节操，既特出于当世，也影响了后世文学的发展。

---

① 杨景龙. 花间集校注［M］. 北京：中华书局，2014：1182.
② 杨景龙. 花间集校注［M］. 北京：中华书局，2014：1231.
③ 杨景龙. 花间集校注［M］. 北京：中华书局，2014：1233.
④（南宋）魏庆之. 诗人玉屑［M］. 上海：上海古籍出版社，1978：358.
⑤（南宋）胡仔. 苕溪渔隐丛话前集·卷五［M］. 南京：江苏广陵古籍刻印社，1983：28.

从《升庵诗话》看杨慎的诗歌美学思想

杨慎（1488—1559），字用修，号升庵，四川新都人。“幼警敏，十一岁能诗。十二拟作《古战场文》《过秦论》，长老惊异。入京，赋《黄叶诗》，李东阳见而嗟赏，令受业门下。年二十四，举正德六年殿试第一，授翰林修撰”①。杨氏学问之博，著述之富，有明一代，无出其右者，仅《四库全书》著录的著作就达二十七种。杨慎才华横溢，卓立于世，最终却因“议大礼”而见弃于明世宗，被谪戍云南永昌卫，居三十多年，直至72岁卒于戍所，终生不得赦免。

杨慎的诗论著作《升庵诗话》不主一家之见，亦异于当时声势浩大的“前后七子”的复古理论主张，从文学发展的客观规律出发，提出了自己的诗歌美学观点，闪烁着理性的光辉。整部《升庵诗话》，除了诗论之外，还有大量考据、轶闻，显示了作者深厚的学识。贯穿其中的诗论部分，虽无逻辑严密的理论，锋芒毕露的文辞，但却包含了他对诗歌美学的独特见解。

一、主张约情合性的情感之美

杨慎生活的年代正是程朱理学占据统治地位，而陆王心学正在悄然兴盛的转折时期，杨慎是一个具有独立思想的哲学家，他一生好学穷理，到老弭笃，他具有叛逆精神和深邃的批判眼光，对于程朱理学和心学的弊端都采取了批判

① （清）张廷玉．明史·卷一百九十二［M］．北京：中华书局，1974：5083.

的态度，他既不赞同“李翱、程朱的‘举性而遗情’，把人变成‘死灰’”的“存理灭欲”思想，也反对陆王心学“放纵情欲，使人失去应有的品德，而成为‘禽兽’”的观念，指出“情”非“人欲”，主张“合性情说”①。因此对于诗歌创作中“性”与“情”的关系问题，他是这样说的：

> 《三百篇》皆约情合性而归之于道德也，然未尝有道德字也，也未尝有道德性情句也。二南者，修身齐家其旨也，然其言琴瑟钟鼓，荇菜芣苢，夭桃秾李，雀角鼠牙，何尝有修身齐家字耶？皆意在言外，使人自悟。至于变风变雅，尤其含蓄，言之者无罪，闻之者足以戒。如刺淫乱，则曰“雝雝鸣雁，旭日始旦”，不必曰“慎莫近前丞相嗔”也；悯流民，则曰“鸿雁于飞，哀鸣嗷嗷”，不必曰“千家今有百家存”也；伤暴敛，则曰“维南有箕，载翕其舌”，不必曰“哀哀寡妇诛求尽”也。②

由此可见，杨慎认为诗歌应该约情合性，表现人的性情本色，而性情本色又应该归于一定的道德理性之下，即追求一种性情与道德的统一，《诗经》便是这样的典范之作。杨慎看到了自汉代以来被儒家学者奉为经，成了言志、美刺、教化、温柔敦厚的典范的《诗经》，其多数篇章何尝不是缘情，并且做到了言志与缘情的统一，实际上他的看法与中国最传统的诗歌理论诗言志说在本质上是一致的，“诗者，言志之所之也，在心为志，发言为诗。情动于中而形于言”③。所谓“志”一般是指符合理性规范的思想志尚，这是从政教伦理角度要求思想同一，重在表现人的社会共性；所谓“情”多表现为抒发个性的要求，这是从表现人的特殊性着眼。并且这两者是可以统一的，这就是“发乎情止乎礼义”④，即用封建道德规范来约束情感的表达。杨慎的“约情合性”的主张表明，他既肯定诗歌的“缘情绮靡”，也不排除它对“知性”“理性”的表现。因为诗歌的本质是诗人内在精神活动的外在表现，那么属于诗人精神

---

① 丰家骅．杨慎评传［M］．南京：南京大学出版社，1988：207.

② （明）杨慎．升庵诗话［M］//丁福保．历代诗话续编．北京：中华书局，1983：868.

③ 毛诗序［A］//袁峰．中国古代文论选读．西安：西北大学出版社，2003：7.

④ 毛诗序［A］//袁峰．中国古代文论选读．西安：西北大学出版社，2003：7.

活动范畴的绮靡之情、自然本性、理性思辨都应是诗人之心——诗人的内在情感、精神活动。因此他甚至还将表现自然情欲的社会内容的戏曲与诗赋同提："六情静于中，万物荡于外，情缘物而动，物感情而迁，是发诸性情而协于律吕，非先协律吕而后发性情也。以兹知人人有诗，代代有诗。"① 赋以自然、人情以合理位置。

二、主张意在言外的含蓄之美

对于诗歌的艺术表现，杨慎主张含蓄蕴藉，意在言外，使人自悟，无论诗歌的思想内容是主情性还是主理趣，都不应该在文辞字句上高喊道德情趣而沦于直露，从而损害诗歌的文学性。

从表面上看，这似乎与严羽"意在言外，不落言筌"② 的"妙悟说"出自一格。其实不然，严羽之"悟"乃佛家话头，是心悟，即"悟本性"或"悟自性"，明心见性，得契真如，是指一种直觉体验，即忘却个人的认识动机、意志、情感，抛弃一般认识事物所必须的逻辑程序，突破语言束缚、物象的界限而进行的一种心灵活动、沉思瞑想，并且自有一套以心传心的直观认识方法，任何语言文字都不能表达，只能靠人的内心的神秘体验。严羽以此喻诗，用于诗歌的创作理论。其《诗辨》曰："所谓不涉理路，不落言筌者，上也。诗者，吟咏性情也。盛唐诸人惟在兴趣，羚羊挂角，无迹示可求。……如空中之音，相中之色，水中之月，镜中之象，言有尽而意无穷。"③ 即主性灵，不假外求，全在于创作主体一己性灵的发抒，在创作手法上表现为不拘形迹，不落言筌。肯定主体的本源、自我的创造，强调艺术思维方式的非分析性，语言表达的非逻辑性。

而杨慎之"自悟"是指诗歌内容表现的含蓄委婉，忌直露，使读者通过字面意思去领会其中的深沉思想和含义，在得到道德警示的同时也得到美的享受，属于接受的范畴。这种思想表现在诗歌美学上就为：以含蓄蕴藉为美，反

① 韩经太. 理学文化与文学思潮［M］. 北京：中华书局，1997：207.
② 郭绍虞. 沧浪诗话校释［M］. 北京：人民文学出版社，1983：26.
③ 郭绍虞. 沧浪诗话校释［M］. 北京：人民文学出版社，1983：26.

对粗俗卑下浅露。比如杨慎评沈满愿《竹火笼》诗：

> 陈范静妻沈满愿《竹火笼》诗曰："剖出楚山筠，织成湘水纹。寒消九微火，香传百和熏。氤氲拥翠被，出入随缃裙。徒悲今丽质，岂念昔凌云。"此诗言外之意，以讽士之以富贵改节者，……而含蓄蕴藉如此。"徒悲""岂念"四字，尤见其意，上薄《风》《雅》，下掩唐人矣。①

又如杨慎评李端《古别离》诗：

> 李端《古别离》诗云："水国叶黄时，洞庭霜落夜。行舟闻商贾，宿在枫林下。此地送君还，茫茫似梦间。后期知几日，前路转多艰。巫峡通湘浦，迢迢隔云雨。天晴见海樯，月落闻钟鼓。人老自多愁，水深难急流。清宵歌一曲，白首对汀洲。与君桂阳别，令君岳阳待。后事忽差池，前期日空在。水落雁嗷嗷，洞庭波浪高。远山云似盖，极浦树如毫。朝发能几里，暮来风又起。如何两处愁，皆在孤舟里。昨夜天月明，长川寒且清。菊花开欲尽，荠菜泊来生。下江帆势速，五两遥相逐。欲问去时人，知投何处宿。空冷猿啸时，泣对湘潭竹。"此诗端集不载，古乐府有之，然题曰二首，非也，本一首耳。其诗真景实情，婉转惆怅，求之徐庾之间且罕，况晚唐乎?"②

因此，他对盛唐山水田园诗人王维、孟浩然，以及稍后的韦应物等大诗人是倍加称许。对于唐诗中的浅陋者，如罗隐、杜荀鹤、李山甫、卢延逊等，提出了直接的批评，讥之为燕赵佳人中的"跛者，眇者，瓶瓫者，疥且痔者"③。甚至对于集前代之大成的伟大诗人杜甫的评论也是肯定其含蓄蕴藉者，他说："宋人以杜子美能以韵语纪时事，谓之'诗史'。鄙哉宋人之见，不足以论诗也。……杜诗之含蓄蕴藉者，盖亦多矣，宋人不能学之。至于直陈时事，类于讪讦，乃其下乘末脚，而宋人拾以为己宝，又撰出"诗史"二字以误后人。

---

① （明）杨慎．升庵诗话［M］．丁福保．历代诗话续编［G］．北京：中华书局，1983：722.
② （明）杨慎．升庵诗话［M］．丁福保．历代诗话续编［G］．北京：中华书局，1983：728.
③ （明）杨慎．升庵诗话［M］．丁福保．历代诗话续编［G］．北京：中华书局，1983：700.

如诗可兼史，则《尚书》《春秋》可以并省。”①

三、主张绮艳有骨的清丽之美

杨慎论诗，近于茶陵派而又有所发展。钱谦益《列朝诗集小传》说：“用修垂髫赋黄叶诗，为茶陵文正公所知，登第又出其门下，诗文衣钵，实出指授。及北地上哆言复古，力排茶陵，海内为之风靡，用修乃沈酣六朝，揽采晚唐，创为渊博靡丽之词，意欲压倒李何，……”②

明代诗坛，从永乐到成化（1403—1487）年间，占统治地位的是以杨士奇、杨荣、杨溥为代表的“台阁体”，一味歌功颂德，讲求典雅工丽。“三杨”之后，李东阳便以宰臣地位主持诗坛，成为“茶陵派”领袖人物。东阳为诗，标举格调，力主唐音，虽未全脱台阁习气，但已具有明显的复古倾向。《四库提要》说：“李、何未出以前，东阳实以台阁耆宿，主持文柄。其诗论主于法度音调，而极论剽窃摹拟之非。当时奉以为宗，至何、李既出，始变其体，然赝古之病，适中其所诋诃。”③ 李东阳以台阁宰臣和文坛宗匠的双重身份，兼顾台阁与山林之气，他对表现道德事功的馆阁之文和表现情趣高远的山林之文是并而生之，但是两者之中，他更偏爱于台阁体。不管怎样，台阁体之“典则”，山林体之“恬淡”，皆是诗人之性情。

在情的规范上，杨慎肯定艳丽之情，是对其师论情主山林之气的进一步发展，表现出对自然人性、世俗人情的真实观照。他说：“《九歌》‘满堂兮美人，忽独与予兮目成’，……陶渊明《闲情赋》‘瞬美目以流盼，含言笑而不分’，曲尽丽情，深入冶态，……又瞠乎其后矣，所谓‘词人之赋丽以淫’也。”④ 虽然他没有完全抛弃刘勰“诗人丽则而约言，辞人丽淫而繁句也”⑤ 的传统，但已明确表现出对“丽情”“冶态”“绮艳”的正面肯定，把绮艳之词

---

① （明）杨慎．升庵诗话［M］．丁福保．历代诗话续编［G］．北京：中华书局，1983：868.
② 霍松林．中国历代诗词曲论专著提要［M］．北京：北京师范学院出版社，1991：186.
③ 霍松林．中国历代诗词曲论专著提要［M］．北京：北京师范学院出版社，1991：168.
④ （明）杨慎．升庵诗话［M］．丁福保．历代诗话续编［G］．北京：中华书局，1983：694.
⑤ （南朝梁）刘勰．文心雕龙·卷四六［M］．韩泉欣校注．杭州：浙江古籍出版社，2001：249.

划入正常情感的范畴。

但他所谓的“绮艳”是艳而不亵，即杜甫所谓清新。对“清新”他这样说：“清者，流丽而不浊滞；新者，创见而不陈腐也。”[①] 所以他认为“美人未尝不粉黛，粉黛未必皆美人”[②]，清词丽句并不妨碍内容的表达，反而会增其颜色。因此他认为庾信的诗歌“绮而有质，艳而有骨，清而不薄，新而不尖”[③]，为齐梁之冠，启唐之先鞭。

以此为基础，杨慎对当时十分敏感的唐、宋诗问题，提出较为客观的看法，如“唐人诗主情，去《三百篇》近；宋人诗主理，去《三百篇》却远矣”[④]，但是“宋诗信不及唐，然其中岂无可匹体者，在选者之眼力耳”[⑤]。如：

月从洞庭来，光映寒湖凸。四顾无纤尘，鱼跃明镜裂。（苏舜钦《吴江》）

山中十日雨，雨晴门始开。坐看苍苔纹，欲上人衣来。（王半山《雨》）

春风入垂杨，烟波涨南浦。落日动离魂，江花泣微雨。（寇平仲《南浦》）

巧转上人衣，徐行度楼角。河汉冷无云，冥冥独飞鹊。（苏子由《中秋夕》）

他极力赞赏这些宋人诗句有王维辋川遗意，幽雅清淡、恬静优美。

又如他抄出宋代张耒等四人写莲花的诗歌，给“尝言宋人诗不必观”的何仲默（景明）看，何景明以为唐诗。此四诗如下：

平池碧玉秋波莹，绿云拥扇青摇柄。水宫仙子穿红装，轻步凌波踏明镜。（张文潜《莲花》）

---

① （明）杨慎．升庵诗话［M］．丁福保．历代诗话续编［G］．北京：中华书局，1983：814.
② （明）杨慎．升庵诗话［M］．丁福保．历代诗话续编［G］．北京：中华书局，1983：894.
③ （明）杨慎．升庵诗话［M］．丁福保．历代诗话续编［G］．北京：中华书局，1983：814.
④ （明）杨慎．升庵诗话［M］．丁福保．历代诗话续编［G］．北京：中华书局，1983：799.
⑤ （明）杨慎．升庵诗话［M］．丁福保．历代诗话续编［G］．北京：中华书局，1983：717.

> 翠盖佳人临水立，檀粉不匀香汗湿。一阵风来碧浪翻，珍珠零落难收拾。（杜衍《雨中荷花》）
>
> 菱花炯炯垂鸾结，烂学宫装匀腻雪。风吹凉鬓影萧萧，一抹疏云对斜月。（刘美中《夜度娘歌》）
>
> 烟波渺渺一千里，白蘋香散东风起。惆怅汀洲日暮时，柔情不断如春水。（寇平仲《江南曲》）

此四诗皆清新流丽、辞彩绮艳之作。并且杨慎还认为：

> 唐人有极恶劣者，如薛逢戎昱，乃盛唐之晚唐。晚唐亦有数等，如罗隐杜荀鹤，晚唐之下者；李山甫卢延逊，又其下下者，望罗杜又不及矣。其诗如"一个祢衡容不得"，又"一领青衫消不得"之句。其他如"我有心中事，不向韦三说。昨夜洛阳城，明月照张八"，又如"饿猫窥鼠穴，饥犬舐鱼砧"，又如"莫将闲话当闲话，往往事从闲话生"，又如"水牛浮鼻渡，沙鸟点头行"，此类皆下净优人口中语，而宋人方採以为诗法，入《全唐诗话》，使观者曰，是亦唐诗之一体也。如今称燕赵多佳人，其间有跛者、眇者、瓻瓿者、疥且痔者，乃专房宠之曰是亦燕赵佳人之一种，可乎?①

杨慎论诗，主张言志与言情的统一，虽然他认为性情的表达应归于道德的约束，但他肯定绮艳之词，并且把反映世俗文化内容的戏曲提高到与诗赋同等的位置，在一定程度上肯定了人的自然感情，从中已初见晚明思想解放与个性解放的端倪，与晚明伟大的启蒙主义思想家李挚的"童心说"有一定的共通之处，这在当时诗坛一片模拟复古的喧嚣声中，显示出他独到的见解，自成一家，别张垒壁。他以此指导自己的创作实践，广泛吸收六朝和初唐诗歌的长处，在自己的诗歌创作中形成了"浓丽婉至"的风格：含蓄委婉，构思新颖，清新明丽，充分展示了他不人云亦云的思想见地和创新精神。

① （明）杨慎．升庵诗话［M］．丁福保．历代诗话续编［G］．北京：中华书局，1983：700.

论杨慎、黄峨夫妇的离思之作

杨慎（1488—1559），字用修，号升庵，四川新都人，明代著名的学者、文学家。《明史》本传称："明世记诵之博，著作之富，推慎为第一，诗文外，杂著卷一百余种，并行于世。"① 黄峨（1498—1569），字秀眉，四川遂宁人，其父黄珂官至工部尚书，她幼承庭训，工诗词，尤擅散曲，徐渭称赞她"旨趣闲雅，风致翩翩。……才艺冠女班"②。正德十四年（1519），杨慎的原配妻子病逝，黄峨嫁给杨慎为继室，从"尚书女儿知府妹"到"宰相媳妇状元妻"，传为一时佳话。

杨慎与黄峨婚后生活幸福美满，情趣相投，他们吟诗作曲，多有酬答互赠之作。可好景不长，就在嘉靖三年（1524），杨慎因"议大礼"而见弃于嘉靖皇帝，被谪戍云南永昌卫，直至嘉靖三十八年（1559）卒于戍所，终生不得赦免。而这对琴瑟和鸣的恩爱夫妻也被迫分离三十多年，尝尽离别的悲苦，他们长歌当哭，互诉相思，写下大量的吟咏离愁别恨的作品。这些作品真实记录了他们在惨痛命运的打击之下心灵的痛苦、情感的割裂，揭示了封建时代男性、女性不同的爱情心理和人生处境。

一、记录了杨慎、黄峨的情变历程

杨慎、黄峨本是恩爱夫妻，然而，无法自主的命运，天各一方的无情摧

① （清）张廷玉等．明史［M］．北京：中华书局，1974：5083.

② 王文才．杨升庵先生夫人乐府序［A］//杨慎词曲集．成都：四川人民出版社，1984：392.

残，使得他们的情感经历了由情深意长到情变思淡的历程。

（一）情深意长

杨慎、黄峨的新婚生活是甜蜜、幸福的，就像黄峨曲中所现："巫女朝朝艳，杨妃夜夜娇。行云无力困纤腰，媚眼晕红潮。阿母梳云髻，檀郎整翠翘。起来罗袜步兰苕，一见又魂销。"①（《巫山一段云》）

但婚后仅五年，杨慎就被贬谪云南，黄峨肝肠寸断，一路相送，直到江陵，然后孤身溯江返回四川新都。分离在即，别情无限，杨慎写下一诗一词，倾诉难舍之情。其《江陵别内》诗云：

> 同泛洞庭波，独上西陵渡；孤棹溯寒流，天涯岁将暮。此际话离情，羁心忽自惊；佳期在何许，别恨转难平。萧条滇海曲，相思隔寒燠；蕙风悲摇心，菌露愁沾足。山高瘴疠多，鸿雁少经过；故园千万里，夜夜梦烟萝。②

夫妻二人风雨同舟到了洞庭，不得不面对分离。依依话别之际，杨慎满心凄楚，恨意难平，又想到此去山高路远，鸿雁难飞，相思阻隔，音信不达，心情无比沉重、凄凉。

又有《临江仙·戍云南江陵别内》词写到：

> 楚塞巴山横渡口，行人莫上江楼。征骖去棹两悠悠。相看临远水，独自上孤舟。　　却羡多情沙上鸟，双飞双宿河洲。今宵明月为谁留？团团清影好，偏照别离愁。③

在江陵的临江渡口，杨慎与妻子挥泪告别，各自登程。他不忍离别，频频回首相望，一直目送她孤独的身影乘舟远去。看到江边沙滩上双宿双飞的水鸟，陡生羡慕之情，真是离情缱绻，满怀孤寂。

一样的情怀牵动了两颗挚爱的心灵，黄峨也写下一首送别之曲《罗江怨·寄远》：

---

① 蔡忠，王金星，谭国应．黄峨诗词曲赏析［M］．香港：香港教育出版社，2005：114.
② 王文才，万光治．杨升庵丛书（第四册）［M］．成都：天地出版社，2002：282.
③ 王文才，万光治．杨升庵丛书（第四册）［M］．成都：天地出版社，2002：413.

> 空庭月影斜，东方亮也。金鸡惊散枕边蝶。长亭十里，阳关三叠。相思相见何年月？泪流襟上血，愁穿心上结。鸳鸯被冷雕鞍热。①

在黄峨的笔下，离别的场景分外凄清。东方初晓，空庭月斜，金鸡惊啼，离曲催发，离别的哀愁穿心断肠，血泪相和流。

从以上杨慎、黄峨的离别之作可以看出，他们的感情深厚，离别之思哀怨浓烈，对命运强加的痛苦满怀怨愤。

两年之后，杨慎因父亲寝疾回蜀，父疾愈后携黄峨到云南戍所共同生活近三年，尽管在戍所生活艰苦，处境艰难，但夫妻同心，相携相惜，情深意长。期间，杨慎曾为黄峨祝寿写下情深款款的《沁园春·寿内》词：

> 劝汝一杯，关山迢递，我马崔隤。想玉堂金马，曾同富贵；竹篱茅舍，也共尘埃。事过眼前，老来头上，卿不见吾白发哉！故园好，更彩衣称寿，何日同回。　　天涯劝我宽怀，欠酒债拔卿金雀钗。笑孔肩薄首，夫人书法；嵇心羊体，仙子琴才。道韫家声，黔娄夫婿，此怨休将造化埋。六如偈，打开梦幻，新拜如来。②

从这首寿词，我们可以看出杨慎对妻子的倾心爱慕之情，赞美她“道韫家声”，才华出众，倾心她贤德坚贞，与自己“同富贵”“共尘埃”，也可以看到黄峨对丈夫的支持与宽慰，可谓是无怨无悔。

从嘉靖三年（1524）杨慎谪戍滇南到嘉靖十三年（1534）杨慎纳妾周氏十年间，两人虽聚少离多，但感情深厚，心意相通，他们写了大量咏叹离别、相思的作品，寄托无尽的思念，如黄峨的《黄莺儿·雨中遣怀》：

> 积雨酿轻寒，看繁花树树残，泥涂满眼登临倦。云山几盘，江流几湾，天涯极目空肠断。寄书难，无情征雁，飞不到滇南。③

在繁花落尽、细雨飘零的时节，诗人登临思远，极目天涯，视线的尽头是

---

① 蔡忠，王金星，谭国应．黄峨诗词曲赏析［M］．香港：香港教育出版社，2005：151．

② 王文才，万光治．杨升庵丛书（第四册）［M］．成都：天地出版社，2002：426．

③ 蔡忠，王金星，谭国应．黄峨诗词曲赏析［M］．香港：香港教育出版社，2005：155．

云山重重，江流滔滔，其间万水千山，梦魂不到，征雁难飞。此曲凄楚无奈，沉痛感人，久为传诵，王世贞《艺苑危言》载杨慎“别和三词，俱不能胜”。

然而，随着时光的流逝，空间的阻隔，由于两人处境和人生际遇的不同，他们的情怀已经别有不同了。在黄峨而言，丈夫远戍，自己留在家乡治理家务、照顾老小，生活在单调、狭小的家庭世界里，饱受生活的痛苦、相思的煎熬。她只能将一切悲喜寄托在丈夫身上，她的每一首曲都注入了对丈夫刻骨铭心的思念，可谓满纸的凄凉。她泣涕涟涟，“泪沾罗帕”“泪染红桃”“泪眼看花”“泪添细雨”“红泪秋雨梧桐”“铁做心肠泪似珠”“有情芍药含春泪”“泪花落枕红绵冷”“珠泪纷纷滴砚池”……不尽的泪水倾诉着她难言的痛苦和深长的思念。她叨叨的诉说、痴痴的等待，望穿秋水却见千帆过尽，徒留她肠断天涯。

对于杨慎来说，被贬谪云南，永无归期，曾经的理想、志向都瞬间化为了泡影，他内心充满了屈辱、悲愤、惊恐、孤独、矛盾等情绪。而且嘉靖皇帝对他深为记恨，始终不肯放过他。朱茹在《杨升庵诗序》中说：“用修之谪戍也，世庙每询于当国者，赖以猖狂废恣对。已又询不置，将物色之，祸几及，当国者又以前语对，得以免。于是用修闻之，惕然股栗，故自贬损，以污其迹。……世乃以纵欲荡情、披风抹月过用修，亦乌知用修者哉！”[①] 为了避祸，杨慎甚至自污其行，傅粉插花，与诸伎门生，游行于城市，可他“胸中实不知有几斗热血，眼中实不知有几升热泪”[②]。为了对抗现实的苦难，超脱痛苦处境，他亲近佛老，移情自然，寻求心灵的解脱，他的心境、情怀与之前已大不同了，在生命沉沦的苦难中多了几许豪放与潇洒，这种境界是闺阁中的黄峨难以达到的。所以说“男人面对的就是大千世界，是充满竞争拼搏，燃烧着血与火的社会历史与现实环境；而女人面对的则是狭窄家庭，是人情风雨，生命变故，是血统亲缘关系衍生出的复杂微妙的生活环境。这就形成了男女两性在感受能力乃至情感类型方面不同的特征”[③]。

我们这时再来看杨慎的《黄莺儿·雨中遣怀》，同样的思念，但情怀已与

---

① 丰家骅．杨慎评传［M］．南京：南京大学出版社，1998：105.

② 丰家骅．杨慎评传［M］．南京：南京大学出版社，1998：105.

③ 韩健敏．神秘的空间［M］．成都：四川文艺出版社，1994：64.

黄峨大为不同：

丝雨湿流光，爱青苔绣粉墙，鸳鸯浦外清波涨。新篁送凉，幽芳弄香，云廊水榭堪游赏。倒金觞，形骸放浪，到处是家乡。①

在杨慎的眼中，丝雨无声滋润万物，湿了流光，涨了清波，香了幽芳。在杨慎的心中，春光正好纵酒放浪，豪情无极，思念的痛苦消散在山水间，融化在金觞里。

（二）情变思淡

杨慎的远谪，导致了夫妻分离，也带来爱情的疏离与缺失；黄峨没有子嗣，可能也是导致两人感情淡化的原因之一。因为一方面是“不孝有三，无后为大”的古训，希望有血脉传承；另一方面，杨慎欲得子嗣，以便六十岁后以子侄替役，自己才能叶落归根回故乡，杨慎迫切希望黄峨能给他生个儿子，他曾经写下这样的《赠内》诗：

迢递乡关隔益州，归途雨沛更云油。重看周雅歌祁父，又听阳关唱杜秋。

明月迴临天左界，寒宵梦回浪西楼。五纹丝履休劳寄，好看生儿似阿侯。②

然而，两人长期分离，子嗣又从何而来呢？杨慎毕竟是封建时代的男子，自有其处事原则和生存之道，爱情既缺失，子嗣又不可得，团圆也成了奢望，无奈痛苦之下，他有了新的选择，纳妾生子，既能得到传承血脉的子嗣，亦填补了爱情的空白，获得心灵的慰藉。1534 年杨慎纳妾周氏，1542 年又纳妾曹氏，后来两妾又各生一子。杨慎有了新家、美妾、娇儿，他对黄峨是越来越少顾及了，可能妻子在他心只留下模糊的身影了吧，他的心也是渐行渐远了。

我们来看嘉靖二十一年（1542）杨慎纳妾曹氏前为黄峨写下的贺寿词《千秋岁·壬寅新正二日寿内》：

---

① 王文才．杨慎词曲集［M］．成都：四川人民出版社，1984：171.

② 王文才，万光治．杨升庵丛书（第四册）［M］．成都：天地出版社，2002：492.

瑶池阿母，本是神仙侣，谪向人间官府。住摄提，贞孟月，中子逢初度。琅霄宴，春回北斗斟云酹。　麟笔春秋谱，彤管毛诗语。女洙泗，闺邹鲁。五福中天聚，百秩从今数。最难得，芝兰庭下斑采舞。①

词固然写得喜气洋洋，典雅精致，对妻子也不吝赞美，称她是“女洙泗，闺邹鲁”，肯定她贤于女道，是女子中的儒家君子。但作为一个丈夫，这样来赞美妻子，他心中还有多少爱恋和深情呢？恐怕更多的是敬畏，如《续玉笥诗谈》所记：“升庵杨先生夫人黄氏，……娴于女道，性复严整，闺门肃然，先生亦敬惮之。”② 杨慎纳妾，有负鸳盟，心中还是有几许忐忑和内疚吧！

丈夫的移情使黄峨备受伤害，不无怨怼：“为相思瘦损卿卿，守空房细数长更。梧桐金井叶儿零，愁人又遇凄凉景。锦衾独旦，银灯半明；纱窗人静，罗帏梦惊。你成双丢得咱孤另。”③（《皂罗袍》）她甚至直言相斥，指责丈夫负心忘情：“寄与他三负心那个乔人，不念我病榻连宵，不念我瘴海愁春。不念我剩枕闲衾，不念我乱山空馆，不念我寡宿孤辰。茶不茶饭不饭全无风韵，死不死活不活有甚精神。阻隔音尘，哪个缘因？好事多磨，天也生嗔。”④（《折桂令》）但又有什么用呢？只能是一腔痴情随风逝，“你也休憨，我也休憨”⑤（《水仙子带过折桂令》）。

二、家庭失和、爱情缺失对男性、女性的不同影响

杨慎、黄峨共同遭遇了爱情的缺失，人生的痛苦，但由于两人思想境界不同、性别不同、人生角色不同，他们的人生最终走向了两个方向。

（一）杨慎最终超越了苦难，实现了生命的价值

杨慎万里流放，处境艰难，归还无期。那个曾经才华横溢的状元郎，意气

① 王文才，万光治．杨升庵丛书（第四册）［M］．成都：天地出版社，2002：443.
② 蔡忠，王金星，谭国应．黄峨诗词曲赏析［M］．香港：香港教育出版社，2005：220.
③ 蔡忠，王金星，谭国应．黄峨诗词曲赏析［M］．香港：香港教育出版社，2005：107.
④ 蔡忠，王金星，谭国应．黄峨诗词曲赏析［M］．香港：香港教育出版社，2005：92.
⑤ 蔡忠，王金星，谭国应．黄峨诗词曲赏析［M］．香港：香港教育出版社，2005：117.

风发的翰林学士，从此却要在这穷山恶水处过着颠沛流离的囚徒生活，他满腔怨愤，无法释怀，初到云南，他满目所见尽是山水险恶、毒瘴愁烟：

> 怕见他盘江河毒瘴愁烟，关索岭冰梯雪巇，香炉峰獠寨苗川。千寻井下坡难，万丈梯登山倦；硬黄泥污尽旧青衫。[①]（《仙吕·点绛唇·那吒令》）

处于人生困境中的杨慎，心态是非常复杂和苦痛的，但他无时无刻不在思念着故乡，归思无限，他的许多词曲都表现了这种望归情怀，如“绝塞不知登览兴，故乡惟与梦魂通。倚楼病眼送归鸿”（《浣溪沙》）；“故乡迢递水云连。归未得，思发在花前”（《江月晃重山·壬寅立春》）；“念故国关心，归期难卜，望远愁生”（《木兰花慢·春日闲居寄简西岦》）；“心摇似旆族，愁乱如烟草。百般不如归去好”（《北双调·对玉环带过清江引》）；“长是他乡外井。烟花零落客心惊，中酒恹恹如病”（《北中吕·醉高歌》）；“遥天归雁，落日归心，远水归船”（《南中吕·驻马听》）；“思乡泪，远戍人，夜更长砌成幽恨”（《北双调·落梅风》）。

杨慎时时都在思归，盼归，然而时光流逝，终是归梦难寻，故乡明月千万里。他的心在痛苦中挣扎，在矛盾中徘徊，既然不能归去，何不处处故乡。随着时间的推移，他越来越多地发现了云南的美丽和风情，登高望远，寄情山水。他的“足迹遍于三逸，而在逸西尤久……（其）于三逸足迹追遍，滇中山水景物，多入题咏，足备后人采择，足资地志考据。滇中风雅，实倡于此”[②]（朱庭珍《筱园诗话》）。心境一变，他眼中的自然之景、蛮风异俗也变得可喜、可乐了。比如他的《渔家傲·滇南月节》就描写了云南四季如春，常年繁花似锦的美丽风光：正月是“山茶树树齐开了。艳李夭桃都压倒”；三月是“牡丹芍药晨妆靓，太华华亭芳草径”；八月是“红芳碧树花仍在，园圃全无摇落态”；九月是“篱菊秀，银香玉露香盈手”；十一月是“曹溪寺里梅开也。绿尊黄须香趁马”。

但随着贬谪日久，归期愈加无望，对杨慎来说，儒家经世致用的理想是再

---

① 王文才．杨慎词曲集［M］．成都：四川人民出版社，1984：157.

② 张国庆．云南古代诗文论著辑要［M］．北京：中华书局，2001：324.

难实现了，在感情上他也愈加亲近佛老之学，并以此作为思想武器，以对抗现实的苦难，获得心灵的超然。他看破了功名利禄，视荣华富贵如过眼云烟，他写道："金门九重，太仓万钟，回头看破黄粱梦"[①]（《黄莺儿·道情》）；"伴渊明且醉黄花，富贵浮云，身世烟霞"[②]（《折桂令·道情》）。而且痛定思痛之下，杨慎对历史、对人生也进行了深沉的思考，他站在永恒的时间之中来关照现实世界，从高远的历史视角来审视人生成败，那就是："滚滚长江东逝水，浪花淘尽英雄。是非成败转头空。青山依旧在，几度夕阳红。"[③]（《临江仙》）到晚年时，杨慎的心境更加淡定了，他放弃了回朝的希望，也不再有壮志难酬的煎熬，不再为名利所羁，获得了心灵的平静和自由。

在寄情山水，淡泊名利之外，杨慎还悉心著述，把精神寄托于文学和学术，以立言的方式成就了他的人生，成为一代文化大家。其记诵之博，著述之富，为明人第一。

（二）黄峨最终沉沦于现实，让生命归于沉寂

世宗皇帝划出的人间天河深深阻隔了杨慎、黄峨这对人间的恩爱夫妻，对于黄峨来说简直是飞来横祸，她的人生轨迹随之巨变，不能自已，无法把握，就像风雨中的落花，随水飘零，随风飘散，这种不能主宰自己命运的感伤和无奈化为她笔下的春残花谢、柳絮飞舞、流水飘萍的感伤诗境：

> 海棠经雨、梨花禁烟，买春愁满地榆钱。雪絮成团帘不卷，日长时杨柳三眠。楼高望远，空目断平芜如剪。[④]（《商调·二郎神》）
>
> 翠被峭寒生，诉离情、天未明，泪花落枕红锦冷，邻鸡一声，谯楼五更。纱窗残月愁分影。谩留情，佳人薄命，飞絮逐浮萍。[⑤]（《黄莺儿》其一）

凋残的花朵，风中的柳絮，飘零的浮萍……曲中这些美丽而凄迷的意象合

---

① 王文才．杨慎词曲集［M］．成都：四川人民出版社，1984：175.
② 王文才．杨慎词曲集［M］．成都：四川人民出版社，1984：190.
③ 王文才．杨慎词曲集［M］．成都：四川人民出版社，1984：193.
④ 蔡忠，王金星，谭国应．黄峨诗词曲赏析［M］．香港：香港教育出版社，2005：18.
⑤ 蔡忠，王金星，谭国应．黄峨诗词曲赏析［M］．香港：香港教育出版社，2005：96.

在一起构成衰败、凄清的诗境，诉说着风雨的无情与肆虐，这自然的风雨不正是人生的风雨吗？命运的风雨吗？在自然面前，花儿何其渺小！在命运面前，如花的女子何其无奈！

在忍受命运无情折磨的同时，黄峨还遭遇了来自丈夫的感情伤害，在痛苦、矛盾、不甘、怨愤、抗争之后，她的心累了、倦了，“懒把音书寄日边”，甚至关闭了言说的激情，不愿他人，尤其是后辈子侄看到她内心深处难言的心绪，“诗不多作，不存稿，子弟不得见也”[①]，一心抚教子侄，纪纲家务，沉沦于现实，让生命归于沉寂。这也是封建社会中女性的宿命，爱情、家庭就是她人生的全部，除此之外别无寄托，一旦家庭失和，爱情远去，她的世界就不再完整，她找不到人生的出路，难以解脱现实的苦难。

结　语

杨慎、黄峨这对才子、才女夫妻，因命运的无情打击而长期分离，他们长歌当哭，幽怀怨愤，写下了大量凄切感人的离思之作，真实地记录了他们的情感历程，表现了家庭失和、爱情缺失对男性、女性的不同影响，展现了男性女性在人生痛苦中的不同境遇，更是揭示了女性在封建时代不可逆转的悲剧宿命。

---

① 蔡忠，王金星，谭国应．黄峨诗词曲赏析［M］．香港：香港教育出版社，2005：219．

天乎于汝不为薄，千树梅花一声鹤

——浅析清代郫县诗人许儒龙的梅花诗

北宋初期，诗人林和靖（967—1028）倾心于梅花之高标逸韵，隐居西湖孤山，植梅养鹤，闲居赋诗，终生未娶，人称“梅妻鹤子”。沈括《梦溪笔谈》卷十《人事二》记载道：“林逋隐居杭州孤山，常畜两鹤，纵之则飞入云霄，盘旋久之，复入笼中。逋常泛小艇，游西湖诸寺。有客至逋所居，则一童子出应门，延客坐，为开笼纵鹤。良久，逋必棹小船而归。盖尝以鹤飞为验也。”① 六百多年后的清朝，在四川郫县也有一位诗人，他歆慕林和靖的人品，以梅为友，以鹤为伴，写下了诸多咏梅诗篇，表达对梅与鹤的喜爱，寄托自己高洁的品格。他就是清代康乾年间郫县著名诗人许儒龙。

许儒龙（1688—1751），字士元，号水南，郫县犀浦（今成都市郫都区犀浦镇）人。乾隆元年（1736），儒龙以博学鸿词科徵，赴京会试而被放，遂遍游大江南北，后由武夷山返棹归里；在先人旧庐的基础上，筑野园，起亭台，在其中研究经史，吟啸放浪。儒龙工诗文，著有《水南诗集》《水南文集》《岷南诗草》等诗文集传世。生平见（嘉庆）《四川通志》卷一八七、《锦里新编》卷五、（同治）《郫县志》卷二三等。

儒龙十分喜爱梅花，往往多方收罗佳种，有得自江南平望的绿萼梅：“丙申二月，舟过平望，初见绿萼，今属友人得其种。”（《绿萼梅》）② 有得自阴平万山下的点脂梅和紫晕梅：“华阳张野人有梅二株，得自阴平万山下，一名

① （宋）沈括著，侯真平校点．梦溪笔谈［M］．长沙：岳麓书社，2002：79.

② （清）许儒龙．郫犀许水南征君诗文集·水南诗集·卷一［M］．咸丰五年许天禄重订本.

点脂，花碧色，瓣间作小红，或有或无，隐约可爱。一名紫晕，较点脂形质略同，而丰神尤艳。余甚奇之，因嘱友人郑重购归，狂喜弥日。”（《三绝句》）[①]还有得自成都城里故明代蜀王府墙边之梅：“得于故蜀府墙隅，植之斋前，培护甚至。”（《旧斋老梅》）[②]

除了梅花，儒龙还喜爱鹤，并多次将梅与鹤并提，如“天乎于汝不为薄，千树梅花一声鹤”（《自题负雪图》）[③]；“益种花木，梅三百余本，……蓄二鹤，时一清唳，友人为颜小堂曰‘梅海鹤天’。”（《水南园记》）[④] 许氏日以赏梅养鹤为乐，其清高绝尘的风韵雅致在其梅花诗中体现得淋漓尽致。在其诗文集中，提到梅花的诗有五十多首，提到鹤的有十多首。儒龙还写有《澹志斋记》《水南园记》和《养鹤说》等文专门谈及梅与鹤。许儒龙的梅花诗，数量较多，特色鲜明，具有一定的研究价值和学术价值。本文即以此为研究对象，对其梅花诗试做分析。

一、“勉共雪霜占阅历，懒从风月斗精神”

——托梅言志，显个人之品

刘盈说：“王冕的《墨梅》、苏轼的《红梅》、陆游的《落梅》、高启的《梅花》等都是吟咏梅之品格，以梅自喻。”[⑤] 梅的品格、精神被历代文人反复吟诵。在这一点上，许儒龙亦如此。

据《水南园记》记载，儒龙父亲早年住在犀浦西村，屋后有一园。父亲去世后，他奉母居住于此，对园子加以修葺，“于是园略成，题为‘水南’，近郫水也”[⑥]。大概自开始经营水南园起，儒龙就大量种梅。《水南园记》有云：“益种花木，梅三百余本。”[⑦] 他写有《水南斋侧老梅》《旧园梅叹》《小

---

① （清）许儒龙．郫犀许水南征君诗文集·水南诗集·卷二［M］．咸丰五年许天禄重订本．
② （清）许儒龙．郫犀许水南征君诗文集·水南诗集·卷一［M］．咸丰五年许天禄重订本．
③ （清）许儒龙．郫犀许水南征君诗文集·水南诗集·卷一［M］．咸丰五年许天禄重订本．
④ （清）许儒龙．郫犀许水南征君诗文集·水南文集·卷二［M］．咸丰五年许天禄重订本．
⑤ 刘盈．杨圻诗歌的梅花情结［J］．盐城师范学院学报（人文社会科学版），2010（2）：75—78.
⑥ （清）许儒龙．郫犀许水南征君诗文集·水南文集·卷二［M］．咸丰五年许天禄重订本．
⑦ （清）许儒龙．郫犀许水南征君诗文集·水南文集·卷二［M］．咸丰五年许天禄重订本．

园梅花一首》等诗，足见其对梅花的喜爱。许氏用托物言志的写法，刻画梅花的孤高、坚贞、自信，以此象征诗人仕途失意而劲节不改的崇高品格。如《小园梅花一首》云：

> 树树寒香总得春，时时相对也宜人。三年楮叶初成质，一夜蒙庄化后身。勉共雪霜占阅历，懒从风月斗精神。园中老辈当谁是，看取群芳委后尘。①

“寒香”写梅花敢于冲破严寒而吐艳飘香，“树树”“时时”，诗人运用叠词表达对梅花的一片痴情。“三年”句用典，据《韩非子·喻老》载：“宋人有为其君以象为楮叶者，三年而成。丰杀茎柯，毫芒繁泽，乱之楮叶之中而不可别也。”② 后比喻模仿逼真。“蒙庄”指庄子，此两句强调崇尚自然，以自然为美。此处用典，表现小园梅花的自然可喜。“勉共”一联赞扬梅花凌寒独自开的大无畏精神，描写梅花、雪霜与共，迎寒绽放，占尽岁末风光之景。“勉”“懒”二字，诗人运用拟人化手法描写梅花的精神状态，生动地写出梅花不惧严寒，甚至以凌严霜冷雪而开为励，不屑同轻风细雨相斗的表现，表现梅花坚贞勇毅的精神。最后两句写梅花先于夭桃艳李开放，独占风光，以“群芳”之委其后而开烘托梅为“天下孤芳”“园中老辈”之意。全诗以高昂的笔调赞扬梅花不惧严寒，先于百花迎春的品质，赋予其“园中老辈”的称号，梅花凌霜斗雪积极进取的精神，实则是诗人面对现实的真实写照。

又如《小园五亩，种梅将遍，最后得绿萼一株，植之斋侧。花时独坐其下，赋绝句三章》其二云：

> 举头初认横斜影，出手才攀向下枝。雪后精神曾不减，朝来丰艳一分肌。③

诗歌前两句记叙诗人流连于绿萼梅下的景事，首句化用林逋《山园小梅》

---

① （清）许儒龙．郫犀许水南征君诗文集·水南诗集·卷一［M］．咸丰五年许天禄重订本．

② （战国）韩非子．韩非子［M］．高华平，王齐洲，张三夕，译注．北京：中华书局，2010：235．

③ （清）许儒龙．郫犀许水南征君诗文集·水南诗集·卷一［M］．咸丰五年许天禄重订本。按，此诗题下小注云：“第三首见二卷。”卷二诗题为《小园五亩，种梅将遍，最后得绿萼一株，植之斋侧。珍重爱惜，宛如重宝。花时独坐其下，赋绝句三章》。

其一“疏影横斜水清浅，暗香浮动月黄昏”，“横斜影”代指绿萼梅，写出梅花的疏影寒香。后两句写绿萼梅经过一夜冰雪，精神丝毫不减，早上凌寒绽放，犹如美人般玉肌冰清。在诗中，诗人寄情寓兴，热烈赞扬了梅花凌风傲雪的凛然正气和坚贞气节，这既是对梅花的赞扬，亦属诗人的自励。

绿萼梅是白梅中的珍品，花白，萼绿。范成大《梅谱》称绿萼梅“凡梅花跗蒂皆绛紫色，惟此纯绿，枝梗亦青，特为清高，好事者比之九嶷仙人萼绿华”①。在众多梅花中，许儒龙最欣赏的也是绿萼梅，其诗文集中提到绿萼梅的诗有十多首，其中《夜看绿萼梅口号》体现了绿萼梅之高品：

> 天然标格岂寻常，占尽园林一假芳。夜冷霜空人不倦，花前疑是白云香。②

冬夜寒气逼人，诗人流连花下，欣赏园梅，毫无倦意。前两句写绿萼梅的仪态不凡。诗人运用对比手法，突出绿萼梅较之园内其他花木气韵超凡脱俗，其品格非凡可见一斑。后两句写梅花夜晚凌寒吐香之状。诗人面对绿萼梅，怀疑是阵阵白云，然而白云无香，梅自有香，一个“疑”字写出了诗人恍惚不定的状态。这既表现了诗人对绿萼梅的痴爱，也反映了品格突出的梅花深得诗人之心，梅性即为诗人之高洁品性。

许儒龙的梅花诗，是他坚贞孤傲的思想品格的反映。这类咏梅诗侧重于对梅花品格、神韵的挖掘，梅花清雅冷冽、坚贞凛然的风骨和脱弃凡尘的韵度在诗人笔下得到彻底展示，梅花被赋予了清雅超逸的精神意蕴，从而成为诗人高逸人格的写意符号。

二、“花若有情能忆我，南枝休向早春开”

——视梅为友，遣高雅之趣

梅花冰枝嫩绿，玉树临风，疏影清雅，幽香怡人，才子士人赏梅、咏梅、话梅、种梅，正体现了他们生活的雅趣。宋代林和靖是喜梅之士的代表，人称

① （宋）范成大．范村梅谱［M］．上海：上海书店出版，2017：9．

② （清）许儒龙．郫犀许水南征君诗文集·水南诗集·卷二［M］．咸丰五年许天禄重订本．

“梅妻鹤子”，有咏梅名句“疏影横斜水清浅，暗香浮动月黄昏”传世；石湖居士范成大曾作《范村梅谱》，体现了当时士大夫对梅的喜爱和赞赏。两位古代著名文人对梅花的热爱和生活之雅趣引起了后世诸多才子士人的共鸣。

许儒龙非常喜欢红梅，写有《红梅》诗九首，在序中称赏道：“日月之久，无逾此者。”诗中写到他看红梅的痴态：“镇日相看浑不厌，更烧红烛照高枝。”① 该诗化用李白《独坐敬亭山》中“相看两不厌，唯有敬亭山”两句，表达了诗人对红梅深深的喜爱之情。

许氏最欣赏绿萼梅，在其诗文中多次提及。上文我们已对《小园五亩，种梅将遍，最后得绿萼一株，植之斋侧。花时独坐其下，赋绝句三章》其二进行了分析，可见诗人对绿萼梅的痴迷。诗人又有《独酌绿萼梅下》一诗云：

凌晨侵夜雨销魂，得与琼姿共酒樽。谁道仙来无定所，迷离烟月向黄昏。②

此诗写诗人从早到晚在绿萼梅下独酌的情景。前两句写凄风苦雨之夜，诗人于花下独酌，似有孤清之感，但幸有绿萼梅相伴，与之共酌，一扫心头孤寂，从而反衬出诗人志趣的高洁。第二句中的“琼姿”指美好的丰姿，此处代指绿萼梅。末两句从时间上把人们带到一个“月上柳梢头，人约黄昏后”的动人时刻，从空间上把人们引入一个“暗香浮动月黄昏”似的迷人意境。疏淡的梅影，缕缕的清香，迷离的烟月，使仙人也为之陶醉，要到此处定居。第三句中的“仙”当指九嶷仙人萼绿华，范成大《范村梅谱》曾记载有人将绿萼梅花比作“仙人萼绿华”，此处反用其意。诗人以梅为友，在花前月下如痴如醉，使原本平淡的幽居生活平添了几分雅兴。全诗意境悠长，写景与抒情水乳交融，诗人的理想、情操、趣味也在和绿萼梅的对酌之中和盘托出。

再如《斋前有梅，余所手植也。辛卯仲冬将之吴楚，以诗别之》一诗同样视梅为友：

前生有约自瑶台，莫道扁舟去不回。花若有情能忆我，南枝休向

---

① （清）许儒龙．郫犀许水南征君诗文集·水南诗集·卷二［M］．咸丰五年许天禄重订本．

② （清）许儒龙．郫犀许水南征君诗文集·水南诗集·卷二［M］．咸丰五年许天禄重订本．

早春开。[1]

这首诗作于康熙五十年（1711）冬。诗人即将启程前往吴楚，便与斋前梅树依依惜别。这一告别仿佛是与老友话别，充满深深情谊。前两句将梅花拟人化，如梅之尤物合该生长于仙乡之瑶台，而诗人却说梅花与其有前生之约，既突出梅花超凡脱俗的气韵，又委婉传达出诗人自己人格之高洁。接下来诗人写自己将前往吴楚，希望梅花对自己怀有感情，待诗人回来再行绽放，不要迎春而开。在这首诗中，诗人暗度梅花的心理，将斋前梅树写得情思缠绵，极富人情味。梅花安能有情，而诗人盼它有情；诗人本是惦念梅花，却写梅花"忆我"，运用拟人手法从反面写起，这不禁让人感叹诗人对梅花的一往情深！想必梅花也是个精灵，会回应诗人，会痴痴等待听他调遣——"南枝不向早春开"。在这里，人与梅似乎打破了天然的界线，进入一种精神自由交流、心灵默契相通的"神遇"境界。

许儒龙视梅为友，更将梅花当作知己，如《水南斋侧老梅》一诗云：

> 老屋东头老树横，果然知己在平生。腊时冻蕊凝霜碧，春到寒枝挂月清。会有仙云来入梦，防他玉笛暗飞声。拥裘相向心常醉，谁道疏香易解酲？[2]

《列子·汤问》载伯牙善鼓琴，钟子期善听琴。伯牙琴音志在高山，子期说"峨峨兮若泰山"；琴音意在流水，子期说"洋洋兮若江河"。伯牙所念，钟子期必得之。钟子期死后，伯牙痛失知音，摔琴绝弦，终生不复弹，后世遂以"知音"比喻知己。[3] 诗歌首联写诗人将水南斋东头的一树老梅视为知己。颔联描写老梅在"腊时""春（天）"的"碧""清"之状：冻蕊凝霜，反而更碧；月挂寒枝，更显其清。此联极赞梅花迎寒吐蕊的风韵之姿，傲雪斗春的高洁之态。颈联化用李白《春夜洛城闻笛》中"谁家玉笛暗飞声"语，指玉笛所奏《梅花落》之声。因有仙云入梦，诗人不愿老梅被笛声所扰，表现了对梅花的深深喜爱之情。尾联中"疏香"，意为清淡的芳香，此指梅花。诗人

---

① （清）许儒龙．郫犀许水南征君诗文集·水南诗集·卷二［M］．咸丰五年许天禄重订本．

② （清）许儒龙．郫犀许水南征君诗文集·水南诗集·卷一［M］．咸丰五年许天禄重订本．

③ （战国）列子．列子［M］．叶蓓卿，译注．北京：中华书局，2011：140．

“拥衾相向”老梅，闻着清雅的梅香，如痴如醉，不禁发出深深的感叹：谁说梅花可以解酒呢？“拥衾相向”极写诗人的痴态，而斋侧这一老梅不愧是诗人的知己！

在这一类诗中，许儒龙以梅为友，每日以赏梅为乐，甚至远行也要以诗话别，可见诗人对梅的痴恋和一往情深。梅花那被赋予超越性的清逸形象是士大夫普遍的人格理想，许儒龙视梅为知己，体现了其清雅、闲适的意趣追求。

三、“知汝泪痕应遍湿，草堂三度放梅花”

——借梅抒情，表愁苦之思

梅花品性高洁，才子士人颇喜通过对清雅脱俗的梅的欣赏来舒缓心中愁苦。白秀珍说：“苏轼的梅花诗创作，因为自身身世浮沉的遭遇，总是把不遇的态度寄托在诗里，以诗为友，用心交流，表达出遭遇挫折后的种种情感。”① 从许儒龙的梅花诗中，我们也同样看到诗人塑造的梅花形象融入了他自身的心态体验。如《旧宅老梅》诗云：

> 欲索檐边笑，翻成化后身。繄余长寂寞，累尔溷风尘。根断他年雨，香消旧日春。无缘邀半面，极似李夫人。②

该诗前有一段小序，交代了这棵老梅的由来，云：“得于故蜀府墙隅，植之斋前，培护甚至。自予徙居，遂溷庸俗，今枝柯半枯，殆且死矣。感不去心，因题短句。”诗人感叹自己一生碌碌无为，混迹于庸俗肮脏之世，少了对梅花的陪护，导致它们枝丫干枯，行将就死。诗人有感于梅花不离不弃的精神品质，遂作此诗。首联写诗人认为自己是梅花的化身。“索”“笑”，化用陆游《梅花》“不愁索笑无多子，惟恨相思太瘦生”中语。佛教有“三世”的说法，谓转世之身为“后身”。颔联写诗人自觉生活在寂寞冷清的尘世，连累梅花也苟且过活在这纷扰的现实。颔联为倒装句，当为“他年雨断根，旧日春消

① 白秀珍．梅花诗的发展及张道治的梅花诗创作［J］．武汉工程职业技术学院学报，2015（2）：75—78．

② （清）许儒龙．郫犀许水南征君诗文集·水南诗集·卷一［M］．咸丰五年许天禄重订本．

香”，写梅花为旧雨所淋，根系断裂，消散了往日的清香，即序中所云“今枝柯半枯，殆且死矣”。尾联则用了一则典故。据《后汉书·应奉传》“奉少聪明”李贤注引谢承《后汉书》：“奉年二十时，尝诣彭城相袁贺，贺时出行闭门，造车匠于内开扇出半面视奉，奉即委去。后数十年于路见车匠，识而呼之。”① 后用“半面”以称瞥见一面。李夫人，即李延年之妹。据《汉书·外戚传上·孝武李夫人》载：李夫人，妙丽善舞，得幸于汉武帝。后早卒，帝乃图其形，挂于甘泉宫，思念不已。方士少翁言能致其神，夜张灯设帏，令帝坐他帐中遥望，见一妙龄女子如李夫人貌。② 诗人用这两个典故表示自己就像当年的汉武帝无缘再见李夫人一样，对老梅也不能再瞥上一眼。诗人对老梅这位老友的枯萎而扼腕叹息，感伤不已。

许儒龙曾有段时间远离家乡，在外漫游、求官，因此游子之思不免会在诗中时时体现。梅花是他故乡记忆里最美好的一页，成为他思乡之情的精神寄托，《寄内》一诗即将这一情感体现得淋漓尽致：

> 蜀江水落见寒沙，梦绕青山又到家。知汝泪痕应遍湿，草堂三度放梅花。③

这首诗名为“寄内”，这里的“内”或许是诗人的妻子，也可能指梅花，宋代林和靖即有“梅妻”之誉。此诗全是想象之辞。诗人在外漫游，已过三年，他由眼前之江想到家乡的蜀江，在这严寒之际，想必蜀江水落，寒沙呈现。诗人在梦中绕过重重青山，已然归家。家中妻子泪痕遍湿，或是出于想念，抑或是见到诗人的喜极而泣。全诗语调舒缓，愈缓愈悲，梅花开开落落，妻子的眼泪亦几度滴落，诗人不写自己是如何思念妻子、思念家乡，反而去写妻子思念自己的模样，愈见思之深、思之切。“草堂三度放梅花”，梅花绽放该是何等的美景，但诗人羁旅在外，不得归乡，此句以乐景写哀情，难言之哀、难传之痛渗透纸上，愁情愈显。

---

① （宋）范晔．后汉书·卷四十八·应奉传［M］．（唐）李贤，等，注．北京：中华书局，1965：1067—1068.

② （汉）班固．汉书·卷九十七上·外戚传上［M］．颜师古，注．北京：中华书局，1964：3951—3952.

③ （清）许儒龙．郫犀许水南征君诗文集·水南诗集·卷一［M］．咸丰五年许天禄重订本.

许儒龙不慕荣利，天性自然，喜爱田园隐居生活，但他少负才名。据赵仁春考证，许氏“受四川巡抚、都察院右副都御史杨馝举荐，参加的就是乾隆元年的科考。当年参加考试的，江南省有七十八人，浙江省有六十八人，四川却只有许儒龙一个代表”①，但遗憾的是，许儒龙运气不佳，半路感染了霍乱。《水南诗集》卷二《纪病四绝句》序文说：“予以八月至都门，缘道途感触，常苦霍乱，然时病时已，未甚也。至九月初旬，病益增剧，呕吐疟痢，诸症交作。历延数医，彷徨无措。至十二日昏时闷绝，向夜始甦，咸谓不能复起，宜治棺衾矣。”② 这次旅途疾病影响了许儒龙在考场上的发挥，使其未能中举。时运不济，纵有鸿鹄之志也不得不放弃，一首《舟夜闻笛》写尽人生之态：

> 江上谁将玉笛吹，倚风微度故迟迟。调催繁会声弥切，响入清商听转宜。客梦惊回寒月外，乡愁唤起夜灯时。山阳旧恨知多少，莫弄梅花感鬓丝。③

这是一首特殊的“梅花诗”，这里的“梅花”不是植物，而是《梅花落》的省称。凄清月夜，寒江上传来阵阵玉笛声，调声最初迟迟，进而声声急切，越来越快，转而其调凄清悲凉，惊醒梦中的旅客，引起他们思乡的愁思。尾联中的“山阳”即山阳笛，用向秀的典故。晋向秀经山阳旧居，听到邻人吹笛，不禁追念亡友嵇康、吕安，因作《思旧赋》。后以“山阳笛”比喻怀念故友。冷月当空，清冷寒瑟，诗人望着濛濛冷月，浓浓愁绪上涌。万千往事还记得多少，不要空抚梅花曲，忆起愁思，使得两鬓斑白。

在许儒龙眼中，梅花是他愁苦时默默陪伴的好友，是他思乡时深沉情感的寄托，当心中的愁苦萦绕，寂寞袅袅升起，诗人将这些情感全部寄托在了梅花身上。梅花仿佛明白他的愁绪，在凄清的冬天，在寒冷的江边，在冷寂的舟夜，都默默地陪着他，知晓他的寂寞，分担他的苦闷。

---

① 赵仁春．清代蜀中诗人许儒龙初考［A］．蜀学（第12辑）［C］．成都：西南交通大学出版社，2017：85—91．

② （清）许儒龙．郫犀许水南征君诗文集·水南诗集·卷二［M］．咸丰五年许天禄重订本．

③ （清）许儒龙．郫犀许水南征君诗文集·水南诗集·卷二［M］．咸丰五年许天禄重订本．

四、“高士美人皆在眼，不将喧杂换幽情”
——托梅寓意，显隐逸之风

乾隆元年（1736），许儒龙感染了疾病，这让他感到生命的无常。大概此时他决定不再过问功名之事，《出彰义门》诗云：“以此合归去，天命在林泉。”[①] 这两句诗是诗人后半生的真实写照。当看到故园的梅花，他不免生出淡泊之感、隐逸之思。《正月十四夜坐绿萼梅下戏作》一诗中用对绿萼梅的赞赏表现了诗人的隐逸之思：

> 春街夜午传灯盛，小院梅香正月明。高士美人皆在眼，不将喧杂换幽情。[②]

元宵节前夜，满街都是看花灯之人。诗人坐在家中小园的绿萼梅下，听着园外人声鼎沸，闻到院中梅花的淡淡清幽之香气，遥望圆月正明。开篇两句写“春街”“小院”两处夜晚情景，灯火通明、喧嚣热闹的街道与月光洒落、梅花飘香的院子形成鲜明的对比，以闹衬静。“高士”即隐士，“美人”指仙人，二者都是独立不羁的理想形象，又以明月下的空灵环境加以衬托，寄托了诗人独立自由的人格理想和生活理想。尾联直抒胸臆，诗人不喜热闹纷繁的世俗生活，唯以自然适意、清净淡泊为愿，表现出他独特的高洁志趣。诗句中所写的这一树月色朦胧中清雅孤高的梅花，向我们展示了诗人孤芳自赏、幽洁标举的精神志趣。

再如《风雪中课童奴移梅漫兴》一诗，同样表现出诗人恬淡旷远的襟怀和孤傲高洁的品格：

> 野人生事拙，潇洒未全非。种树书常把，安心法不违。雪深连片集，梅小作花稀。次第挥锄处，清香正惹衣。[③]

---

① （清）许儒龙．郫犀许水南征君诗文集·水南诗集·卷二［M］．咸丰五年许天禄重订本．
② （清）许儒龙．郫犀许水南征君诗文集·水南诗集·卷二［M］．咸丰五年许天禄重订本．
③ （清）许儒龙．郫犀许水南征君诗文集·水南诗集·卷二［M］．咸丰五年许天禄重订本．

这首诗写风雪之中诗人与童奴移梅的情景，质朴自然。片片雪花飞集，梅花稀小，不能与雪花相比，但阵阵幽香沾满衣襟，鼓舞着主仆二人奋力挥锄。移植梅花、把赏闲书，给人以平静的感觉，充满了生活气息，这样闲适的日子似乎消弥了世间的一切烦恼，诗人感叹这样不违心的生活方才是自己追求的理想境界。“次第挥锄处”二句，颇有陶渊明田园诗的风味，恰当地表现出农村的生活气息，又丝毫不破坏那一片平和的意境。全诗以质性自然、乐在其中的情趣贯穿全篇，诗中那种欢愉达观的明朗色彩辉映其间。

又如《蔡笠斋书来，招余应荐，以诗答之》和《山庄》，则明确表达了诗人对隐逸生活的向往。《蔡笠斋书来，招余应荐，以诗答之》是回复好友蔡笠斋的诗。全诗从对出仕的婉拒，写到乡间风光的美好动人，归园之后的愉悦，一种对现在生活的满足、怡然自得的心情自然而然地流露出来。诗人希望在梅花绕屋、桂树环山的环境中悠闲生活，著书立说：“屋许梅花绕，山还桂树幽。著书消岁月，此外复何求？”① 世人爱梅，不仅因为梅花不惧风雪、傲雪欺霜的气质，亦是因为梅花不与它花争艳，有一种与世隔绝的空灵和纯净。在《山庄》一诗中，诗人也表达了同样的观念：

> 住山心事岂全疏，欲假云烟劝读书。久恨浮踪违志愿，重邀清赏到幽居。松间泉石新留客，岭上梅花旧结庐。从此一编消万虑，壮心真欲付虫鱼。②

诗人“久恨浮踪违志愿”，感叹以前汲汲名利之时违背心愿，不得开心颜，故而复返自然，以求得到天性的回归。“岭上梅花”是诗人的故人，“松间泉石”是诗人的新友，从世俗到林泉，这一清幽的居所不愧是诗人的好去处！梅花有隐逸的品质，高洁的美，宛如世间那些远离喧嚣、不求名利的隐士，以梅为故人，正体现了诗人孤高贞洁的情怀。

梅花以清瘦见长，象征着淡泊隐逸，坚贞自守，因此许儒龙对梅花环绕的田园山林十分向往。从世俗的尘网中摆脱出来，以梅相伴，心中欢喜，笔笔皆是满足之情，可见其不慕名利、追求自然的天性。既有此天性，便遁此天性，

① （清）许儒龙．郫犀许水南征君诗文集·水南诗集·卷二［M］．咸丰五年许天禄重订本．

② （清）许儒龙．郫犀许水南征君诗文集·水南诗集·卷一［M］．咸丰五年许天禄重订本．

拒绝出仕，使这人生自然舒展，得其所好。这样恬淡悠闲的生活，这样淡泊自适的心境，谁又忍心打扰呢？

结　语

许儒龙一生虽然时运不佳，但他用诗歌寄托理想，表达情感，同时用诗歌构筑起一个个诗意的世界。尤其是他的梅花诗，或托物言志，借梅花展现自己的品格，表达自己的志愿；或视梅为友，遣高雅之趣；或触景生情，借梅花抒情，表达思乡之感，思妻之切；或借物达意，融隐逸之思于梅花诗中。无论是个人之志、高雅之趣、思乡之情，抑或是隐逸之思，都以一“情”字贯穿其中，由情生诗，诗中含情。诗人如梅花，梅花亦是诗人。诗人因梅花而念妻、思乡、归隐，又因梅花生发出种种情感，应该说，许儒龙在中国咏梅诗的历史长河中留下了情意绵绵的一笔。

清代郫县诗人盛大器研究三题

一、盛大器的家世与生平

（一）盛大器的家世

关于盛大器的家世，（同治）《郫县志》卷三十《孝友》载有其弟基立传，略述其家世云：

其先世讳卿公以游击随良栋平吴逆入川，迨孝子祖敦敏公始迁郫居焉。父讳瑭，字德修。母戴孺人。季子。①

同卷载有乃祖盛世芳小传，略云：

盛世芳，字又安。为人慷慨，有古义士风。少读书，工文艺。及壮，娴弓马，然不屑介意。曾一试，获隽，辄弃之。生平笃于孝友，父母兄弟无间言。尝置庄田，在锦城西，悉分诸弟，无德色，独迁于郫，薄治田产，劝耕课读，以诗书自娱，至老不倦。及卒，其乡谥之曰“敦”。前庶常吉士仪部主政姜锡嘏为之传。平日常吟咏弗绝口，皆不存稿，故存者寥寥。孙大器搜其遗箧，仅得《翔鹤堂上梁文》一篇，载入《艺文志》。碎金片玉可宝，正不在多也。孙大器，举

① （同治）郫县志·卷三十·孝友［M］. 同治九年刻本.

> 人。大镛，训导。曾孙辉绍，监生。礽绍，把总。心绍，复初文生。[①]

按，良栋，即赵良栋（1621—1697），字擎之，号西华，甘肃宁夏（今宁夏银川）人，清初著名将领，河西四汉将之一。据《清史稿》本传，良栋平吴三桂入四川在康熙十九年（1680）[②]，则大器先世卿公当于是年入川。据以上两文，可知卿公子世芳迁居于郫县，遂为郫人。世芳生瑭，瑭娶戴氏，生三子：大器、大镛、基立[③]。又有后人辉绍、礽绍、心绍。其世系如下：

> 卿公—盛世芳（敦敏公）—盛瑭—盛大器、盛大涯[④]、盛大镛、盛基立、盛图南[⑤]—盛辉绍、盛礽绍、盛心绍。

（二）盛大器的生平

关于盛大器的生平，（同治）《郫县志》卷二八、（同治）《重修成都县志》卷七、《全蜀诗钞》卷三五、（民国）《郫县志》卷三等均有记载。大器同乡、著名诗人孙錤在其死后，作有《盛汝舟哀词》，悼念大器，对他的生平有所介绍，这应该是最早有关盛大器生平的记载，其文略曰：

> 檬园盛汝舟大器，里人也。……人固望而畏之，独尝昵就予，谈上下古今，恣为汪洋荒怪。……君既有名于时，嘉庆戊辰（十三年，1808年），弋乡荐，益思大建白。七上春官，得而复失者再。中年教授乡土，诸生多所成就，杂出其才知，为诗赋词章。家居作楼台亭圃，招客往游，常郑重迟予共晨夕。顾君意致儒雅，而予粗疏；君心计精审，而予浮泛。君学问词翰，无不多人；而予拙滞，与时相左；又君豪于饮，而予至不能名杯勺。因是交相知，而行相违。
>
> ……

① （同治）郫县志·卷三十·孝友［M］．同治九年刻本．

② 赵尔巽，等．清史稿·卷二五五·列传四十二［M］．北京：中华书局，1998．

③ （清）孙錤《瘦石诗钞》卷六《盛孝子诗》注曰："孝子名基立，邑诗人汝舟之弟。"《清代诗文集汇编》（第555册）［G］．上海：上海古籍出版社，2010：30．

④ （同治）《郫县志》卷二八《人物志·文艺》载："无嗣，以弟大淮子后。"

⑤ （清）孙錤《廋石文钞》卷七《为欧阳艺垣、盛汝舟诗集序》云："今岁秋七月，厥（汝舟）弟图南学博，抱遗集见委。"

> 今汝舟负才与知，而其气未尝一载与俱出，表襮天壤，或养之有未至与！抑我辈同生太平，既不得位，无能自显与！道光壬辰三月以病终，年五十有四。鸣呼哀哉！独念十年来，与汝舟江乡柴荆相望，方约吾两人者暇则乘蹇驴相访，优游闾巷，白头如新，称岷阳素士足矣。曾不一瞬，当日之促膝抵掌，谈天说怪，有如洪荒浩渺，忽为陈迹。吾党交游乡曲中，负气多才艺，不随俗颛俯如夫夫者，而今亡矣。①

结合这篇哀辞，再参酌相关方志记载，我们可以对大器的生平有一个大体的勾勒。

第一，关于盛大器的生卒年。文中云“道光壬辰三月以病终，年五十有四”。道光壬辰为道光十一年，公元1832年，逆推54年，为公元1778年，根据古人年龄的计算方法，一出生便算为一岁，大器当出生于乾隆四十四年己亥（1779年）。因此，大器的生卒年当为公元1779—1832。

第二，关于大器的籍贯。（同治）《重修成都县志》记载为“成都人”②，误。文中曰“里人”，孙錤为郫县人，又（同治）《郫县志》卷二五、《全蜀诗钞》卷三五、（民国）《郫县志》卷三均载其为“郫县人”，故大器籍贯当为郫县人。

第三，关于大器的字号。大器，字汝舟，号竹溪子、檬园。（同治）《郫县志》卷二八《人物志·文苑》载：“盛大器，字汝舟，号竹溪子。”哀辞中曰“檬园盛汝舟大器”，又（嘉庆）《郫县志》卷首大器于《序》中自称“檬园盛大器汝舟”③，亦可证。

第四，关于大器的科考及事迹。大器早负才名，志高行卓，学富品优，意量辉宏，于嘉庆戊辰（1808年）中举，后七次参加科举考试，均无所获，遂决意科举，教授乡里，晚年主讲于岷阳书院。（同治）《郫县志》卷二八《人

① （清）孙錤．瘦石文钞·卷十二［M］．《清代诗文集汇编》（第555册）［G］．上海：上海古籍出版社，2010：325—326.

② （同治）重修成都县志·卷七“人物志·文苑［M］．同治十二年刻本.

③ （嘉庆）郫县志·卷首［A］．四川大学图书馆馆藏珍稀四川地方志丛刊（第1册）［G］．成都：巴蜀书社，2009：13.

物志·文苑》载："晚主讲岷阳书院，如优贡周泽浓、举人吴文光等皆出其门。"①

第五，关于大器的修志工作。大器曾于嘉庆十七年（1812 年）参与《郫县志》的纂修工作②。（嘉庆）《郫县志》卷首《序》称："己巳（1809 年）年，余客京师，闻同邑卫君棬园与刘君甫田、何君致庵慨然以重修县志为己任，纂辑数月，……事遂中止。至辛未年（1811 年），余自京归里，适值大宪咨请重修省志，檄下州县，俱令修志，送呈以备采辑。时则陆公古山明府他调，故未遑及。洎壬申（1812 年），朱春舫明府来摄郫篆，下车伊始，延余属以此事。余谢不敏，固辞不获，遂与乡前辈李君安之、徐君嵩亭、杨君春山，兼同学中诸友等商榷，乃取前志，……于暮春朔日开纂，至晦日厕事。嘉庆十七年仲秋月，檬园盛大器汝舟氏谨识。"

二、盛大器交游考

由于相关文献的缺失，盛大器的交游情况不是很明确，然而，通过对相关方志和与其交游人员诗文集的勾稽，还是可以有所收获。以下通过三个方面考查大器的交游情况。

（一）与修志人员的交游

据（嘉庆）《郫县志》卷首罗列参与修志的人员，计有赵佩湘、李馨、沈芝、陆光宗、李宝曾、朱鼎臣、钱枚、杨如桂、李敦美、王玑、杨峒、刘国仕、卫道凝、刘倬、盛大器、何其祥、应让、徐步高、李绥来、杨孚甲、傅鹏飞、严安、倪朝搢、高步云、范国章、李学嵩、王元兴、余纯嘏、叶凤楼、宗兆麟、唐廷芝、朱深适、骆蹈平、李宗瓒、袁大谟、杨景、范守贞、徐镧、施自南、赵遵训、张采侯、曹宣昭、孙嘉恩、赵熊诏、骆维健、孙际昌、萧芳芝、盛大鹏、孙久昌、张学溥、孙支秀、孙澍、骆蹈平、郑运泰、王廷辅、文

① （同治）郫县志·卷二八《人物志·文苑》[M]. 同治九年刻本.

② （同治）《郫县志》卷二八《人物志·文苑》载："嘉庆辛未（1811 年），修辑县志，推汝舟主其事，匝月而书成。"误，当为嘉庆十七年壬申（1812 年）。

端策、雷开震、杜杰、吴万友等59人[①]。又据卷首大器《序》云："己巳年，余客京师，闻同邑卫君梡园与刘君甫田、何君致庵慨然以重修县志为己任，纂辑数月，……事遂中止。至辛未年，余自京归里……时则陆公古山明府他调，故未遑及。洎壬申，朱春舫明府来摄郫篆，下车伊始，延余属以此事。余谢不敏，固辞不获，遂与乡前辈李君安之、徐君嵩亭、杨君春山，兼同学中诸友等商榷。"可知，与其交游者主要是卫道凝（卫梡园）、刘倬（刘甫田）、何其祥（何致庵）、陆光宗（陆古山）、朱鼎臣（朱春舫）、李绥来（李安之）、徐步高（徐嵩亭）、杨孚甲（杨春山）等人，其他人员据嘉庆、同治《郫县志》所载，亦略为介绍22人如下。

1. 与《郫县志》续纂人员的交游

陆光宗，字古山，浙江嘉兴府海盐人。由捐职军功议叙，嘉庆十年（1805年）任郫县知州，曾参与（嘉庆）《郫县志》的续纂工作。生平见（嘉庆）《郫县志》卷二四《职官》。

李宝曾，江苏直隶通州人。举人。嘉庆十四年（1809年）任郫县知州，曾参与（嘉庆）《郫县志》的续纂工作。生平见（嘉庆）《郫县志》卷二四《职官》。

朱鼎臣，字靖叔，广西桂林府临桂人。嘉庆三年（1789年）举人。嘉庆十七年（1812年）任郫县知州，曾参与（嘉庆）《郫县志》的续纂工作。生平见（嘉庆）《郫县志》卷二四《职官》。

钱枚，浙江嘉兴府嘉善县人。举人。由教习议叙。嘉庆十八年（1813年）任郫县知州，曾参与（嘉庆）《郫县志》的续纂工作。生平见（嘉庆）《郫县志》卷二四《职官》。

杨如桂，甘肃直隶秦州人。举人。嘉庆十八年（1813年）任郫县知州，曾参与（嘉庆）《郫县志》的续纂工作。生平见（嘉庆）《郫县志》卷二四《职官》。

2. 与《郫县志》分纂人员的交游

李敦美，潼川府三台县人。由廪生捐训导。嘉庆十七年（1812年）任郫

① 其中"骆蹈平"前后出现两次，不知是重出还是同名者。

县教谕，曾参与（嘉庆）《郫县志》的分纂工作。生平见（嘉庆）《郫县志》卷二四《职官》。

王玑，嘉定府夹江县人。举人。嘉庆十七年任郫县教谕，曾参与（嘉庆）《郫县志》的分纂工作。生平见（嘉庆）《郫县志》卷二四《职官》。

3. 与《郫县志》采访人员的交游

杨嵎，安徽人。监生。嘉庆十五年（1810 年）任郫县典史，曾参与（嘉庆）《郫县志》的采访工作。生平见（嘉庆）《郫县志》卷二四《职官》。

刘国仕，华阳县人。嘉庆十四年（1809 年），由行伍任郫县驻防把总，曾参与（嘉庆）《郫县志》的采访工作。生平见（嘉庆）《郫县志》卷二四《职官》。

4. 与《郫县志》编次人员的交游

卫道凝（1762—1823）[①]，字涣之，号桤园。世居子云亭。幼而聪颖，长好读书。年十七入邑庠，旋食廪饩。二十五岁，领乡荐第一。五试礼闱不遇，退而讲身心性命之学，历主岷江、崇阳，并八旗书院。曾参与（嘉庆）《郫县志》的编次工作，著有《六经精义》《周易集注》《太常朝践礼补》《春秋传举要》《忠谠遗言》《蜀编年志》《史评》《谨独前后篇》《诸子精醇》《敬信录》（嘉庆）《崇宁州志》《桤园汇草》《桤园诗集》《杨子云蜀都赋注解》等。生平见（同治）《郫县志》卷二八《人物志·儒林》。

刘厚滋，原名刘卓，号甫田。嘉庆甲子（1804 年）科举人，历署上蔡、尉氏、河内等地。所至弘奖士类，立限课士。戊子关中解首刘世勋、乡试榜元申启元等，皆其门人。河内柏乡镇有肥饶地，苦无水灌溉，乃设方计，于河堤上作一孔，可启闭，而于堤固无损。得溉田数千顷，民德之。遂于镇立生祠，以祀之。曾参与（嘉庆）《郫县志》的编次工作。生平见（同治）《郫县志》卷二八《人物志·宦迹》。

何其祥（1773—1844），号致庵，由廪生领嘉庆丁卯（1807 年）科乡荐。曾参与（嘉庆）《郫县志》的编次工作。嘉庆二十二年（1817 年），补授三台

---

① 关于卫道凝的生卒年，王晓波主编的《清代蜀人著述总目》中著录其生年为公元 1762 年。据（同治）《郫县志》卷二八《人物志·儒林》记云：“嘉庆丁丑（1817 年）大挑一等，请改广文，补江南训导。癸未（1823 年）卒于任。”可知卒年为道光三年（1823 年）。

教谕。历署遂平、正阳、罗山、信阳州、确山、浚县等处，所到卓有正声。道光十四年（1834 年），调充文闱供给，官复署汝阳县。二十三年（1843 年），充河南同考官。明年，卒于登封任所，年七十有二。生平见（同治）《郫县志》卷二八《人物志·名贤》。

徐步高（1741—1832），字嵩亭。诗学以优等食饩，后开馆授徒，教人子弟。嘉庆中，春舫朱县尊奉文修志，聘嵩亭与李安之董其事，谓众绅曰："此事专门委之二老者。"厕事归，未尝以只字阿所好。道光四年（1824 年），授江津训导。晚年行吟自适，督小孙辈读书尤严。享寿九十有二。生平见（同治）《郫县志》卷二八《人物志·惇行》。

李绥来，字安之。贡生。曾参与（嘉庆）《郫县志》的编次工作。生平见（同治）《郫县志》卷二五《选举》。

杨孚甲，字春山，洪雅人①。幼随起父宣溯江适岷，止郫之柳树村，因家焉。年二十，为邑明经，设皋比训学者五十载。及门多举于乡，人称之曰"笋里杨夫子"。曾参与（嘉庆）《郫县志》的编次工作。年七十五卒。（嘉庆）《郫县志》卷三六收其《培修圣庙碑记》文 1 篇。生平见孙锳《瘦石文钞》卷三《杨春山传》、（同治）《郫县志》卷二八《人物志·文苑》。

5. 与《郫县志》参阅人员的交游

高步云，初号雨亭，举人。正直端方，乐善勇义。嘉庆初，举孝廉方正。三赴春官，两次获荐，几得，复失。曾参与（嘉庆）《郫县志》的编次工作。嘉庆二十二年（1817 年），署筠连教谕。半年余，解任。次年，补荣昌，数月卒。生平见（同治）《郫县志》卷二八《人物志·名贤》。

傅鹏飞，字图南，郫县孙村人。家世业儒。年弱冠，与其兄秀渭俱为诸生，有文名。鹏飞尤刻苦读书。举进士，初仕为湖南桂东令。十余稔，官久不进，肆解组归。曾参与（嘉庆）《郫县志》的参阅工作。年七十，与妇以病终。生平见（同治）《郫县志》卷二八《人物志·宦迹》。

倪朝搢，郫县孙村人，由选贡生为武昌鹤州牧，以勤著。曾参与（嘉庆）《郫县志》的参阅工作。生平见（同治）《郫县志》卷二八《人物志·宦迹》。

---

① 《清代蜀人著述总目》谓其为"郫县人"。

严安，乾隆三十九年（1774 年）举人。嘉庆初，宰山西蒲县。邑有贫民无田无业，年皆照例上纳公项，不能除。安筹之幕友，谓不能免。安遂自为文卷，请免。上宪亦谓不能免，如强则罢官。安遂独与子向臣筹办，虽罢官不惜。多方设计，始免。民至今德之。曾参与（嘉庆）《郫县志》的参阅工作。生平见（同治）《郫县志》卷二八《人物志·宦迹》。

李学嵩（1778—1857），字中岩。三岁背父，家贫如洗，励志苦读，其母绩纺助膏火。年十五游泮，中乾隆壬子（1792 年）副车。为文理境深细，有国初诸老风。曾参与（嘉庆）《郫县志》的参阅工作。晚年家居批点四子讲书，年八十卒。生平见（同治）《郫县志》卷二八《人物志·儒林》。

王元兴，号勉亭。幼贫，为人佣。窃喜读书，馆师嘉其意，命之读书，昼夜勤奋。中癸酉（1813 年）举人，任三台教谕。归，掌教岷阳书院。曾参与（嘉庆）《郫县志》的参阅工作。生平见（同治）《郫县志》卷二八《人物志·惇行》。

6. 与《郫县志》分校人员的交游

范守贞，字介夫，号固庵。嘉庆癸酉（1813 年）拔贡，道光壬午（1822 年）举人。曾参与（嘉庆）《郫县志》的分校工作。生平见（同治）《郫县志》卷二八《人物志·惇行》。

（二）与孙錤、孙澍等人的交游

如果说大器与修志人员的交游没有直接的诗文作为证据，那么，他与孙錤、孙澍两兄弟的交游则有文献可征。在孙錤的《瘦石诗钞》《瘦石文钞》和孙澍的《春皋诗集》《春皋文钞》中，提及大器的诗文有 21 首（篇），而且据孙錤《盛汝舟哀辞》所云“独念十年来，与汝舟江乡柴荆相望”，可见大器与孙氏二兄弟的交游当有十年左右的时间。

孙錤（1787—1849），先名澈，后改錤，号草桥，又号瘦石、岷阳大布衣，晚乃号子畏。郫县人。少颖敏，好读书，先世有田百余亩，所入除自给外，多购书藏之。初习举子业，嘉庆年间游京师，入太学。文思敏捷，下笔立就。后取道山东，扁舟吴楚，览名山大川，遨游缙绅间，声名日起。归而杜门著述，尤重前人遗集。如李白、张俞、虞集、许儒龙、岳钟琪等集，与弟澍手订付梓。又刊行《古棠书屋丛书》，收录经史子集著作十六种，保存了大量蜀中著述，颇可珍贵。孙錤为文尚奇崛，诗学汉魏，颇有根柢。道光二十九年（1849年）病卒，年六十五岁。著有《蜀破镜》三卷、《郫书》六卷、《瘦石诗钞》三十三卷、《瘦石文钞》十三卷、《瘦石文钞外集》二卷等。生平见（同治）《郫县志》卷二八《人物志·儒林》。

孙澍，字雨庵，号雨皋，又号子皋。錤弟。嘉庆二十四年（1819年）举人，官綦江教谕，期年，既告归，与錤著书不辍。居乡，遇年歉，能出谷以赈灾其近乡人。又立义塾，以教乡子弟，是皆足多者。著有《商丘史记》十卷、《杜主开明前志》四卷、《孙春皋诗集》二卷、《文钞》二卷、《外集》二卷、《国朝古文选》二卷、《太玄集注》四卷、《补费仲若明蜀诗》十五卷等。生平见（同治）《郫县志》卷二八《人物志·儒林》。

据检索，《瘦石诗钞》卷六《盛孝子诗》《莲池庵盛汝舟寓斋》，卷七《岷阳精舍访盛汝舟山长》，卷十一《己丑上元盛汝舟枉唁鹅溪村舍》《春晴出游逢盛汝舟偕过东门酒家》《同子皋过城东登盛汝舟书楼》《岁暮寄盛汝舟》，卷十二《寄怀盛汝舟园居》《上巳盛汝舟招集檬园》《同子皋出东门再过盛汝舟园居》，卷十三《庚寅九日同人集东城卖酒楼次盛汝舟孝廉韵》《盛汝舟病起移居成都作歌送之》《寄怀盛汝舟同庚寅九日韵》，卷十四《盛汝舟挽诗》《校订盛汝舟诗集感题》，卷十九《景德寺佛图览古感怀盛汝舟》，卷二十《反自犀浦经过盛汝舟檬园二首》，卷二二《九月既望周尉村招饮东门酒家是昔年与盛汝舟买醉处得诗一首》；《瘦石文钞》卷七《为欧阳艺垣盛汝舟诗集序》，卷十二《盛汝舟哀词》等20首（篇）诗文，《春皋文钞》卷一《释病送盛汝舟移家成都序》有1篇提及大器，可见他们之间交游之情形。

又，据（同治）《郫县志》卷二八《人物志·文苑》载：“（大器）与垫江李西沤、大竹王怀曾昆仲，交契尤密。”卷三十《人物志·孝友》：“（基立）兄汝舟与惺为同年友。”[①] 可见，大器与李惺、王怀曾、王怀孟等人亦有交游。

李惺（1787—1864），字伯子，号西沤，别号拙修老人、清微道人。垫江

① 据（同治）《郫县志》卷三十《孝友》“盛基立传”末云：“西沤李惺序”，可知基立传乃是采辑李惺之序，然检索李惺《西沤全集》，并未找到此篇，或可补阙。

（今重庆市垫江县）人。嘉庆二十二年（1817 年）举人。历官翰林院检讨、詹事府右赞善。后主讲于锦江书院讲席二十年。著有（咸丰）《阆中县志》八卷、《西沤全集》八卷、《外集》八卷。生平见宋宝械《西沤先生传》，（同治）《大邑县志》卷一六下，（光绪）《垫江县志》卷七、卷八等。

王怀曾，字鲁之，四川大竹人。中嘉庆十五年（1810 年）副榜，道光二年（1822 年）举人。历任山东费县、安丘、长清、东平、兰山等县知县，与弟怀孟同纂修县志，著有《待鹤楼诗钞》四卷。生平见（道光）《大竹县志》卷二七。

王怀孟（1787—1840），字小云，怀曾仲弟。嘉庆十五年（1810 年）举人，任咸安宫教习、长宁县教谕。编纂有（道光）《大竹县志》四十卷，著有《零砾诗存》三卷、《小云词剩》一卷。生平见（道光）《大竹县志》卷二七。

（三）与弟子的交游

（同治）《郫县志》卷二八《人物志·文苑》载：“（盛大器）晚主讲岷阳书院，如优贡周泽浓、举人吴文光等皆出其门。”可知其与弟子周泽浓、吴文光亦有交游。

周泽浓，字慰村，号澹园居士，郫县东关人。自少开爽英敏，才气豪迈，有不可羁鞠之概。生父之桢出继叔之翰，后叔父母待之如亲身。公亦以诚孝得亲欢。髫年游泮，旋食饩。字、诗、文皆英气逼人。往游锦江书院，官师课及决科，屡第一。以优行人贡，随入都试。归，放意诗歌，与大令李公甫、李红樵及邑中长于诗者，更倡迭和，诗益肆以奇。弟子从之，从游者众。著有《竹根书屋诗》四卷、《壮游草》二卷、杂诗六十余首。生平见（同治）《重修成都县志》卷七《人物志·文苑》、（同治）《郫县志》卷二八《文苑》。

吴文光，生平事迹无考。（同治）《郫县志》卷三五《艺文》收其诗《题彭太孺人抚孤图》《杨文泉先生凉山踏雪图》两首。

三、盛大器的著述及流传情况

关于盛大器的著述，目前可考知者仅为两部，一是盛大器曾主纂方志一部，即（嘉庆）《郫县志》四十四卷，卷首一卷。关于此书之编纂原委、刊刻时间，盛大器曾在该志编纂完成之后写有一篇序文如下：

郫邑旧志失传，乾隆十六年李少白明府令郫蒐罗访辑，草创成书，规模略具，嗣经沈兰谷明府续修，亦未大备。己巳年，余客京师，闻同邑卫君梡园与刘君甫田、何君致庵慨然以重修县志为己任，纂辑数月，因部署章程，与县令龃龉，事遂中止。至辛未年，余自京归里，适值大宪咨请重修省志，檄下州县，俱令修志，送呈以备采辑。时则陆公古山明府他调，故未遑及。洎壬申朱春舫明府来摄郫篆，下车伊始，延余属以此事。余谢不敏，固辞不获，遂与乡前辈李君安之、徐君嵩亭、杨君春山，兼同学中诸友等商榷，乃取前志，繁者节之，漏者补之，讹者正之，并将数十年来人物事迹添载其后，于暮春朔日开纂，至晦日厕事。余跋以诗云：……皆纪实也。编次毕，县尊朱春舫复以稿质于赵芸浦学宪，报曰："可。"爰缮写二册，一呈省志局内，一存县镂版。时将付剞劂，因为叙其颠末如此，余不赘言。嘉庆十七年仲秋月，檬园盛大器汝舟氏谨识。

据盛大器序文可知，郫邑旧志，久失其传，迄清乾隆十六年（1752 年），县令李馨始为草创，成《郫县志》十卷[①]。嘉庆十七年（1812 年），四川总督表修志，檄下各府厅州县，令修辑志乘，以备采择。时郫令朱鼎臣奉檄纂修，乃延请邑人盛大器诸人，据乾隆李馨旧志，增辑删补，撰成新志四十四卷。将刊而鼎臣以忧去，终成其事者，继任知县钱枚也。道光二十四年（1844 年），县令杨得质复已嘉庆旧版蠹蚀过半，于县署后斋墨韵堂鸠工补刊。书前附有乾隆、嘉庆、道光诸版序言，叙其书缘起甚详。此本今存两部，分藏于四川大学图书馆、国家文物局文物保护科学技术研究所资料组。[②] 姚乐野、王晓波主编的《四川大学图书馆馆藏珍稀四川地方志丛刊》第一册据嘉庆十八年版、道光二十四年墨韵堂补刊本影印，巴蜀书社 2009 年 9 月出版。

---

① 该书名为（乾隆）《郫县志书》，有刻本传世，收于《故宫珍本丛刊》第 205 册《四川府县志》第 1 册（共 17 册），海口：海南出版社，2001.

② 参看嘉庆《郫县志》"提要"。

二是盛大器的诗集。《全蜀诗钞》著录其《碧檀栾斋诗草》，（民国）《郫县志》作《碧檀栾室诗钞》，均不著录卷数。关于该诗集的情况，和盛大器有交游的郫县人孙錤曾为其作序，并校订之，孙錤《为欧阳艺垣、盛汝舟诗集序》曰：

> 道光四年（1824年），予莅郫。郫，故古邑。……帖括之余，兼为歌诗。时岷阳讲舍邑诗人汝舟为之主，诸生多所成就。其为人有守负气，与言必根于志节，往□□，稔如一日。初刻制艺文若干篇，尝出相商订。予听讼余间，品题及之，汝舟谬许知言。后计偕北上，终无所遇，……予方几冀夫夫，终当树功业，不仅托诸空文以自见。讵意富才啬命，客春一病，遂成古人邪！今岁秋七月，厥弟图南学博，抱遗集见委，并请序行，且曰："亡兄意也。"
>
> 予不忍辞，慎择其尤雅，订为二卷，壮心苦志，于是具存。……独是与汝舟交近十年，始不欲汝舟之以诗鸣，而图南抱鹡鸰孔怀之戚，为哲兄谋身后名者，固在一吟一咏，世所谓穷人具也。呜呼！①

据孙錤文中"予不忍辞，慎择其尤雅，订为二卷"可知，《碧檀栾斋诗草》当为两卷，大器生前并未刊刻流传②，死后由其弟图南收藏，并按照大器遗愿请孙錤为之作序。孙錤不仅为之作序，还作诗一首以悼念，《校订盛汝舟诗集感题》云：

> 一代黄金尽，斯文孰赏音？敢循常士习，孤负淡交心。风雨诗书晦，泥涂岁月深。秋魂归应晚，何处哭枫林？③

诗人对大器的去世表示悲伤，并对其诗文后世无人赏识表现出无奈之情。

又，道光时期的旅蜀诗人王培荀（1783—?）在其《听雨楼随笔》云："盛汝舟（大器），……著有《碧檀栾斋诗》，殁后其弟东序学博，倩陈卯生为选定，序而刻之，卯生其诗友也。"④ 可见大器诗集曾刊刻行世，故而他在书

---

① （清）孙錤．瘦石文钞·卷七［M］．上海：上海古籍出版社，2010：295—296.

② （同治）《重修成都县志》卷七载大器生平，云："为诗若干卷，未梓而卒。"

③ （清）孙錤．瘦石诗钞·卷十四［M］．上海：上海古籍出版社，2010：84—85.

④ （清）王培荀．听雨楼随笔·卷三［M］．魏尧西，点校．成都：巴蜀书社，1987：192—194.

中选录9首诗歌。经过检索，我们发现重庆图书馆藏有一部没有作者，残卷两卷的清刻本《碧檀栾斋诗稿》（2册，存三至四卷）。此残卷当为大器所著，或为四卷，与上文孙锳所说二卷亦不同，具体情况有待详考。

巴蜀女诗人研究

“蜀女多才”的道教文化渊源

巴蜀最早本是族名、国名，后为秦国所灭，设巴郡、蜀郡，秦以后，人们指称四川地区，使用最多的是“巴蜀”或“蜀”。巴蜀文化历史悠久，“巴人建国很早，殷卜辞中已多次出现‘巴方’之名”①。而“蜀之先称王者，有蚕丛、柏灌、鱼凫、开明。是时人萌椎髻左衽，不晓文字，未有礼乐。从开明已上至蚕丛，积三万四千岁”②。直到汉初蜀郡太守文翁在成都创办地方官学，引进中原学术文化，蜀地精神文化才产生了质的飞跃，从此之后，巴蜀大地人文蔚然，虽江山更替，但代有人才。同样，灿烂的巴蜀文化也孕育了巴蜀女儿的才情，在以男性创作占绝对优势的中国古代文学史上，女子以文学闻名于世者，其数量、质量远远不能与男子相比，但古代巴蜀却不乏与男性比肩的女才子、女作家，女性文学创作非常兴盛，汉有卓文君决绝白头吟，唐有薛校书挥洒扫眉才，五代有黄崇嘏女扮男装酬奇志，花蕊夫人宫词百篇写风流，晚唐、五代时期，“蜀女多才”已成为人们的共识，正如何光远在《鉴戒录》中所说：“吴越饶营妓，燕赵多美姝，宋产歌姬，蜀出才妇。”③ 从此之后，遗韵流风，绵延不绝：元有陈凤仪“吟花啼红雨之篇，巧偷莺舌”④，明有黄峨散曲“旨趣闲雅，风致翩翩”⑤，……她们就像一颗颗璀璨的明星，闪烁在中国文学的天空。

---

① 杨世明．巴蜀文学史［M］．成都：巴蜀书社，2003：1.

② （西汉）扬雄．蜀王本纪［A］．郑文．扬雄文集笺注［M］．成都：巴蜀书社，2000：331.

③ （后蜀）何光远．鉴诫录·卷十［M］．北京：中华书局，1985：75.

④ （清）叶申芗．本事词·自序［M］．上海：中国古典文学出版社，1957：33.

⑤ 李朝正，李义清．巴蜀历代名媛著作考要［M］．成都：巴蜀书社，1997：52.

当然，一个地域是否涌现出大量具有杰出“才情”的女性作家，并不取决于其地女性本身的资质，而往往取决于那个地域的思想意识、社会习俗、文学风尚等文化因素。本文试从道教文化的层面去解读古代巴蜀女性文学创作繁荣的原因，追溯“蜀女多才”的文化渊源。

一、道教文化对巴蜀女性个性人格的影响

由于巴蜀地区是远离封建王权中心的“西僻之乡”，接受儒家经典较晚，受儒家正统文化权威思想的影响较少，而巴蜀道家思想的氛围却非常浓厚，战国、秦汉时期，巴蜀地区就广泛流行神仙传说和道家学说。《汉书·艺文志》“道家类”就收录了蜀人所著《臣君子》两篇和巴人所著《鹖冠子》一篇，这是《汉书·艺文志》中能见到的仅存的巴蜀地区的学术著作，说明道家之学、黄老之学在巴蜀地区根基深厚。两汉时期，巴蜀地区的道家之学更是大为兴盛，从事道家学说研究的有严遵、扬雄、赵宾、何武、谯玄等十几人，他们或致力于《老子》，或专心于《易》，其中严遵最为著名，《华阳国志·先贤士女总赞（上）》曰：“严遵，字君平，成都人也。雅性澹泊，学业精妙，专精大《易》，耽于《老》《庄》。常卜筮于市。假蓍龟以教。……授《老》《庄》。著《指归》，为道书之宗。”① 这种学术思潮一直承传到赵宋之际，以至程颐有“《易》在蜀也”的喟叹。

古代巴蜀不仅道家思想氛围浓厚，而且民间信仰丰富又神秘，与汉代传入的谶纬神学、方士文化相融合，一起构成了巴蜀道教重要的文化渊源，成都平原成为中国本土宗教——道教的发祥地，东汉末年，沛国人张陵在蜀郡大邑鹤鸣山创立五斗米道，标志着巴蜀道教正式产生，鹤鸣山也因此享有“道源圣城”的美誉，五斗米道奉老子为教祖，尊为太上老君，并以《道德经》为主要经典。它适应了东汉末世人们寻求宗教救赎的需求，为现实中找不到出路的人提供了精神的解救，得到了广大民众的认可，在巴蜀大地迅速传播开来。到了唐代，帝王的崇道政策使得巴蜀地区的道教飞速发展，空前繁荣。

---

① （东晋）常璩．华阳国志［M］．刘琳，校注．成都：巴蜀书社，1984：701.

道家主张贵弱守雌，推崇阴柔之性，老子认为："万物草木之生也柔脆，其死也枯槁。故坚强者死之徒，柔弱者生之徒。"① 强调"天下之至柔，驰骋天下之至坚"②。提出了贵柔崇阴的主张。道家甚至还把女性的地位推崇到了万物始化的顶端，《道德经》说："谷神不死，是谓玄牝。玄牝之门，是谓天地根。"③此外，道家还主张阴阳和谐，认为"道生一，一生二，二生三，三生万物。万物负阴而抱阳，冲气以为和"④。在道家看来，阴阳在宇宙生成过程中是同等重要的，只有阴阳合和才能生成万物，缺一不可。所以，牟钟鉴先生指出："老子是自觉意识到男性智慧的弱点和重新发现女性智慧和品德的伟大作用的第一位哲学家，他正是由于着重提炼和发挥了女性之德，才形成了具有鲜明个性的主阴哲学。"⑤ 可见，《老子》哲学成为道教尊重女性、提升女性意识、提高女性地位的女性伦理观的理论基石。

道教继承了老子的思想，尊重女性，肯定女性的作用，主张阴阳平衡，男女平等，认为"天下凡事，皆一阴一阳，乃能相生，乃能相养"⑥，"男女者，乃阴阳之本也。夫治事乃失其本，安得吉哉?"⑦ 道教认为男女在先天本质上并没有差别，"念女之头目、面耳、支体，俱与男等耳"⑧，所以没有高低贵贱之分，在社会生活中处于同等重要的地位："有阳无阴，不能独生，治亦绝灭；有阴无阳，亦不能独生，治亦绝灭。"在婚姻关系中，道教同样肯定女性的地位和贡献："女之就夫家，乃当相与并力，同心治生，乃共传天地统，到死尚复骨肉同处，当相与并立，而因得衣食之。"⑨ 道教对女性大加赞美，赞颂她们传道度人，救苦救难，治病救人，有侠义之风，甚至舍己救人。道教充分肯定女性的独立人格，而不像儒家传颂的是贞洁烈妇，把女性视为男性的附庸，要求女性遵守"三从四德""从一而终"。道教还肯定女性的才能，认为

① 任继愈．老子新译［M］．上海：上海古籍出版社，1985：224.
② 任继愈．老子新译［M］．上海：上海古籍出版社，1985：154.
③ 任继愈．老子新译［M］．上海：上海古籍出版社，1985：72.
④ 任继愈．老子新译［M］．上海：上海古籍出版社，1985：152.
⑤ 牟钟鉴．道教通论——兼论道家学说［M］．济南：齐鲁书社，1993：162.
⑥ 王明．太平经合校［M］．济南：山东画报出版社，2004：129.
⑦ 王明．太平经合校［M］．济南：山东画报出版社，2004：21.
⑧ 王明．太平经合校［M］．济南：山东画报出版社，2004：229.
⑨ 王明．太平经合校［M］．济南：山东画报出版社，2004：20.

女性也能修道成仙，道教神仙谱系“三仙”“九品”中均有“成仙”的女子的位置。

人是文化的产物，人们生活在一定的地域文化的氛围之中，必然受到这种地域文化的熏陶浸染，人们的思维方式、思想观念、个性气质必定会打下这种文化的深深烙印。巴蜀地区道教文化的繁荣对巴蜀社会生活的各个方面产生了极大的影响，特别是其中的女性观和婚姻观对男女关系、家庭伦理进行了全新维度的阐释，大大提高了巴蜀地区女性的地位和作用，女性的才华和能力一定程度上得到人们的肯定，也使得巴蜀女性能够追求和养成独立自主的人格，在一定程度上摆脱现实枷锁，发现自我意识，实现自我价值。这些可贵的个性和品格正是成为作家的重要因素，一旦植根于肥沃的文化土壤，就会催生出灿烂的文学花朵。巴蜀大地正是这样一方广博而深厚的热土，自西汉文翁兴学以来，“学者比齐鲁”，人文荟萃，形成了“好文雅”的传统，各代多有文学世家，父子兄弟皆能诗擅文，很多女作家就成长于这种文学氛围浓厚的家庭。

二、道教文化对巴蜀女性文学创作的影响

正是由于巴蜀人受到道教伦理思想的影响，巴蜀女性承受的正统理性压力就较轻，生存生活环境也相对宽松，卓文君不畏礼法，夜奔司马相如是多么大逆不道的行为，其父卓王孙虽深感耻辱，最后还是分给文君童仆财物。对于此事，时人不仅不以为耻，反以为贤，据《启颜录》记载，三国时期，吴主孙权问益州太守蜀人张裔：“蜀卓氏寡女，亡奔相如，贵土风俗，何以乃尔?”裔对曰：“愚以为卓氏寡女，犹贤于买臣之妻。”[①] 可见巴蜀的社会风气对女性的宽容，所以巴蜀女性多性情直爽，个性张扬，她们行事敢做敢当，甚至惊世骇俗而不顾，比如《华阳国志》记载的奇女子阳姬敢抗争于仕宦马前，为父洗冤，敬杨则用大杖亲手打死杀父仇人。我们从阳姬、敬杨身上，看到了巴蜀女子不拘礼法和大义凛然的光辉品质，表现出强烈的主体意识。后来更有五代前蜀才女黄崇嘏不甘埋没，毛遂自荐于蜀相周庠，立身士林，政绩显著；元末

① （北宋）李昉，等. 太平广记 · 卷二四五［M］. 哈尔滨：哈尔滨出版社，1995：2092.

阆中女子韩娥女扮男装参加农民起义军，从军十二载，转战南北，屡立战功，写就“花木兰”式的传奇人生，受到明朝政府的褒奖，青史留名。[①] 明末忠县女子秦良玉是中国历史上唯一以战功封侯的女将军，唯一入正史之将相列传的巾帼英雄，她为人饶胆智，善骑射，兼通词翰，仪度娴雅。崇祯三年，秦良玉奉诏北上勤王抗清，崇祯皇帝优诏褒美，召见平台，赐良玉彩币羊酒，赋四诗旌其功，成为历史上空前的传奇。[②]

文学就是人学，巴蜀女性直爽的性格，张扬的个性，卓越的胆识必定会表现在她们的文学创作中，首先表现在她们对感情的抒发深情执着、大胆明快、爱恨决绝。

卓文君不畏礼法，因爱慕司马相如而与其私奔，何其果敢、情深。但当感情受到伤害，相如将聘茂陵女为妾时，愤而作《白头吟》诗，坚决拒绝，以捍卫自己爱情的纯洁和尊严：“皑如山上雪，皎若云间月。闻君有两意，故来相决绝。今日斗酒会，明日沟水头。躞蹀御沟上，沟水东西流。凄凄复凄凄，嫁娶不须啼。愿得一心人，白头不相离。竹竿何袅袅！鱼尾何蓰蓰。男儿重意气，何用钱刀为?”[③] 虽情辞凄婉，又何其诀绝、刚烈。薛涛虽然终生未字，孤鸾一世，但她一生都在追求理想的爱情，期盼和等待着纯真的爱情，她羡慕自然界中那些成双成对的美好事物，渴望能拥有永结同心的幸福，她说：“双栖绿池上，朝去暮飞还。更忆将雏日，同心莲叶间。”[④]（《池上双凫》）然而花开花落，春去春来，爱情的理想终是破灭了，只留下诗人独自在春风中哀叹：“花开不同赏，花落不同悲。欲问相思处，花开花落时。揽草结同心，将以遗知音。春愁正断绝，春鸟复哀吟。风花日将老，佳期犹渺渺。不结同心人，空结同心草。那堪花满枝，翻作两相思。玉箸垂朝镜，春风知不知。”[⑤]（《春望词四首》）而五代绵州女子任氏则赋诗桐叶求佳偶：“拭翠敛双蛾，为郁心中事。搦管下庭除，后成相思字。此字不书石，此字不书纸。书尚秋叶

① （清）张廷玉等．明史·卷三〇一·列传第一八九［M］．北京：中华书局，1974：7963.

② （清）张廷玉等．明史·卷二七〇·列传第一五八［M］．北京：中华书局，1974：6946.

③ 李朝正，李义清．巴蜀历代名媛著作考要［M］．成都：巴蜀书社，1997：6.

④ 张篷舟．薛涛诗笺［M］．北京：人民文学出版社，1983：2.

⑤ 张篷舟．薛涛诗笺［M］．北京：人民文学出版社，1983：5.

上，愿逐秋风起。天下有心人，尽解相思死。天下负心人，不识相思意。有心与负心，不知落何地?”[①]（《桐叶诗》）诗歌把少女情怀倾诉于秋天的桐叶上，希望它随风飘舞，找到那个识相思意的有心人。老天终不负痴心人，桐叶后为蜀尚书侯继图所得，两人终成良缘。这是多么大胆、浪漫的爱情传奇。宋代李紫竹与方乔一见钟情，未经父母同意结为夫妻，更是以词大胆倾吐自己对丈夫炽热的爱恋之情：“与郎眷恋何时了？爱郎不异珍和宝。”[②]（《菩萨蛮》）黄峨与丈夫杨慎本伉俪情深，但婚后不久，杨慎因“议大礼”事件“永远充军”云南永昌卫，黄峨几乎活活独居四十余年，长期忍受鸳鸯失伴的凄凉与孤独，她的散曲都发自内心，真实地表露自己的情感，直接叙说内心的愿望，爽快明了，泼辣大胆，无论是倾诉相思别恨，还是表达怨怼不满，都是不遮不掩，坦率鲜明，把夫妻聚少离多的愁苦写得淋漓尽致又凄婉动人。她“蓬松了雏鸦髻朵，蹙损了团凤眉峰；尘埋了舞鸾腰带，冷落了瑞鸭薰笼。想当初拈玉纤秋千夜月，片时间软金杯桃李春风，到如今匀红泪秋雨梧桐。冲冲，匆匆。合欢调改作了凄凉弄，点潘郎翠葆如蓬。真个是千重别恨调琴倦，一寸相思揽镜慵”[③]（《南吕·一枝花》）。当杨慎移情纳妾时她甚至直言指责丈夫负心：“寄与他三负心那个乔人，不念我病榻连宵，不念我瘴海愁春，不念我剩枕闲衾，不念我乱山空馆，不念我寡宿孤辰。茶不茶饭不饭全无风韵，死不死活不活有甚精神。阻隔音尘，哪个缘因？好事多磨，天也生嗔。”[④]（《双调·折桂令》）古代巴蜀女诗人对于情感的表达，毫不遮掩，多情爽利，她们在微妙的情感世界中恣肆翱翔，尽情宣泄她们的热烈与坚贞，多情与不甘，落寞与忧伤，在对爱的执着与探索中寻找着生命的意义。葛兆光先生云：“古奥华丽的语言、丰富神奇的想象、深沉强烈的生命意识和追求自由幸福的愿望，就是道教给予唐诗的影响。”[⑤] 同样，这也是道教给予巴蜀女性诗歌的影响。

其次，巴蜀女性的作品凛然有大丈夫之气，追求高洁的人格，崇尚独立的

---

① 李朝正，李义清．巴蜀历代名媛著作考要［M］．成都：巴蜀书社，1997：22.
② 李朝正，李义清．巴蜀历代名媛著作考要［M］．成都：巴蜀书社，1997：36.
③ 蔡忠，王金星，谭国应．黄峨诗词曲赏析［M］．香港：香港教育出版社，2005：25.
④ 蔡忠，王金星，谭国应．黄峨诗词曲赏析［M］．香港：香港教育出版社，2005：92.
⑤ 葛兆光．道教与唐代诗歌语言［J］．清华大学学报，1995（4）：66.

个性，往往呈现出豪迈的风格，洒脱的气度。薛涛“工绝句，无雌声，自寿者相”①，其诗“雅而有则，真而不秽”②，洗尽脂粉绮罗之气，清奇雅正。比如其《酬人雨后玩竹》诗：“南天春雨时，那鉴雪霜姿。众类亦云茂，虚心宁自持。多留晋贤醉，早伴舜妃悲。晚岁君能赏，苍苍劲节奇。”③ 以竹劲节苍苍的奇特寓己之高标傲世，挺拔不屈，清响绝伦；《浣花亭陪川主王播相公暨僚同赋早菊》诗：“西陆行终令，东篱始再阳。绿英初濯露，金蕊半含霜。自有兼材用，那同众草芳。献酬樽俎外，宁有惧豺狼。”④ 以菊傲霜斗寒的风骨与友人共勉，骨气端翔，豪气回荡。黄崇嘏《下狱贡诗》：“偶辞幽隐在临邛，行止坚贞比涧松。何时政清如水镜，绊它野鹤在深笼。”⑤ 以涧松自比坚贞，情志幽洁，卓尔不群。蜀中妓《市桥柳》词：“欲寄意，浑无所有，折尽市桥官柳。看君著上春衫，又相将，放船楚江口。后会不知何日，又是男儿，须要镇长相守。苟富贵，勿相忘。有如此酒。”⑥ 以豪迈之气化解离别的缠绵悲苦，格调高朗，掷地有声。张德灿《种菊已开赋一绝句》诗：“殷勤遍种小篱笆，短短长长拂径斜。占向秋风虽自好，要留清骨似梅花。”⑦ 以梅菊清骨自喻，质朴厚重，毫无脂粉气。此外，据李朝正、李义清的《巴蜀历代名媛著作考要》中所收文献记载，成都女郎卓英英诗多无脂粉缠绵之气，诗情激昂，奇拔俊俏；五代李玉箫词意恢弘深远；清代唐棒诗文风骨健俊；马士琦诗豪，才调富有，是女中豪杰；杨继端诗格调高昂慷慨；曾彦诗有丈夫之概；……这些女作家在创作中所呈现的情思格调、风貌气度，在一定程度上与道家情怀相契合，指向道家所追求的不慕名利、超然物外、逍遥自适等精神特质。

综上，巴蜀地区浓厚的道教氛围，悠久的道教文化传统，影响到社会生活的方方面面，铸就了巴蜀女作家的重要文化性格，她们独立自主，离经叛道，

---

① （明）胡震亨．唐音癸签［M］．上海：古典文学出版社，1957：70.

② （清）章学诚．文史通义・内篇卷五・妇学［M］．北京：北京古籍出版社，1956：173.

③ 张篷舟．薛涛诗笺［M］．北京：人民文学出版社，1983：7.

④ 张篷舟．薛涛诗笺［M］．北京：人民文学出版社，1983：7.

⑤ 李朝正，李义清．巴蜀历代名媛著作考要［M］．成都：巴蜀书社，1997：27.

⑥ 李朝正，李义清．巴蜀历代名媛著作考要［M］．成都：巴蜀书社，1997：45.

⑦ 李朝正，李义清．巴蜀历代名媛著作考要［M］．成都：巴蜀书社，1997：138.

胆大妄为，任情恣意，胸怀潇洒。她们挥才于笔端，寄情于翰墨，巾帼不让须眉，从而使古代巴蜀女性文学创作呈现出空前的繁荣，留下了“蜀女多才”的浪漫传奇。

花蕊夫人笔下的成都园林

成都历史悠久。公元前4世纪，蜀开明王朝将都城迁徙至此，取周太王迁岐“一年成邑，二年成都，因名之成都”①。从此以后，成都成了西蜀的政治、经济、文化中心。秦孝王时蜀守李冰“凿离堆，避沫水之害，穿二江成都中”②，兴建了都江堰水利工程，解决了岷江水患和成都平原的灌溉问题，把成都平原变成了“沃野千里”的美丽富饶之乡，“水旱从人，不知饥馑，时无荒年，天下谓之‘天府’也”③。在故乡人的心中，它风景如画、无与伦比：“九天开出一成都，万户千门入画图。草树云山如锦绣，秦川得及此间无。”（李白《上皇西巡南京歌十首》之二）在他乡游子的眼中，它是一方流连忘返的乐土：“游子去游多不归，春风酒味胜余时。”（方干《蜀中》）千百年来，文人墨客、迁客骚人为它写下了无数赞美的诗篇，而花蕊夫人以女性的视角、宫中人的身份为我们揭开了成都另一种面目，别样美丽。

对于花蕊夫人其人，学者历来有两种观点，至今仍然争执不下，一种是传统观点，认为花蕊夫人为后蜀孟昶妃，其依据材料为历代文史典籍，长期为历代学人所认同。另一种观点则认为，花蕊夫人为前蜀王建妃，此观点最初是由浦江清在《花蕊夫人宫词考证》一文中提出的，此后多有学者从此说。笔者在此倾向于传统观点，即花蕊夫人应为后蜀花蕊夫人——孟昶之妃。花蕊夫人的宫词内容丰富，以独特的视角和身份描写宫中园林建筑、民俗游乐、宴饮美

---

① （北宋）乐史．太平寰宇记［M］．王文楚，点校．北京：中华书局，2007：1463.

② （西汉）司马迁．史记［M］．北京：中华书局，1959：1406.

③ （东晋）常璩．华阳国志校注集［M］．刘琳，校注．成都：巴蜀书社，1984：202.

食、日常生活等，虽伤于纤巧，但真实自然，详尽细腻，自有清新流丽之风。本文拟从园林建筑的视角去透视成都文化和风俗特色。

中国园林的建筑历史非常久远，在神话传说中就有关于黄帝、西王母等的园囿的记载，有文献可考的历史可追溯到殷商，纣王的鹿台是中国园林的最早建筑。据司马迁《史记·殷本纪》中所载："（纣）好酒淫乐，……厚赋税以实鹿台之钱，而盈巨桥之粟。益收狗马奇物，充仞宫室。益广沙丘苑台，多取野兽蜚鸟置其中。"① 而成都大约在商末周初也出现了园林雏形，1952 年成都北郊发现的羊子山土台即是实证。秦汉时期，皇家园林规模巨大，前所未有，秦有阿房宫，汉有上林苑，私家园林也开始出现，《三辅黄图》中所记载的袁广汉园就是唯一一座私家园林，到魏晋南北朝时，私家园林的数量更多。隋唐五代至宋是我国古代园林的兴盛期，除皇家园林、寺庙园林外，私家园林特别盛行。这段时期，成都经济繁荣，游赏习俗盛行，园林池苑众多，园内景色宜人，亭台楼阁与奇花异草争相辉映，其中，摩诃池和宣华苑是著名的皇家园林。花蕊夫人用她的如花妙笔给我们描摹了摩诃池、宣华苑最美好的时光，再现了五代蜀国那转瞬即逝的短暂繁华，打开了那尘封已久的鲜活历史。

一、摩诃池

摩诃池始建于隋代，据唐人卢求《成都记》记载："池在张仪子城内。隋代蜀王杨秀取土筑广此城，因为池。有胡僧见之日：'摩诃宫毗罗。'盖摩诃为大宫，毗罗为龙，谓此池广大有龙，因名摩诃池。"② 从隋唐到五代，摩诃池的面积不断扩大，摩诃池"始成初期，面积约 500 亩，只能贮蓄天然雨洪。唐代，成都的城市水利得到全面发展，唐德宗贞元元年（785），节度使韦臯开解玉溪，并与摩诃池连通；唐宣宗大中七年（853），节度使白敏中开金水河（禁河），自城西引流江水入城，汇入摩诃池，连接解玉溪，至城东汇入油

① （西汉）司马迁．史记［M］．北京：中华书局，1959：105.

② （唐）卢求．成都记［A］．（北宋）祝穆．宋本方舆胜览［M］．上海：上海古籍出版社，1991：909.

子河（府河）”[①]。流水的引入，为园林注入了盈盈生气，增添了幽幽神韵，从此，摩诃池就成为成都著名的游览胜地。五代时期，后蜀皇帝孟昶“再次拓展摩诃池，由今展览馆向北延伸至体育场、正府街一带，湖面由隋唐时的500亩扩展至1000亩”[②]。

在花蕊夫人的笔下，摩诃池水面宽阔，水势浩大，春水碧于天，绿波宽似海，美景似江南，楼殿胜蓬莱：

旋移红树斫新苔，宣使龙池更凿开。展得绿波宽似海，水心楼殿胜蓬莱。（三四）[③]

安排诸院接行廊，水槛周回十里长。青锦地衣红绣毯，尽铺龙脑郁金香。（二八）

龙池九曲远相通，杨柳丝牵两岸风。长似江南好风景，画船来去碧波中。（二五）

摩诃池的一年四季美轮美奂，各有风韵。早春杨柳吐绿，盛春海棠如锦，暮春群花争艳，长夏嫩荷飘香，秋水澄澈如镜，就像一幅幅优美的画卷：

早春杨柳引长条，倚岸沿堤一面高。称与画船牵银缆，暖风搓出彩丝绦。（四三）

海棠花发盛春天，游赏无时列御筵。绕岸结成红锦帐，暖枝犹拂画楼船。（六七）

慢梳鬟髻著轻红，春日争来芍药丛。近日承恩移住处，夹城里面占新宫。（五九）

嫩荷香扑钓鱼亭，水面文鱼作队行。宫女齐来池畔看，傍帘呼唤勿高声。（八〇）

高烧红烛点银灯，秋晚花池景色澄。今夜圣人宿新殿，后宫相竞觅祇承。（七四）

---

① 陈渭忠．摩诃池的兴与废［J］．四川水利，2006（5）：60—62.

② 陈渭忠．摩诃池的兴与废［J］．四川水利，2006（5）：60—62.

③ 曹明刚．满堤红艳立春风——花蕊夫人诗注评［M］．上海：上海古籍出版社，2004．本文所引花蕊夫人诗都出自该版本。

"中国古代园林中的水，大到浩渺无边的江河湖海，小到涓涓细流，都是造园家所不肯放过的水景塑造对象"①。摩诃池也是以水景为主体的园林，但它注重自然因素，因地制宜，引江河流水入取土之坑，水量巨大，水源充足，流水清澈，烟波浩渺的水面与沿岸花木映照成趣。

二、宣华苑

五代前蜀王建称帝后，把摩诃池改为龙跃池。王建之子王衍即位后，又改龙跃池为宣华池，并且大兴土木，环池建宫为宣华苑，"（乾德三年）五月，宣华苑成，延袤十里。有重光、太清、延昌、会真之殿，清和、迎仙之宫，降真、蓬莱、丹霞之亭。土木之功，穷极奢巧"②。可见宣华苑环池而建，以水为中心，宫殿亭台众多，绵延十里，建筑精美，极尽奢华。然而，五年后前蜀灭亡，宣华苑遭兵火破坏。后蜀立国后，孟氏又修整旧苑，宣华苑美景更胜往昔。

宣华苑临水布置，池畔遍种花木，亭台散落其中，以自然景观取胜，不像隋唐皇家园林叠山、理水，尽显人工雕琢的精巧。

> 三面宫城尽夹墙，苑中池水白茫茫。亦从狮子门前入，旋见亭台绕岸傍。（三二）

宣华苑格局宏伟，楼台高耸，花木长新，岁月悠闲，一片太平，极显皇家宫苑宏伟的气象：

> 五云楼阁凤城间，花木长新日月闲。三十六宫连内苑，太平天子住昆山。（一）

宣华苑的高阁宫殿轻盈灵巧，玲珑空透，似乎飘然于天水之间，给人虚无缥缈之感：

> 太虚高阁凌波殿，背倚城墙面枕池。诸院各分娘子位，羊车到处

① 耿刘同．中国古代园林［M］．北京：中国国际广播出版社，2009：43.

② 王文才，王炎．蜀梼杌校笺［M］．成都：巴蜀书社，1999：168.

不教知。(三五)

宣华苑建筑华美宏丽，金碧辉煌，碧树红楼，景致优美，真是丹青难足：

杨柳阴中引御沟，碧梧桐树拥朱楼。金陵城共腾王阁，画向丹青也含羞。(六六)

在永恒的时间中，没有万古不变的存在，一切繁华终将落幕，销沉在历史的风烟里。后蜀短暂的繁华也注定很快消失，随着后蜀的灭亡，宣华苑被毁，摩诃池水面萎缩，昔日旧痕没烟芜，就像陆游的《摩诃池》所写："摩诃古池苑，一过一销魂。春水生新涨，烟芜没旧痕。年光走车毂，人事转萍根。犹有宫梁燕，衔泥入水门。"到宋末元初，摩诃池遭受了更大的破坏。"明洪武十八年（1385），蜀王朱椿将大半个摩诃池填平，于后蜀宫殿旧址修建蜀王府。明末清初，蜀王府毁于战乱，清康熙四年（1665），于蜀王府废墟上兴建贡院，西北隅仍残留少许水面，民国三年（1914）才全部填平作为演武场"①。从此，美丽恢宏的摩诃池、宣华苑消失殆尽，无迹可寻，幸好还有花蕊夫人的绝妙诗篇将它的倩影定格，让后人想象、缅怀、追思。

三、摩诃池、宣华苑的生态之美

摩诃池、宣华苑是皇家园林，除了展现皇家气势和庄严外，其最可贵之处在于人与自然的和谐，能让人体验到与自然的生命共感，呈现出生态之美。

江河是园林的魂魄，园中水与江河水脉相通，就具有了江河的灵气、精神，获得了自然之魂，摩诃池水引自玉溪、金水河，绵延千亩，如玉鉴琼田，充满自然的生机和灵气。从春到秋，碧水之上，飞鸟翱翔，惊鸿照影，水面波光粼粼，荷花摇曳生姿，幽香轻浮，水中鱼儿结队畅游，岸边杨柳依依，红艳满园，亭台楼榭掩映在绿荫花丛。这里是绿的世界，花的海洋，鸟的天堂，人的乐园，在这里人与自然和谐共处，形成良好的生态环境，尽显生命的自由和美好。

① 陈渭忠．摩诃池的兴与废［J］．四川水利，2006（5）：60—62.

在蜀宫园囿的生态链中，花木是最亮丽出彩的一环，摩诃池畔、宣华苑中，广种花树植物，夕阳之下“树影花光远接连”。

后蜀皇帝孟昶本就是爱花之人，他“于宣华苑广加种植，名之曰牡丹苑。(广政）五年，牡丹双开者十，黄者白者三，黄白相间者四，后主宴苑中赏之，花至盛矣”[①]。(广政）十三年九月，又令“城上尽种芙蓉，九月间盛开，望之皆如锦绣”[②]，据说成都别号“蓉城”由此得名。

孟昶性奢靡，喜游赏，而其游赏活动多与赏花有关：

> （广政）十二年八月，昶游浣花。是时，蜀中百姓富庶，夹江皆创亭榭游赏之处，都人士女，倾城游玩，珠翠绮罗，名花异香，馥郁森列。昶御龙舟观水嬉，上下十里，人望之如神仙之境。昶曰：“曲江金殿锁千门，殆未及此。”兵部尚书王廷珪赋曰：“十字水中分岛屿，数重花外见楼台。”昶称善久之。[③]
>
> （广政）十二年冬十月，赏红栀子花于芳林苑，大宴百官。花本青城山叟所贡，初进红栀子三粒，种之成树，其花烂红六出，清香如梅，当时最重之。[④]

花蕊夫人的宫词描写了许多蜀宫之中排宴赏花之韵事。立春之日起，宫中内侍就摘下娇嫩鲜艳、带露而开的红梅供奉皇上，报告春回大地，百花竞放的消息，皇帝赐花宫中美人，共享新春的喜悦：

> 立春日进内园花，红蕊轻轻嫩浅霞。跪到玉阶犹带露，一时宣赐与宫娃。（三一）

春暖花开，春光正好，宫中排宴赏花，殷殷期盼着春花绽放，心情是那样急切，清晨起探花开的宫女已来去几回，生怕误了花期，负了良辰美景：

> 殿前排宴赏花开，宫女侵晨探几回。斜望花开遥举袖，传声宣唤

① 王文才，王炎．蜀梼杌校笺［M］．成都：巴蜀书社，1999：348.
② 王文才，王炎．蜀梼杌校笺［M］．成都：巴蜀书社，1999：381.
③ 王文才，王炎．蜀梼杌校笺［M］．成都：巴蜀书社，1999：375.
④ （清）吴任臣．十国春秋［M］．北京：中华书局，1983：719.

近臣来。（七）

仲春时节，烟柳满园，群芳吐艳，正是赏花的好时候。怒放的海棠、迎风的暖枝、红锦帐、画楼船构成一幅蜀宫春游图，透出春的热烈、人的喧嚣：

海棠花发盛春天，游赏无时引御筵。绕岸结成红锦帐，暖枝犹拂画楼船。（六七）

花蕊夫人的笔下，摩诃池、宣华苑就是一个让人迷醉的美妙和谐的世界，水边苑中树木繁多：杨柳堆烟、梧桐如盖、桃李带露、柑橘经霜……林间树下，花花草草惹人沉醉：海棠花、牡丹花、芍药花、栀子花、荷花、白银花、芙蓉花、梅花等次第开放。这里又是各种生命的乐园：沙鸥空中飞舞、飞鹤云天盘旋、黄莺婉转歌唱、鸣蝉声声轻吟、鸳鸯浅滩漫步、蜻蜓池中点水……

作为皇家园林，摩诃池、宣华苑具有秦汉、隋唐以来皇家园林的富丽堂皇之美、雄浑飞动之势。但它更以自然和谐取胜，呈现出独特的生态之美，这与蜀地浓厚的道教文化氛围有密切的关系。

道家思想在蜀地源远流长，战国、秦汉时期，蜀地就广泛流行神仙传说和道家学说，两汉时期，蜀地的道家之学更是大为兴盛，著名学者严遵、扬雄因精通道家学说而名动天下。在这样的思想背景之下，蜀地成了道教的发祥地。东汉末年，沛国人张陵在蜀郡大邑鹤鸣山创立五斗米道，标志着道教的正式产生，鹤鸣山也因此享有“道源圣城”的美誉。到了唐代，由于帝王的尊崇，道教的发展臻于极盛，蜀地的道教更是空前繁荣，就像李白的诗歌所写：“蜀国多仙山，峨眉邈难匹。”道教奉道家创始人老子为祖师，奉老子所著《道德经》为经典。道家主张“道法自然”“自然而然”“因任自然”，这些思想意识深深影响了西蜀的造园活动和园林审美，使西蜀表现出不同于北方与江南等地的造园理念和园林审美，随形就势，充分利用自然条件，以自然本身为美。“因此，从西蜀园林的具体表现来看，对自然的尊重、融洽程度却明显高于其他园林”[①]。这一观念同样适用于西蜀的皇家园林，正因为西蜀气候宜人，沃野田肥水美，自古以来栽花种树的民风兴盛，到处林木葱茏，繁花似锦，所以

① 陈其兵，杨玉培．西蜀园林［M］．北京：中国林业出版社，2010：77.

摩诃池畔、宣华苑中，花木之景成为它最亮丽的风景线。在今人眼中，园林中的自然因素的美学意义甚至超过人工因素，赵春林在《园林美学概论》中写道："园林中诸自然因素自成一个相对完整的生态系统，是园林美十分接近自然美的物质基础，起着主导作用。一旦生态系统遭破坏，园林美便不复存在了。单是园林建筑物被毁，倒不一定导致园林美的丧失。"① 因此，摩诃池、宣华苑的自然花木盛景具有极高的美学价值。

虽然，摩诃池、宣华苑已经消失殆尽，无迹可寻，我们只能插上想象的翅膀去追踪诗人的足迹，寻访它的丽影，但是它所承载的注重自然之感、生态之美的思想意识与造园理念，却有利于我们探讨和开发成都的园林文化和生态文化。

---

① 赵春林．园林美学概论［M］．北京：中国建筑工业出版社，1992：113．

黄峨散曲的戏剧因素

黄峨是明代著名的散曲女作家，她的散曲“云蒸霞烂”，有本色豪爽、泼辣酣畅者，也有含蓄蕴藉、雅致温婉者，呈现出多样化的风格，“读之，旨趣闲雅，风致翩翩”①，正可谓千古不让易安、淑真。但很少有人注意到黄峨散曲所具有的明显的戏剧因素，即善于塑造形象，创造意境，抒难言之情，写难状之景。

散曲乃“戏曲之本基也”，所以杂剧与散曲有着不可割裂的亲缘关系，“这就决定了杂剧文学与散曲文学精神上的通会”②。因此，黄峨散曲之中具有某些戏剧因素是十分自然的，主要表现在以下几个方面。

一、具有戏剧的“代言体”特征

王国维是最早以现代学术形态研究中国戏曲史的现代学者，他在《戏曲考原》中说：“戏曲者，谓以歌舞演故事也。”③ 又在《宋元戏曲考》中说：“后代之戏剧，必合言语、动作、歌唱，以演一故事，而后戏剧之意义始全。”④ 如此，“戏曲”与“戏剧”的含义是完全相同的。可见，他对“真正之戏剧”的要求是“代言体”，所谓“代言体”就是作者必须用第一人称语言

① 李朝正，李义清．巴蜀历代名媛著作考要［M］．成都：巴蜀书社，1997：52.

② 王星琦．元曲与人生［M］．上海：上海古籍出版社，2004：2.

③ 王国维．王国维戏曲论文集［M］．北京：中国戏剧出版社，1984：163.

④ 王国维．王国维戏曲论文集［M］．北京：中国戏剧出版社，1984：29.

代剧中角色之言，化身为剧中人物来说话。也就是说，戏曲作家的思想感情是通过人物形象的塑造得到表现的，即所谓借他人酒杯浇自己胸中块垒。

黄峨的散曲很大一部分是直抒胸臆，表达离别的悲伤，思念的痛苦，但也有一部分作品是“代言体”，通过人物形象的塑造，生动而又具体地表现自己的主观感情和个人意志。如《南吕·一枝花》套数：

好恩情花上花，都翻成梦中梦；隔春水渡旁渡，胜蓬莱东复东。江鳞塞鸿，谁把殷勤送？雌蝶雄蜂，空堆愁闷丛。［梁州］蓬松了雏鸦髻朵，蹙损了团凤眉峰；尘埋了舞鸾腰带，冷落了瑞鸭薰笼。想当初拈玉纤秋千夜月，片时间软金杯桃李春风，到如今匀红泪秋雨梧桐。冲冲，匆匆。合欢调改做了凄凉弄，点潘郎翠葆如蓬。真个是千重别恨调琴倦，一寸相思揽镜慵。［尾］有一日闲衾剩枕和他共，解娇羞锦蒙，启温柔玉封，说不尽袅娜风流千万种。①

这套曲塑造了一个因美满姻缘被无端摧残而饱受离别相思之苦的女子形象。首曲点出悲剧发生，她与爱人远隔万水千山，从此之后，鸿雁难飞，鱼潜水底，一春鱼雁无消息，深深陷入堆积如山的愁闷中难以自拔。［梁州］一曲先通过动作具体描写别后的凄苦之状，紧接着回忆过去的美好时光，再转入悲苦现实，真正是血泪匀滴，痛彻心扉。［尾］曲写她心中的美好愿望，希望有一天能与爱人再度重逢，他们同衾共枕，尽情欢爱，尽享甜蜜幸福。又如《风入松》四首：

喷香瑞兽小妆台，咫尺天台。芭蕉不展丁香结，闭春心眉锁难开。银蜡烧灯过后，金钗斗草归来。

徘徊花月可怜宵，天近人遥。有情芍药含春泪，梦回时一枕无聊。王母池连翠水，云英家住蓝桥。

月楼花院好风光，谢女檀郎。朝朝暮暮遥相望，殢人娇罗带留香。青鸟解传消息，银河不隔红墙。

① 文中所引黄峨散曲皆出自王文才．杨慎词曲集·杨夫人词曲［M］．成都：四川人民出版社，1984．下文不再出注，特此说明。

绣罗红嫩抹酥胸，此夕重逢。妒云恨雨腰肢重，晕眉心獭髓分红。蜡烛寒笼翡翠，麝香暖度芙蓉。

这几首曲选取了几个日常生活画面，从白天到夜晚，从回忆到幻想，多侧面地塑造了一个封建社会贵妇人形象。首曲写女主人公与爱人离别后关闭了春心，愁锁双眉，心绪难开，只好以金钗斗草来排遣苦闷。二曲写她长宵漫漫难过，梦醒时分一枕无聊的孤凄。三曲回忆花好月圆、情意绵绵的幸福时光。四曲幻想重逢的情景，灯影朦胧，香气氛氲，芙蓉帐暖度春宵，写得是情思热烈，缭艳缠绵。

这类曲子还有《驻云飞》二首、《巫山一段云》等，其中关于男女情事的描写，可谓大胆露骨，语言浓艳，可能就是被前人指斥为“间杂淫亵”，有“倡条冶叶之气，大家非宜”① 的作品。虽然这些作品中塑造的女性形象有黄峨自身的影子，是她与丈夫长期分离，几乎独居四十年的真切体会，可谓是字字血泪、满纸心酸，但是我们依然不能把她看成黄峨的自画像。其实，这是作家化身为剧中女性立言，借剧中人物之口尽情抒发心中的痛苦悲伤和对幸福的热切渴望，完全摆脱现实身份的限制，任情恣肆，正表现了作者性格的叛逆，进步的爱情意识，敢于冲破封建礼教对女性的束缚，对爱情表白的禁忌。这样的描写，使得黄峨的散曲具有深切的艺术感染力，感动读者，使他们和作者一起歌哭欢笑。

在黄峨的散曲中，还有一些涉及青楼的生活，特别是对男女之事的描写，完全用的是妓女的口吻，如《折桂令》七首、《一半儿》四首，《柳摇金·嘲》四首、《雁儿落带得胜令》等，所以有些学者认为这类作品不符合黄峨大家闺秀的身份和口吻，不应该算是黄峨的作品。比如刘益国先生《论杨升庵的散曲》一文就认为《雁儿落带得胜令》“是写妓女的曲子，不会是黄峨所作，当是杨升庵的艳曲”②。这是关于黄峨散曲甄别的一个很有争议的问题。对此，任中敏先生认为：“盖文人籍辞章为游戏，至元时而极。庄邪雅俗，无所不可。一时相染成风，虽鄙若伶伦，幽如闺秀，亦莫不被其影响。……至明而遗

① （清）毛先舒．诗辩坻·卷一［M］．清诗话续编［Z］．上海：上海古籍出版社，1983.

② 刘益国．论杨升庵的散曲［J］．四川师范大学学报（社会科学版），1996（2）：105—113.

风犹作，积习未除。若夫人者，既然染翰为曲，即全蹈曲家步骤，全具曲家面目。虽身为名媛，而下笔属词，遂亦无多顾忌，盖风气为然，初不必关于其人之贞与淫也。”① 而笔者以为，从黄峨散曲的戏剧因素来分析，这个问题可谓迎刃而解。黄峨以妓女的口吻写青楼的生活，我们依然要把它看成是代剧中人物立言、抒情，书写的内容与作者的身份不一定要画等号，如：

> 俺也曾娇滴滴徘徊在兰麝房，俺也曾香馥馥绸缪在鲛绡帐。俺也曾颤巍巍擎在他手掌儿中，俺也曾意悬悬阁他在心窝儿上。（得胜令）谁承望忽剌剌金弹打鸳鸯，支楞楞瑶琴别凤凰。我这里冷清清独守莺花寨，他那里笑吟吟相和鱼水乡。难当，小贱才假莺莺的娇模样。休忙，老虔婆恶狠狠做一场。（《雁儿落带得胜令》）

这一带过曲塑造了一个被遗弃的女子形象。她也曾与爱人相亲相爱，情深意切，不曾想飞来横祸，“弹打鸳鸯”，幸福不再，自己冷清度日，对方却“笑吟吟相和鱼水乡”，真是气愤难当。情急之下，她把怨恨发泄在第三者的身上，想要恶狠狠地打破他们的鸳鸯梦。

这些曲子语言本色自然，描写传神逼真，具有元曲淋漓酣畅的特点与谐趣之美。“前人多以此类作品为夫人自叙心曲之作，窃以为不妥，因为曲中所言‘莺花寨’，与有关作品中所谓‘风月营’‘翠红乡’之类，多代指妓院，如果把‘我这里冷清清独守莺花寨’中的‘我’与后面的‘老虔婆’都看作是黄夫人，那显然是很失体统的了”②。的确，如果把文学作品中的艺术形象看作作者自己，无疑会缩小艺术形象的典型意义，必然会贬低文学作品的思想艺术价值。作者在曲中已经化身为笔下的人物，超越了现实的自我，尽情抒发内心隐秘的希望，难言的痛苦，激烈的怨愤，无所顾忌，嬉笑怒骂皆由己，她不再是生活中的闺阁名媛、大家夫人，必须谨守封建礼教规范，包容丈夫三妻四妾，甚至主动劝丈夫纳妾，据记载，黄峨曾“函劝文宪公纳侧室曹孺人”③。如此“贤德”的背后是怎样的伤害，恐怕是血泪相合流，掩泪装欢，这不仅

① 任中敏．曲谐·女曲家［A］//散曲丛刊．北京：中华书局，1930：38.

② 赵义山．明清散曲［M］．北京：人民出版社，2007：84.

③ 王文才．杨慎词曲集·杨夫人事辑［M］．成都：四川人民出版社，1984：453.

是黄峨的悲哀，也是封建时代所有女性的悲哀。所以黄峨在作品中化身为市井女性，甚至是风尘女子，就可以毫无顾忌地大骂负心汉，谴责第三者，不再忍受封建礼教对大家闺秀的束缚，痛快淋漓地发泄愤恨，大出一口恶气，让胸中块垒与梁尘齐飞。正如明人孟称舜所说："学戏者，不置身场上，则不能为戏，不化其身为曲中之人，则不能为曲。"①

二、具有戏剧的意境之美

意境是中国古典美学的重要范畴和极力追求的艺术境界。如叶朗先生所说："意境说作为中国古典美学的一种理论，在唐代已开始形成。到了明代和清代，'意境'和'境界'作为美学范畴，已经相当普遍地被人们所使用。"②传统的意境理论从情与景的关系入手，主张借景抒情、情随境迁、情景交融，进而达到虚实相生、形神兼备的境界，其中以情景交融为意境之上乘。可见意境是指作者的主观情意与客观物境契合交融而形成的一种艺术境界。王国维因在《人间词话》中标举"境界说"而被人们尊为中国古典意境论的集大成者。他在《宋元戏曲考》中又把本来从抒情诗中产生的"意境"概念引入了戏剧研究与评论中，他说："元剧最佳之处，不在其思想结构，而在其文章。其文章之妙，亦一言以蔽之，曰：有意境而已矣。何以谓之有意境？曰：写情则沁人心脾，写景则在人耳目，述事则如其口出是也。"③ 从中可知，王氏所论的元剧意境表现在情、景、事三个方面，写情发自肺腑，出自本性，自然生成；写景让人神飞天外，思绪飘然如身临其境；叙事则用明白晓畅如同口语的语言，最终指向的是元剧的真实、自然之美，具有天籁之境。不过我们要注意的是，这里所言之情是剧中人之情，所叙之事是剧中人之事。

综观黄峨的散曲，大部分作品本色自然，痛快淋漓，直抒胸臆，深得元曲真传，"大有元人风格之妙"，抒情、写景、叙事都真实自然，体现出元杂剧所具有的意境之美。具体表现在以下几个方面。

---

① 蔡毅．中国古典戏剧论著序跋汇编（一）［M］．济南：齐鲁书社，1989：443.
② 叶朗．中国美学史纲［M］．上海：上海人民出版社，1985：610.
③ 王国维．宋元戏曲史［M］．上海：上海古籍出版社，1998：99.

（一）情由心生，真挚缠绵

黄峨与丈夫长期分离，“悲莫悲兮生别离”，面对万水千山的时空阻隔，面对至高皇权画出的人间天河，她唯有在曲中哀哀吟唱，悲歌当哭，离愁别恨是她散曲的主要内容，满纸浸透泪水的悲歌是她心灵的写照，愁思的结晶，每一支曲子都注入了她无尽的相思，情由心生，心之所往即情之所向，缠绵悱恻，真切感人。如《黄莺儿》：

> 翠被峭寒生，诉离情、天未明，泪花落枕红绵冷。邻鸡一声，谯楼五更，纱窗残月愁分影。谩留情，佳人薄命，飞絮逐浮萍。
>
> 弦管动离声，是旁人、也动情，东桥烟柳和愁暝。摇装且停，行杯且倾，樽前重唱西河令。泪偷零，银瓶坠井，肠断短长亭。

前曲写离别前夜种种情形，以凄凉景色映衬悲苦情怀；残月照纱窗，邻鸡唱晓，更鼓频报，相爱的人难舍难分，诉不尽的离情苦，说不完的心里话，流不尽的相思泪，终究还是难逃飞絮逐浮萍的悲凉命运。后曲通过场面和气氛的渲染来写送别，柳色如烟和愁暝，离声凄切声声怨，口诵离歌，斟酒相送泪偷零，忽然琴弦崩断如银瓶坠井，人也肝肠寸断。此曲书写离愁别恨既委婉曲折又酣畅淋漓，情感表现跌宕起伏，震撼人心，结尾戛然而止，余味无穷，具有独特的艺术魅力。

（二）写景状物，曲尽其妙

黄峨散曲不仅善于抒发难言之情，也能状难写之景，写景状物，曲尽其妙，使人读来有身临其境之感，这里的“景”是剧中人物眼中之景，是促使人物产生特定动作的客观环境，即剧中塑造形象，演绎故事的典型环境。如《商调二郎神》首曲：

> 春到后，正三五银蟾乍圆。深院里谁家吹玉管，紫姑香火，听一丛士女声喧。欲掷金钱暗卜欢，争奈归期难算。（合）远如天，真个是断肠千里风烟。

曲中营造了一个情景交融、虚实相生、绘声绘色的剧中情景：初春时节，三五明月之夜，与世隔绝的深深庭院，一个女子冷冷清清的独居于此，隐约传来幽怨的玉笛声，还有仕女们祭祀紫姑神，占卜吉凶的喧闹声，百无聊赖之下，她也想掷金钱预卜未来，无奈远人归期难算，反而平添烦恼。通篇有环境渲染，有人物行动的细节刻画，最后荡开一笔写思念之人所在，把读者带到一个无比辽远的境界，让读者感同身受，与剧中人同悲、同苦。

又如《绵搭絮·秋夜有怀》四首（增补）之一：

长空如洗，薄暮雨初收。谁驾冰轮，碾破琉璃万顷秋。怕登楼，牵惹离忧。总使清光照我，未审可照他州。想是独宿嫦娥，也与人间无二愁。

作者驰骋想象，营造了一个奇妙的梦幻般的世界：薄暮时分，秋雨初停，浩瀚长空如洗，一片明澈，冰轮似的月亮升起来，碾破万顷秋色。然后把人物置于这样的画面中活动、思想，通过心理活动来表现内心的冲突，通过发问写尽满腔痴情，真是写难状之景，如在目前；含不尽之意，见于言外。

（三）语言晓畅，如其口出

黄峨的散曲，语言晓畅，生动活泼，符合人物身份，如其口出，可谓听其声则知其人，是特定情境下人物的性格语言，具有戏剧语言的个性化、口语化特征。写深闺中痴情女子的相思，既有口语之通俗，又不乏闺阁之雅丽。如《落梅风》四首之三：

春寒峭，春梦多，梦儿中和他两个。醒来时空床冷被窝，不见你空留下我。

而泛写世俗风情的曲子，语言更加通俗，几乎全用人物自己的语言。如《红绣鞋》二首：

实指望花甜蜜就，谁承望雨散云收，因他俊俏我风流。鼻凹儿里砂糖水，心窝儿里酥合油，铦不著空把人奄逗。

你不惯谁曾惯？人可瞒天可瞒，梦见槐花要绿袄儿穿。嘴孤都看一看，滑即溜难上难，你无缘休把人来怨。

这两首小令对口语、俗语的运用非常巧妙，独具趣味，活灵活现地刻画了一对互相指责的市井怨偶形象。

综上，黄峨散曲呈现出明显的戏剧特征，以“代言体”塑造形象，抒发感情，具有王国维先生所主张的戏曲意境之美妙。我们从戏剧因素的角度切入，去解读黄峨的散曲，能够更深刻地理解其作品的典型意义和社会意义，而且也为黄峨散曲的甄别提供了一种新的思路。

从“金钗笑刺红窗纸”的纯真少女到“闺门肃穆”的严整妇人

——论明代女诗人黄峨的情感历程

黄峨（1498—1569），字秀眉，四川遂宁人。她幼习诗书，聪慧贤良，博学，工诗词，尤擅散曲，是明代最杰出的散曲女作家，徐渭称其“才情甚富，不让易安，旨趣闲雅，风致翩翩”①。在群星璀璨的中国古代诗人中，黄娥是一颗独放异彩的明星。

黄峨出生名门，其父黄珂是成化二十年进士，累官至工部尚书，卒赠太子少保，谥“简肃”，祀贤祠。兄黄峰，受父荫为监生；弟黄华，嘉靖十一年进士，官至光禄寺卿。其夫杨慎是明代著名的文学家、学者。然而，光阴荏苒，岁月尘封，我们已看不清她真实的容颜，她留给我们的只是一个丈夫光环笼罩下的模糊的身影和定格在后人书策中肃穆、森严的形象。如《续玉笥诗谈》所记：“升庵杨先生夫人黄氏，……娴于女道，性复严整，闺门肃然，先生亦敬惮之。”② 可是，当我们翻开黄峨的诗、曲作品，呈现在我们面前的是一幅幅生动鲜活的画面：“金钗笑刺红窗纸”的纯真少女；“香馥馥绸缪在鲛绡帐”的甜蜜少妇；“珠泪纷纷滴砚池”的痴情思妇……这些纯真、多情、温柔而美好的形象何尝不是黄峨自身的真实写照。是什么样的人生经历和伤痛造成了黄峨心灵的裂变，把一个活生生的渴望自由、爱情，敢爱敢恨，有一腔火热深情的多情女子变成了丈夫亦严惮的严整、肃然的妇人呢？虽然黄峨留下的诗、曲

---

① 李朝正，李义清．巴蜀历代名媛著作考要［M］．成都：巴蜀书社，1997：52.

② 蔡忠，王金星，谭国应．黄峨诗词曲赏析［M］．香港：香港教育出版社，2005：220.

作品没有明确的时间线索，但沿着其中的情感脉络，我们依然可以一探诗人幽曲的心路历程，这有助于我们更深刻地解读诗人的作品。

一、少女情怀总是诗

黄峨自幼聪慧，深受父兄宠爱，她少受庭训，少女时代就表现出杰出的才华，她有一首才华横溢的小诗《闺中即事》写的别有情趣："金钗笑刺红窗纸，引入梅花一线香。蝼蚁也怜春色早，倒拖花瓣上东墙。"这是一幅情趣盎然的早春诗意图：早春时节，梅残柳细，纯真少女笑刺窗纸，爬墙蝼蚁倒拖花瓣，这两幅画面相映成趣，传递出作者对春天、对生活的热爱，对自由的渴望。我们不难想象诗中这"笑刺红窗纸"的金钗就是黄峨自己，面对禁锢的环境，飘零的落花，她没有怀春少女常有的悲吟、感伤，她看到的是春天的生机，生命的美好，她的心纯真而明丽。

少女时代的黄峨不仅有一颗不甘禁锢，崇尚自由的心，而且她对幸福生活充满了憧憬、渴慕，向往自由恋爱、美满姻缘。如其《文君》中说："临邛重客蜀相如，被服容冶人间都。上宫烟娥笑迎客，绣屏六曲红氍毹。霰珠穿帘洞房晚，歌倚瑶琴半羞懒。天寒日暮可奈何，斜挂冠缨玉钗绾。"诗人以白描的手法，直述卓文君与司马相如的婚恋故事，诗中虽然没有流露出作者任何主观感情，但这个故事本身已经透露出作者的心曲：对不畏世俗、决绝忠贞的真心相爱的倾慕和赞赏。

又如《莺莺》中说："春风户外花萧萧，绿窗绣屏阿母娇。白玉郎君恃恩力，尊前心醉双翠翘。西窗月冷朦花雾，落霞零乱摇墙树。此夜灵犀已暗通，玉环寄恨人何处?"诗人赞赏崔莺莺与张生敢于追求自由爱情与幸福婚姻，更肯定了情与欲的正当合理性，最后以杨玉环的爱情悲剧反衬张崔二人圆满的爱情，表现了诗人对《西厢记》"愿天下有情人都成眷属"的主题的赞美，曲折地表现了诗人自身的恋爱婚姻观。黄峨作为一个出生名门，养在深闺的大家闺秀能够持这种婚恋观是十分不易的，表现出不凡的见地和叛逆的精神，和此后王学左派的启蒙思想家们追求个性解放、追求真情、肯定人欲的学说同调，可谓得时代之先。

从这些作品中，我们看到的是一颗少女纯洁的心，如诗如画般美好，倾诉着对春天、对生命、对爱情的希望和憧憬。

二、相思离恨知多少

黄峨22岁那年（1519），新都状元杨慎（字升庵）的前妻王氏病故，黄峨嫁给杨升庵做继室。杨升庵比黄峨大10岁，他24岁中状元，授翰林修撰，名满天下。黄峨待字闺中二十二年，终嫁得如意郎君，自是心中充满幸福和甜蜜，她写下了情意绵绵的《庭榴》："移来西域种多奇，槛外菲花掩映时。不为秋实能结实，肯于夏半烂生姿？翻嫌桃李开何早，独秉灵根放故迟。朵朵落霞明照眼，晚凉相对更相宜。"诗人借物喻情，以石榴的珍贵、迟开和艳丽比喻自己迟来而幸福的爱情。

黄峨与杨慎的新婚生活是甜蜜、美满的："巫女朝朝艳，杨妃夜夜娇，行云无力困纤腰，媚眼晕红潮。阿母梳云髻，檀郎整翠翘，起来罗袜步兰苕，一见又魂销。"（《巫山一段云》）然而，好景不长，幸福就像昙花一现，就在黄峨婚后的第二年（1521），荒淫无度的明武宗朱厚照死后无嗣，让其弟兴献王之子朱厚熜继位，即世宗嘉靖皇帝。世宗欲尊其已故父亲兴献王为"皇考"，享侍太庙，引发"议大礼"事件，杨慎两上"议大礼疏"，复跪门哭谏，两次受到廷杖，最后被谪戍到云南永昌卫"永远充军"。恩爱夫妻，从此将天涯海角，黄峨肝肠寸断，一路相送到江陵，挥泪一别后，黄峨溯江西上，当年年底到达新都杨慎老家，住在新都杨府之西的榴阁。这里临近桂湖，草木葱茏，湖光树影，环境清幽，黄峨与杨慎曾在这里度过了一段甜美的新婚时光，两人湖畔漫步，榴阁赋诗，情投意合，而如今却物是人非，只留下她形只影单，"蓬松了雏鸦髻朵，蹙损了团凤眉峰；尘埋了舞鸾腰带，冷落了瑞鸭薰笼"（《南吕·一枝花》）。她形容憔悴，泪浸纸背，写不尽离愁别恨。如其著名的《黄莺儿·雨中遣怀》："积雨酿轻寒，看繁花树树残，泥涂满眼登临倦。云山几盘，江流几湾，天涯极目空肠断。寄书难，无情征雁，飞不到滇南。"在繁花落尽、细雨飘零的时节，诗人登临思远，极目天涯，视线的尽头是云山重重，江流滔滔，其间万水千山，梦魂不到，征雁难飞。此曲凄楚无奈，沉痛感人，久为传诵，王世贞《艺苑危言》载杨慎“别和三词，俱不能胜”[①]。

婚后的黄峨与丈夫聚少离多，除了短暂的初婚甜蜜时光和陪伴丈夫在滇南流离的三年时间，几乎独居四十余年，备尝离别的心酸和悲苦。她的每一首曲都注入了对丈夫无尽的思念，可谓满纸的凄凉。在黄峨的散曲中，我们经常看到的是“泪”“梦”“断肠”“愁”“离恨”“别恨”“憔悴”“怨”“凄楚”“啼”“病”等字眼。

比如黄峨的写“泪”之曲，以泪为心声，承载了诗人无尽的离愁，是诗人敏感心灵的写照，表露出她作为女性的柔弱和多情。人生最是远别离，诗人泣涕涟涟，以泪直抒愁怀：“泪沾罗帕”“泪染红桃”“泪眼看花”“泪添细雨”“红泪秋雨梧桐”“铁做心肠泪似珠”“有情芍药含春泪”“泪花落枕红绵冷”“珠泪纷纷滴砚池”……不尽的泪水倾诉着她难言的痛苦，凝结着她对丈夫最深厚的情感和思念。又如黄峨的写“梦”之曲，不断地通过梦境回顾过往，怀念相聚的幸福，以梦中的重聚来实现现实生活中不能实现的愿望：“梦断魂劳人又远”“一场春梦从头换”“万水千山梦”“梦儿中和他两个”“梦峡啼湘”“春梦悠悠”“池塘梦花怯”“罗帏梦惊”“梦阳台人在峰头”“梦回时一枕无聊”“昨宵梦里同鸳帐”……心理学认为，梦是一种心理现象，是人们在生理和心理上受到外在现实的某种刺激而产生的一种精神现象。梦可以从一个独特的角度展示人的情感流程，反映人的某些隐秘心理。正如弗洛伊德的精神分析学所说，梦“乃是将思想变为视象”[②]。因此黄峨在散曲中大量描写“梦”，借缥缈虚幻的梦境远离现实的沉重羁绊，让心灵飞跃万水千山，跨过那现实中不可抗拒的皇权画出的人间天河。

三、别样痴情写人生

命运的沉重打击，天各一方的无情摧残，黄峨的情感世界悄然兴起了波澜。离别经年，她哀哀哭泣，叨叨诉说，痴痴等待，殷殷期盼，然而她等待的

① 蔡忠，王金星，谭国应．黄峨诗词曲赏析［M］．香港：香港教育出版社，2005：218.

② 车文博．弗洛伊德主义原著选辑［M］．沈阳：辽宁人民出版社，1988：283.

那个人已经很少回来了，她楼头凝望，但过尽千帆皆不是，徒留她肠断天涯。杨慎从1529年奔父丧返滇后到1559年去世，漫长的三十年中，回川一共只有五次，1536年三次，1540年一次，最后一次是1558年。这期间杨慎两度纳妾，1534年他纳妾周氏，1542年又纳妾曹氏，后两妾各生一子，杨慎有了新家、美妾、娇儿，他对黄峨是越来越少顾及了，甚至他的心也渐行渐远了。曾经“试凌波双洛浦，对明月两婵娟”的情深意长的夫妻，如今却是连聚集也越来越少了。丈夫的移情使黄峨备受伤害，她凄楚地吟唱：“情意两相投，别离何曾惯。同心谁解玉连环，即渐的远，远。”（《中吕粉蝶儿·醉春风》）此中多少悲凉，多少企盼，多少失望，都化作无奈的叹息：“远了！远了！越来越远了！”这逐渐遥远的不是岁月流逝、残酷命运造成的时空阻隔，而是心与心的距离。这是世界上最遥远的距离！也是人世间最难逾越的距离！

面对丈夫的情感背叛，黄峨自然深感委屈，不无怨怼：“为相思瘦损卿卿，守空房细数长更。梧桐金井叶儿零，愁人又遇凄凉景。锦衾独旦，银灯半明；纱窗人静，罗帏梦惊。你成双丢得咱孤另。”（《皂罗袍》）她甚至直言相斥，指责丈夫负心忘情：“寄与他三负心那个乔人，不念我病榻连宵，不念我瘴海愁春，不念我剩枕闲衾，不念我乱山空馆，不念我寡宿孤辰。茶不茶饭不饭全无风韵，死不死活不活有甚精神。阻隔音尘，哪个缘因？好事多磨，天也生嗔！”（《折桂令》）

离别的痛苦，感情的伤害折磨得她形容枯槁，鬼病恹恹，离恨、辛酸、委屈、无奈、失望……爱情的百般滋味她皆尝遍：“不明不暗唱阳关，无语无言倚画阑，多情多恨空肠断。那人儿甚日还，相思担其实难担。独树山头路，皋桥渡口船，眼睁睁面北眉南。【折桂令】眼睁睁面北眉南，抛闪得只凤孤鸾，都只为燕两莺三。好个人人，从他去去，鬼病恹恹。常想著临上马泪抛珠点，蹙双蛾鬓乱花尖。盐也般咸，醋也般酸。你也休憨，我也休憨。”（《水仙子带过折柱令》）

在遭遇感情伤害时，黄峨有痛苦、有挣扎，甚至想要放弃，却唯独没有决绝，传统礼教的藩篱和无子的处境使她只能接受丈夫纳妾的事实，默默忍受着爱情被割裂的辛酸和无奈。也许杨慎纳妾，其情可堪，他欲得子嗣，以便

“年六十后‘允许子侄替役’”[①]，自己才能叶落归根回故乡，而夫人黄峨不育、无子。但这在感情上依然深深伤害了黄峨，尽管如此，她还是一往情深地爱着他，她安慰他：“任苍狗白衣屡变，笑蛙声紫色争妍。浮名与我无萦畔，再休寻无事散神仙。”（《仙侣·点绛唇·赚尾》）她勉励他：“公义私情不两全，愿君早向凌烟勒。”（《寄升庵》）她甚至为他开脱：“郎君自是无归计，何处春山不杜鹃。”（《寄外》）这是怎样忘我的痴情，怎样沉重的深情，个中滋味，又岂是他人能解。她柔情似水，痴心如炽，为情所伤却难舍深情，其中的纠结苦痛，唯有自知。

黄峨之所以能容忍丈夫的移情，不仅在于她知书达理，娴于女道，更在于她对丈夫坚贞、执着的爱，对丈夫始终怀着理解、悲悯、宽容之心，这样的爱，何其深长。正如张爱玲所说：“因为懂得，所以慈悲。”[②]她对他的艰难处境深为了解：万里流放，归还无期，世宗皇帝对他深为记恨，始终不肯放过他。朱茹在《杨升庵诗序》中说：“用修之谪戍也，世庙每询于当国者，赖以猖狂废恣对。已又询不置，将物色之，祸几及，当国者又以前语对，得以免。于是用修闻之，惕然股栗，故自贬损，以污其迹。……世乃以纵欲荡情、披风抹月过用修，亦乌知用修者哉！”[③]为了避祸，杨慎自污其行，傅粉插花，与诸伎门生游行于城市，可他“胸中实不知有几斗热血，眼中实不知有几升热泪”[④]。她对他的思乡愁情感同身受：“难缩壶中地，休寻屏上船。五华台望望愁心远，双洱河渺渺波涛限，七星关叠叠云岚嵌。琵琶亭下泪偏多，鹧鸪岭畔肠先断。”（《仙侣·点绛唇·么》）家乡万里外，缩地无术，画屏难度，高台展望愁心邈远，就像那双洱河的波涛，七星关的云岚，天涯的游子怎不潸然泪下，愁肠寸断。她对他的不幸遭遇深情怜惜：“空弹剑，频倚阑。比潮阳山水多乡县，比江州月夜无弦管，比夜郎春夏饶风霰。今日个闻鸡晓度碧鸡关，怎记得鸣銮晚之金銮殿。”（《仙侣·点绛唇·寄生草》）那曾经意气风发的状元郎，金銮殿上的耿介臣，如今却在那穷山恶水处倚人空弹剑，倚阑独自愁，过

① 蔡忠，王金星，谭国应．黄峨诗词曲赏析［M］．香港：香港教育出版社，2005：236.

② 胡兰成．今生今世［M］．北京：中国社会科学出版社，2003：146.

③ 丰家骅．杨慎评传［M］．南京：南京大学出版社，1998：105.

④ 唐圭璋．词话丛编（第四册）［M］．北京：中华书局，1986：3372.

着颠沛流离的囚徒生活。

人们说时间是医治一切创伤的良药，“别离经岁又经年”后，她的心累了、倦了，“懒把音书寄日边”，不再“珠泪纷纷”写锦书，不再整宿无眠长相思，不再病恹恹“懒画眉”，不再百无聊赖“愁岁暮”，不再愁眉不展“怨朝阳”，不再自怨自艾“妾薄命”……哀怨情愁随风逝，而她也像一朵明艳的鲜花渐渐地萎谢了，慢慢地熄灭了情感的火焰，关闭了言说的激情，不愿他人，尤其是后辈子侄看到她内心深处难言的心绪，所以“诗不多作，不存稿，子弟不得见也”[①]。晚年的她更是一心抚教子侄，纪纲家务，直到生命的终结，从而成为后人书柬中“闺门肃穆”、丈夫“严惮”“敬惮”的形象。

综上所述，栉风沐雨、踽踽独行可以说是黄峨四十多年孤独岁月的真实写照，然而国家不幸诗家幸，正是悲苦的命运、凄凉的人生成就了黄峨诗歌的光彩。我们透过行行诗柬，穿过冉冉光阴，看到的正是这样一个黄峨——她热烈多情又温柔善良，惊才艳艳又风致翩翩。

① 蔡忠，王金星，谭国应．黄峨诗词曲赏析［M］．香港：香港教育出版社，2005：219．

不同性别视角之下的怨歌

——黄峨与沈仕闺怨之曲比较

黄峨（1498—1569），字秀眉，四川遂宁人。她才情卓著，文采斐然，是明代最杰出的散曲女作家。黄峨的散曲中虽不乏凄婉清雅而近于词者，但多数尽显曲体本色，酣畅泼辣，自然质朴，以北曲为主。黄峨与丈夫长期分离，栉风沐雨、踽踽独行。可以说，是黄峨四十多年孤独岁月的真实写照，她的散曲以写离愁别恨见长，长歌当哭，幽怀怨愤，把杜鹃啼血般的声声血泪蕴含于凄凉婉转的悲歌中。沈仕（1488—1565）是与黄峨同时期的专写恋情之曲的作家，他"原有散曲集《唾窗绒》，已散佚，《全明散曲》辑得小令 86 首，套数 10 篇。其中除 2 篇南北合套之曲外，全为南曲，几乎篇篇美人，曲曲闺怨，不出男女艳情的范围，开曲中'香奁体'一派，时人称为'青门体'（或称为'唾窗绒体'）"①。从散曲的题材来看，黄峨与沈仕都写了大量的闺怨之曲，不论散曲的共同特征和他们所处的相同的时代背景，以及北曲、南曲不同的艺术特征，他们的闺怨之曲充分表现出男女作家的性别意识，是不同性别视角之下的怨歌。

一、对女性外在形象的不同展示

女性是散曲闺怨题材的主要角色，女性形象的塑造对于散曲思想情感的表达、艺术风格的形成有非常重要的作用。在沈仕的闺怨散曲中，女性形象的塑

① 赵义山．明清散曲史［M］．北京：人民出版社，2007：172.

造首先通过对女性外在美的描摹来展示，在沈仕的笔下，多通过对女性的穿着、打扮、皮肤、体态、眉眼、红唇的细腻描写来表现女性外貌的艳美和娇媚，可谓对女性极尽玩赏之至，充斥着绮靡香艳之气。如《南仙吕·羽调排歌·咏所见》：

> 日暖楼台，花香绮罗。隔帘偷睹娇娥，多情一种是秋波，可意身材软玉搓。临朱槛，立翠莎，戏将桃瓣打鹦哥。眉轻纵，步懒挪，料应无计奈春何。①

曲中的娇娥“秋波多情，身材软玉搓，眉轻纵，步懒挪”，好一个春情寂寞的娇娇美人。

又如《南仙吕·桂枝香·美妹》：

> 玉容梅衬，绛唇桃印。翠粘九晕轻钿，绿映宫鸦双鬓。偶回头笑生，偶回头笑生，更有百般丰韵。教我意狂身褪，暗消魂。他好似一片巫山外，东风雪后云。②

作者用细腻的工笔手法和空灵的意象描写塑造了一个回头一笑百般风韵的娇俏美人。

在沈仕的散曲中，如工笔画一般细腻生动地描摹女性娇容玉貌、身形体态的句子可以说充斥篇什，如“秋波如练”“金声娇软”“娇歌宛转韵同清”“露纤纤玉葱”“映盈盈粉容”“翠裙双绣鸳鸯”“玉肌肤无点瑕”“绿云堆鬓”“脸生霞脂香淡匀”“身材袅娜衣素雅”“脸儿扑堆花”“染兰香玉手曾拿”“印桃花口脂犹在”“翠珠摇芙蓉宝钗”等随处可见。

在黄峨的闺怨散曲中，对女性形象的塑造也有大量的外貌、衣饰的描写，但是形象更加生动，手法更加多样，情感更加真挚。

黄峨爱写回忆和想象，通过幻想和现实的映衬、现在和过去的对比来突出当下的痛苦，表现离愁别绪。服饰、形容的描写既可以是幸福生活的象征，也可以是当下寂寞悲苦之情的点染。如《南商调·二郎神·黄莺儿》：

---

① 谢伯阳．全明散曲［M］．济南：齐鲁书社，1994：1350.

② 谢伯阳．全明散曲［M］．济南：齐鲁书社，1994：1349.

> 晴日破朝寒，看春光到牡丹，闲将往事寻思遍。玉砌雕阑，翠袖花钿，一场春梦从头换。（合）恶姻缘，云收雨散，不见锦书传。①

从前与现在，就好像春梦从头换，过去，住的是“玉砌雕阑”，穿戴的是“翠袖花钿”，多么幸福美满，如今却连锦书也难托。

又如《南中吕·驻马听》四首其二：

> 离别曾经，不似今番最惨情。想著他水边袅袅，月底娟娟，花下盈盈。到如今守窗无语恨长更，灯前不见徘徊影。万里飘零，那堪对此凄凉境。②

连用“袅袅”“娟娟”“盈盈”三个叠词描写回忆中与心爱的人花前月下、共同生活的情景，花影婆娑，人影朦胧，衣袂飘飘，回味无穷之下更显现境的凄凉。

再如《南中吕·驻云飞》四首其二：

> 暗想娇情，一笑回头百媚生。两点秋波净，八字春山映。卿，别后冷清清，独守长更。夜雨难晴，一枕和愁听，隔个窗儿滴到明。③

在诗人的想象中，思念的人儿美丽又温柔，她眉目含情，“一笑回头百媚生”，诗人禁不住深情呼唤：“卿，别后冷清清，独守长更。”

黄峨与丈夫聚少离多，除了短暂的初婚甜蜜时光和陪伴丈夫在滇南流离的三年时间，几乎独居四十余年，备尝离别的心酸和悲苦，黄峨更多的闺怨曲是直接抒发内心的深哀巨痛，在这类作品中，女主人公无不是形容枯槁，鬼病恹恹。如《南吕·一枝花·梁州》：

> 蓬松了雏鸦髻朵，蹙损了团凤眉峰；尘埋了舞鸾腰带，冷落了瑞鸭薰笼。想当初拈玉纤秋千夜月，片时间软金杯桃李春风，到如今匀红泪秋雨梧桐。冲冲，匆匆。合欢调改做了凄凉弄，点潘郎翠葆如

---

① 谢伯阳．全明散曲［M］．济南：齐鲁书社，1994：1760.
② 谢伯阳．全明散曲［M］．济南：齐鲁书社，1994：1751.
③ 谢伯阳．全明散曲［M］．济南：齐鲁书社，1994：1746.

蓬。真个是千重别恨调琴倦，一寸相思揽镜慵。①

相思离恨的折磨让女主人公愁苦面容，形容憔悴，真个是“自伯之东，首如飞蓬”，连照镜自恋也懒了。

又如《北越调·斗鹌鹑·紫花儿序》：

病恹恹云衣雨带，冷清清月户风亭，孤另另晨钟暮鼓。信断音疏，枕剩衾余。踟蹰，想起他袅袅婷婷玉不如。动人情处，春风兰蕙，秋水芙蕖。②

相思成疾无药医，以致衣服日渐宽松、如云飘逸，泪湿罗带，滴答不休，这里作者以穿戴来衬托身体的瘦损和整日流泪的悲苦。

总之，沈仕闺怨曲中的女性外在形象美则美矣，但缺少一种活力和灵性，作家是站在优美的画卷之外对画中人做客观的描绘和欣赏。而黄峨闺怨曲中的女性外在形象更加生动，显得血肉丰满，作家在描绘形象的时候倾注了真挚而浓烈的主观感情，可谓是深入形象中。可见，黄峨和沈仕闺怨曲中的女性外在形象的不同展示充分表明男性视角和女性视角对女性的不同观照和书写。

中国古代文学离不开女性形象，女性作为被书写的对象更是频频出现在爱情题材中，而男性书写者和女性书写者对作为书写对象的女性，他们的观照视角和表现视角是完全不同的。通常，在频繁接触私人生活场景和宣泄私人情感的词、曲中，男性书写者往往把女性作为物化的审美对象，甚至是纯肉欲的宣泄对象，特别是那些产生在酒宴歌会上的自娱、娱人之作更是如此。沈仕虽然“身本贵介，志则清真”③，绝意仕进，但也经常游于士夫、缙绅之间，出入于楼堂馆所，参加一些酒会诗社，这为他的创作积累了素材，这种场所产生的作品，其内容不外乎美人娇娥、闺怨情思。沈仕作为男性书写者所写的这些自娱、娱人的应歌之作必然首先将女性作为娱乐玩赏的对象，其次才是以女性身份自抒情怀，这样所书写的女子首先是美人，因为女人只有美，才可引起男性的审美兴趣，以引起感官上的愉悦，带有娱乐的特征，而女性的才德、女性的

① 谢伯阳．全明散曲［M］．济南：齐鲁书社，1994：1760.

② 谢伯阳．全明散曲［M］．济南：齐鲁书社，1994：1763.

③ （清）钱谦益．列朝诗集小传（下册）［M］．上海：上海古籍出版社，2007：481.

情志不是男性关注的重点。

相反，女性书写者不重外在形貌的描写。虽然她们也写女性的妆容打扮、服饰穿着，但其目的是为了抒发和开掘内心情感，是一种侧面描写，没有男性笔下那种把女性物化的观赏性趣味和单纯的感官刺激，所以女性书写中的女性色彩主要表现在女性情感意志的抒发上。黄峨与丈夫聚少离多，独居四十余年，备尝离别的心酸和悲苦，发言为诗，可谓满纸凄凉，可以说黄峨的散曲都凝结着自我人生体验的真情流动，虽然她也写“人憔悴慵将镜看”“蓬松了雏鸦髻朵”“云衣雨带”“风吹绣带”等句子，但目的不是玩赏女性的容颜体态，而是为了表现女性的情志，超越了男性对女性的“物化”观照和感官体验。

二、对女性内在情怀的不同抒发

在沈仕和黄峨的闺怨曲中，除了对女性外在形象的展示不同外，对女性内在情怀的抒发也有很大的不同。黄峨写女性情怀真挚缠绵，情深意长，如其著名的《黄莺儿·雨中遣怀》：“积雨酿轻寒，看繁花树树残，泥涂满眼登临倦。云山几盘，江流几湾，天涯极目空肠断。寄书难，无情征雁，飞不到滇南。”在繁花落尽、细雨飘零的时节，诗人登临思远，极目天涯，视线的尽头是云山重重，江流滔滔，其间万水千山，梦魂不到，征雁难飞。此曲凄楚无奈，沉痛感人，久为传诵，王世贞《艺苑卮言》载杨慎“别和三词，俱不能胜”。①

然而，最可贵的是黄峨写出了女性的自主意识，表现她们大胆的爱情追求，对成双成对的幸福生活的热切期望，敢作敢为，放荡不羁，如《北双调·折桂令》：

> 好花枝、国色天香。你做莺莺，谁做红娘。赛越西施，游吴南浦，窥宋东墙。有千般、风流业样。爱寻常雅淡梳妆。凤也求凰。鸳也思鸯。有分成双，愿早成双。②

而且，她曲中的女性在爱情遭遇阻隔的时候，又能大胆抗争，直言相斥，

---

① 蔡忠，王金星，谭国应．黄峨诗词曲赏析［M］．香港：香港教育出版社，2005：218.

② 谢伯阳．全明散曲［M］．济南：齐鲁书社，1994：1752.

指责负心人，如《北双调·折桂令》：

寄与他三负心那个乔人，不念我病榻连宵，不念我瘴海愁春，不念我剩枕闲衾，不念我乱山空馆，不念我寡宿孤辰。茶不茶饭不饭全无风韵，死不死活不活有甚精神。阻隔音尘，哪个缘因？好事多磨，天也生嗔!①

在她的曲中，即使被人遗弃的女子也不软弱认命，哭哭啼啼，她气愤难当之下是坚决的斗争，咒骂第三者，并且想要恶狠狠地打破他们的鸳鸯梦，如《北双调·雁儿落带得胜令》：

俺也曾娇滴滴徘徊在兰麝房，俺也曾香馥馥绸缪在鲛绡帐。俺也曾颤巍巍擎在他手掌儿中，俺也曾意悬悬阁他在心窝儿上。（得胜令）谁承望忽剌剌金弹打鸳鸯，支楞楞瑶琴别凤凰。我这里冷清清独守莺花寨，他那里笑吟吟相和鱼水乡。难当，小贱才假莺莺的娇模样。休忙，老虔婆恶狠狠做一场。②

黄峨闺怨曲中女性的自主意识不仅表现在爱情意识上，还表现在女性对命运无常的质问，对不能主宰自己命运的感伤和无奈。这种对自我命运的质问和感伤常常与自然界的风雨和花开花落的命运联系在一起，化为笔下春暮花残、柳絮纷纷、流水飘萍的感伤诗境：

红稀绿暗，最是恼人天。恰正是、一片春心怯杜鹃，又那堪、千重别恨调琴懒。③（《南商调·二郎神·琥珀猫儿坠》）

翠被峭寒生，诉离情天未明。泪花落枕红锦冷，邻鸡一声，谯楼五更。纱窗残月愁分影。谩留情，佳人薄命，飞絮逐浮萍。④（《南商调·黄莺儿》其一）

与黄峨相比，沈仕闺怨曲对女性情怀的抒发，主要表现为对女性深闺的孤

---

① 谢伯阳．全明散曲［M］．济南：齐鲁书社，1994：1754.
② 谢伯阳．全明散曲［M］．济南：齐鲁书社，1994：1757.
③ 谢伯阳．全明散曲［M］．济南：齐鲁书社，1994：1760.
④ 谢伯阳．全明散曲［M］．济南：齐鲁书社，1994：1755.

独寂寞的描摹，对相思离别的痛苦的抒写，可谓清词丽句，意象华美，情韵典雅，有“宫体”“花间”遗风，具有美轮美奂的艺术美，但是却缺少一种真情的感发力，有概念化、类型化倾向。

沈仕擅写闺中女性空虚与落寞的情怀，她们被禁锢在深宅大院中，庭院深锁，门楼重闭，尽管锦衣玉食却满怀幽怨。无计留春住，唯有孤独寂寞依东风，粉容憔悴锁丹晕：

> 金梢拖柳，玉池波皱。不惊花外莺翻，蓦见满枝红榴。依东风画阑，依东风画阑，教人怎生消受。又是断肠时候。漫夷犹，怕的是落日黄昏后，寒生翡翠楼。①（《南吕·桂枝香·春闺》）

> 红雨送前春，冷凄凄别院深，落花满地清钱印。愁重几旬，心牵那人。粉容憔悴锁丹晕。最伤神，无情杜宇，啼遍野堂阴。②（《南商调·黄莺儿·闺思》三首其一）

沈仕还有大量诉说相思离别的怨曲，塑造了一个又一个哀怨缠绵的女性形象，她们叨叨的诉说，绵绵的期待，相思成沉痼，清泪淋漓满袖纱：

> 香销兰炷，衾寒芦絮。那堪半壁灯昏，人在雨声深处。把相思暗添，把相思暗添，教我怎生推去。渐成沉痼。较当初，瘦比东阳守，今来恐不如。③（《南吕·桂枝香·冬思》）

> 绿酒歌残，红亭影斜，不堪分手天涯。伤心无奈脸蒸霞，清泪淋漓满袖纱。相留恋，共叹嗟，断肠人似雨中花。离云散，别路赊，夕阳江上月生牙。④（《南仙吕·羽调排歌·惜别》）

从黄峨与沈仕闺怨曲中对女性内在情怀的不同抒发可见，男性的书写和女性书写对女性情感的观照也呈现出明显的性别特征。这是由于女性书写者是从女性的视角入手描摹女性、观照女性，能够更加真切地抒写女性在情感生活中的敏感、细腻的心理，表现她们的苦闷情思、艰难处境和本真的生命体验，是

① 谢伯阳．全明散曲［M］．济南：齐鲁书社，1994：1349.
② 谢伯阳．全明散曲［M］．济南：齐鲁书社，1994：1372.
③ 谢伯阳．全明散曲［M］．济南：齐鲁书社，1994：1348.
④ 谢伯阳．全明散曲［M］．济南：齐鲁书社，1994：1371.

把女性作为具有独立性、主体性的人来书写。而男性书写者往往是将女性形象塑造成自己认定和符合自己需要的形象，他们笔下的女性首先是“美人”，而不是社会意义上的“人”，他们忽略了女性的主体身份，因此他们也无法真正理解女性在男权社会下身份和处境的痛苦，追求爱情的艰难，他们描摹的女性软弱、凄婉、压抑的情感世界符合男性中心社会的审美标准，是男性情感在女性身上的投射。

综上，黄峨与沈仕尽管生活在同一时期，时代的主流意识和审美趣味相同，他们的散曲题材相同，描写对象也相同，但是，由于他们的性别身份的差异使得他们的闺怨曲呈现出明显的性别特征，表现出男性视角和女性视角在文学描写中对女性的不同观照。

诗梦草堂西，偏爱杜陵诗

——论晚清四川女诗人曾懿对杜甫的接受

晚清同治年间，在成都的浣花溪畔，著名才女左锡嘉带领着家中多才多艺的几个女儿成立了女性诗社“浣花诗社”。她们与杜为邻，歌咏草堂，诗酒唱和，追模杜诗，不仅在成都女性诗坛掀起一阵诗歌创作的浪潮，而且对于杜甫在晚清，尤其是在女性读者群体中的接受情况，也提供了一个典型而生动的考察视角。其中，尤以“清代四川闺秀中第一”① 的曾懿的诗歌创作最具代表性。

曾懿（1852—1927），字伯渊，号朗秋，成都华阳县（今成都市双流区）人。江西吉安府知府曾咏、著名女诗人左锡嘉长女，湖南提法使袁学昌（字幼安）妻。曾懿天资聪敏，淑婉纯和，幼承家训，受过良好的家庭教育。凡家中藏书，无所不窥，记忆特好，过目成诵。十岁时，其父曾咏卒于江西任所，曾懿随母回乡，后卜居于浣花草堂。年将及笄，伺母之余，教诸妹以针黹，授幼弟以诗书，无不曲体亲心。其母素雅多才，工诗画，时以书画自娱，曾懿随侍笔砚，遂通绘事，并以丹青运于女红，所绣山水、花卉、翎毛，无不酷肖，精细入微，故名满蜀都。后适江南名士袁学昌，二人琴瑟和谐，风雅唱和。自光绪七年（1881），曾懿从夫宦游闽、浙、皖、赣诸省，历览山水，备受陶冶。后身居官廨，操持内政，不矜不矫，诸事繁纷，然不废学问，特别在文学和医学方面，造诣颇深，卓有所成。有《古欢室诗词集》《曾女士医学全书八种》《女学篇》等著作传世。

---

① 李朝正，李义清．巴蜀历代名媛著作考要［M］．成都：巴蜀书社，1997：242.

一、与杜为邻，歌咏草堂

唐肃宗乾元二年（759）十二月，经过艰难跋涉，杜甫终于在岁末抵达成都。在剑南节度使、成都尹裴冕等人的帮助下，杜甫在浣花溪上游选择了一块环境幽静、风光秀美的地方建造草堂。杜甫在草堂居住共计三年零九个月，作诗240余首，当时成都的风貌、唐朝的形势、民众的哀苦、诗人忧国忧民的怀抱，无不跃然纸上。唐代宗永泰元年（765）五月，杜甫离开成都东下之后，其所建草堂大部分被大历年间任西川节度使的崔宁之妾任氏据为私宅。崔氏夫妇笃信佛教，后来任氏舍宅为寺，名曰梵安寺，又称草堂寺①。唐昭宗天复元年（901），诗人韦庄以左补阙宣慰两川，后应西川节度使王建之聘为西蜀奏记。第二年，韦庄沿浣花溪畔寻得杜甫草堂旧址，在其地重建了一间茅屋，还将自己的诗集命名为《浣花集》，以纪念杜甫②。

到了宋代，宋祁、赵抃等人都在浣花溪畔杜甫草堂遗址上见到了茅屋，其后不存。吕大防于北宋神宗元丰年间（1078—1085）出镇成都，不仅重建了杜甫草堂，还在壁上绘其画像，供人瞻拜。南宋高宗绍兴九年（1139），吏部尚书张焘知成都府兼安抚使，对草堂进行了一番修葺，还遍刻杜诗1400多首于碑上，置于堂之四周，并新建了亭台，新植了竹柏。自此，草堂面貌焕然一新，始具纪念性祠宇的规模。后经元、明、清三代的不断完善，遂成为一处著名的人文景观和文学圣地，受到越来越多文人的朝拜。③

清同治元年（1862），曾咏在与太平军的战斗中阵殁，此时曾懿年仅十岁。两年后，即同治三年（1864），曾懿兄弟姐妹九人随着守寡的母亲扶着父

---

① 据《文选·北山移文》李善注引梁简文帝《草堂传》、唐代高僧道宣《续高僧传·德山传》后所附《益州草堂寺旭上传》等典籍所载，在南北朝时期成都西郊就有一座草堂寺，因此有学者认为杜甫乾元二年岁末初至成都所寄居于西郊的古寺就是草堂寺。杜甫邻近古草堂寺建草堂而居，任氏舍宅为寺即是将一部分草堂舍给了相邻的古草堂寺，而非另建新寺梵安寺。

② 韦蔼《浣花集·序》："辛酉（901）春，（韦庄）应聘为西蜀奏记，明年浣花溪寻得杜工部旧址，虽芜没已久，而柱砥犹存。因命芟夷结茅为一室，盖欲思其人而成其处，非敢广其基构耳。……目之曰《浣花集》，亦杜陵所居之义也。"

③ 周维扬，丁浩．杜甫草堂史话［M］．成都：四川文艺出版社，1997：6—12.

亲的灵柩回到四川华阳[①]，几年后随母移居浣花溪畔草堂之侧，与杜为邻。像唐末诗人韦庄一样，曾懿将其在成都的诗集命名为《浣花集》，可见她是踵武韦庄，表达对杜甫的崇敬，而且她在诗文集中也多次提及杜甫草堂。如《浣花集·浣花草堂新营住宅，山绕溪回，杂花翠竹，好鸟嘤鸣，石濑淙淙，重闺静逸，偶拟三十韵，以写四时佳景，同叔俊四妹、季硕五妹作，寄仲仪三妹》其一云：

> 板舆移向锦城东，杜老《江村》图画中。万古诗魂何处觅？一潭春水碧瀜瀜。[②]

由诗歌首句可知，此诗当作于曾懿随母亲移居浣花溪之后。“杜老《江村》”，即杜甫的《江村》一诗：“清江一曲抱村流，长夏江村事事幽。自去自来堂上燕，相亲相近水中鸥。老妻画纸为棋局，稚子敲针作钓钩。多病所须唯药物，微躯此外更何求？”[③] 杜甫经过四年的颠沛流离，终于在成都西郊的浣花溪畔建了一座草堂，有了一处暂时安居的栖身之所。这里竹篱茅舍，清江环绕，清静幽美。大自然以其恬静幽雅之美，抚慰着诗人饱经丧乱的心。杜诗以江村幽事，叙写了定居草堂后的闲适心境，勾画出一幅素淡恬静的江村闲居图。明代孙钅广认为此诗“有自然之趣”[④]。曾诗前二句写女诗人像曾经的杜甫一样到处漂泊，如今终于在浣花溪畔营造了新的住宅，这里“山绕溪回，杂花翠竹，好鸟嘤鸣，石濑淙淙，重闺静逸”，就像杜甫在《江村》诗中描写的那样美丽清幽，犹如在图画之中。女诗人现在成了杜甫的邻居，在一个晴好的春日，她沿着溪畔“溯游从之”“溯洄从之”，追寻诗圣的“万古诗魂”。浣花溪畔，只见一潭清水充盈弥漫，水波荡漾，言有尽而意无穷。

又如，其十八云：

> 一抹残阳下树梢，草堂清磬出林凹。隔溪浣女归来后，修竹无风

① 左锡嘉《扶柩至家》题下小注云：“甲子正月十日。”甲子为清同治三年（1864），可见左氏携带子女于是年回到成都。

② 曾懿．古欢室诗词集［M］．清光绪三十三年（1907）年刻本。下文所引诗句皆出自此书，不再另行标注，特此说明。

③ 萧涤非主编．杜甫全集校注·卷七［M］．北京：人民文学出版社，2013：1965—1966.

④ 转引自萧涤非主编．杜甫全集校注·卷七［M］．北京：人民文学出版社，2013：1967.

影自敲。

其二十二云：

> 杜老江村秋更凉，残碑断碣卧斜阳。千秋事业归诗卷，剩有吟魂伴草堂。

其十八写诗人傍晚在草堂的所见所闻。夕阳西下，斜挂树梢，从草堂竹林的深处传来阵阵清磬，浣衣少女已经回家，浣衣之声似乎还在敲打着竹林，竹影婆娑，回响阵阵。其二十二写的是残阳之下的草堂秋景，与前诗不同的是，这首诗用特写镜头展现残阳下的残碑断碣。“千秋”句，化用杜甫《梦李白二首》其二中“千秋万岁名，寂寞身后事”句。杜甫认为李白的诗名将流传千秋万岁，但死后之名并无补于生前。曾懿对杜甫的评价犹如当年杜甫对李白的评价一样，认为杜甫的诗歌流传千古，而今草堂还有诗人的梦魂伴随。

再如，其二十八云：

> 结伴探梅傍寺南，雪晴花放少陵龛。痴心每向花前祝，许我来身愿作男。

此诗写冬日草堂，诗人在雪后到草堂探梅寻花。“许我来身愿作男”，表达了女诗人愿为男儿的思想。曾懿撰有《女学篇》，强调女子平权主义的思想，强调女性的重要性，指出如要男女平等，女子应接受教育：“故欲破男尊女卑之说，必以兴女学为第一义。”女子学习之后，“则男女之间能力相等，自无强弱之分矣”[①]，甚至认为女子可能在学习上超过男子：“况女子之心，其专静纯一，且胜于男子，果能教之得法，宜可大胜于男子者。……故男子可学者，女子亦无不可学。”[②] 这首诗表达的情感和《女学篇》的思想较为一致，可见诗人的独特见解。

自光绪七年（1881）曾懿从丈夫袁幼安宦游闽、浙、皖、赣诸省，凡二十多年。当女诗人离开家乡，离开那个诗酒唱和的住所，离开那个如江南一样的美丽地方，她不禁日思夜想，填了16首《忆江南》词，追忆成都的名胜古

① （清）曾懿．女学篇·第二章·夫妇·第二节“平权”［M］．清光绪三十三年刻本．

② （清）曾懿．女学篇·女学总论［M］．清光绪三十三年刻本．

迹、人文景观、民俗风情，表达她“有梦也难寻”（《忆江南》“家乡好，春满锦官城”）的离思之苦。其中有两首是对杜甫草堂的回忆：

其一云：

> 家乡好，家住浣华溪。锦树琪花春妩媚，月台风榭水涟漪，诗梦草堂西。

其四云：

> 家乡好，云拥草堂深。一带寺墙红映水，蔽天高竹昼阴阴，秋月冷诗心。

两首词通俗易懂，清新雅丽。可见女诗人心中魂牵梦绕的依然是那个浣花溪的旧居，那里锦树琪花，那里月台风榭，那里云拥草堂，那里高竹蔽天，那里有她的诗，有她的梦，有她的回忆与憧憬。

总之，建宅浣花溪，与草堂为邻，故而诗人在诗中多次歌咏草堂，甚至见诸梦境。不仅如此，她还和家庭中的其他成员在母亲的带领下成立诗社，诗酒唱和，学习杜诗，其家庭成员同样表现出浓厚的杜甫情结。

二、浣花诗社，诗酒唱和

文人结社是古代伴随着文学活动发展起来的一种重要文学样态，据学者研究，近代文人社团有资料可考者二百三十余个①，而其中闺秀文学结社、家庭结社的集中出现是清代特殊的文化现象。晚清同治年间，在成都浣花溪畔，左锡嘉带领着均擅诗工词的五个儿女——长女曾懿、二女曾玉、三女曾叔俊、四女曾彦、五女曾鸾芷——成立了一个家族闺秀“浣花诗社”，不时进行诗词唱和，“从而形成晚清成都女性诗坛一个著名的闺秀文学社团，在晚清成都女性诗坛掀起一阵诗歌创作的波澜”②。

诗社之所以取名“浣花诗社”，是因为此时左锡嘉及其家人已移居浣花溪

---

① 曹辛华．清末民国旧体诗词结社文献汇编［G］．北京：国家图书馆出版社，2015.

② 莫立民．浣花诗社［N］．《光明日报》，2019－02－18（13）.

畔，与草堂为邻。光绪二十九年（1903），左锡嘉的长子曾光煦在为其妹曾懿《古欢室诗词集》作序时，曾回忆当年家中女性“浣花诗社”诗歌唱和的情形，说道：“回忆浣花溪畔，水木清华，楼榭参差，阑干曲折，豪情壮采，觞咏流连，结社分题，追欢如昨。”① 著名学者缪荃孙亦提及当年诗社的活动：“其家庭唱酬之乐则同，而黻佩相庄，蓝玉竞爽，古今才媛，不可多得之遇。”② 关于“浣花诗社”诗歌联吟的过程，左锡嘉在《浣花诗社歌》一诗中有比较具体的描述，诗云：

> 锦官城外西复西，江桥濯锦通花溪。细柳菖蒲青袅袅，桤林碍日幽禽啼。江上小堂白沙岸，少陵旧宅今壮观。我来结社托比邻，笑辑英灵主诗案。新荷叠翠生微波，水縠红泛芙蕖窠。芳华照人香沁骨，清篇脱手思如何。静女淑姬抱神悟，花底招凉入新句。钿笔飞英环佩低，柳絮因风谁独步？垂髫女郎兴更豪，新声三复重推敲。余音缭绕碧云外，响答松末生虚涛。玉尊写露留清赏，美人茗茗为神往。书盈十幅浣花笺，珠箔晶帘月初上。③

“我来结社托比邻，笑辑英灵主诗案”，可见“浣花诗社”是在她们寓居浣花溪之后才开始建立，而母亲左锡嘉是诗社的组织者与领路人，五个女儿则是诗社的成员，她们在母亲的引领与倡导下，诗酒唱和，联吟竞赛，掀起成都曾氏家族闺秀诗歌创作的高潮。

曾懿也有一首同题之作，诗云：

> 浣花溪水何洋洋，绕溪珍木郁苍苍。楼阁瞰流各低昂，湘帘十二卷夕阳。中有诗人清且扬，芝兰竞秀雁成行。明月为裾云为裳，高谈妙语翰墨香。依依梦锁春草堂，笔花灿烂生辉光。丽句争传碧琳琅，浣溪风月富锦囊。松篁敲韵入潇湘，波光云影皆文章。染墨绮靡不可忘，诗情遥共海天长。诗万卷，酒千觞，吟咏之乐乐未央，但愿人生欢聚永无荒，千秋万岁合与骚人共草堂。

---

① （清）曾光煦．古欢室诗集・序》［M］．清光绪三十三年刻本．

② （清）缪荃孙．古欢室诗集・序》［M］．清光绪三十三年刻本．

③ （清）左锡嘉．冷吟仙馆诗稿・卷六・冷吟集二［M］．清光绪十七年刻本．

和母亲左锡嘉之作相比，曾懿这首《浣花诗社歌》稍显稚嫩，然亦有特色。全诗重点描写成都曾氏闺秀结社联吟的豪情雅兴与诗歌唱和时的热闹场景，结尾五句参差不齐，具有错落之美，表达了诗人希望欢聚永恒的心愿，显示出一个妙龄少女的心理特点。

诗社具体的联吟活动，我们已不可知，但其居家浣花溪畔毗邻的杜甫草堂，曾寓居其中的诗圣杜甫，必然成为她们母女学习和模仿的对象，“杜老为邻敢论诗”（《遣闷》其二）。曾懿《草堂寺赏梅同诸弟妹作》或为当时联吟之作，诗云：

> 梅花如龙粉墙隘，千枝万枝出墙外。香风十里浮紫烟，梅根穿入少陵界。瘦影掩映青苔痕，冰霜炼出逋仙魂。春入梅花花不觉，亭亭玉立悄无言。千层细瓣作一花，千花一树争横斜。万花团成一千树，树树迸作千层霞。霞光照耀绮筵开，冷香如海倾深杯。酒酣摇笔发高歌，杜老诗魂唤起来。

杜甫寓居成都时，好友裴迪曾于上元元年（760）岁暮写了一首《登蜀州东亭送客逢早梅相忆》寄给他，第二年初春，杜甫作《和裴迪登蜀州东亭送客逢早梅相忆见寄》以相答。诗人从裴迪寄赠的早梅诗起兴，生发出许多意绪，抒写暮年羁栖的惆怅。杜甫的咏梅诗历来被推为咏梅诗的上品，明代王世贞认为是“古今咏梅第一”①，清代张溍称为“千古咏梅绝调”②，梅花也成了草堂中最具代表性的花木。

曾懿同弟妹们在草堂赏梅，联吟赋诗。此诗先写梅花旺盛的生命状态，然后对梅花进行细致的刻画，最后写诗人酒酣高歌。诗中的“逋仙”即具有“梅妻鹤子”之称的宋代诗人林逋。“杜老诗魂唤起来”，不仅照应题目“草堂寺”，亦暗指杜甫的咏梅诗。全诗铺排梅花的形态，精丽典雅，精雕细刻，在历代咏梅诗中别具一格。

通观诗社成员的诗歌创作，尤其是成就较高的左锡嘉、曾懿、曾彦三人，她们均从杜诗中获得了许多养料，故而见诸诗中，或化用，或引用，或拟作，

---

① （清）仇兆鳌．杜诗详注·卷九引［M］．北京：中华书局，1999：782.

② （清）张溍．读书堂杜工部诗集注解·卷七［M］．清康熙三十七年读书堂刻本.

或赓和，或追模，或继承，均有创获。

左锡嘉的《拟新婚别》，从题目就可以看出是模拟杜甫的《新婚别》。而且其诗作中亦多次提及杜甫，如“地接黄师塔，居惭杜老邻”（《寒夜感咏》其二）、“古来贫困皆一辙，比邻杜老同行藏”（《返北乡遇雨》）、“杜老结邻秋风里……一饭不忘足千古”（《题吴春海御史望云就日图》）①。按，“一饭不忘君”，是苏轼对杜甫的评价，语出蔡梦弼《杜工部草堂诗话》卷一：“东坡《苏子瞻诗话》曰：古今诗人众矣，而子美独为首者，岂非以其流落饥寒，终身不用，而一饭未尝忘君也欤？”②《移居百花潭答赵悟莲》中“背郭堂成傍水隈”，即化用杜甫《堂成》“背郭堂成荫白茅”句。“安得春风被原野，还期膏雨满重城”（《述怀呈缪仲英舅氏》其四），则有杜甫“安得广厦千万间，大庇天下寒士俱欢颜”（《茅屋为秋风所破歌》）的味道。“幸有故人官道傍，心如皎月情兴长”（《返北乡遇雨》）显然脱胎于杜甫的《江村》：“但有故人供禄米，微躯此外更何求。”《淫雨叹》中“朱门日夕厌歌舞，宾客满座催醍醐，谁闻农家号且呼？昨登新谷芽龋龋”，与杜甫《自京赴奉先县咏怀五百字》中“朱门酒肉臭，路有冻死骨”的强烈对比有异曲同工之妙。

曾懿对杜诗的追模详见下文，这里就曾彦《拟杜子美咏物诗同子馥作》试做分析，以见其对杜甫咏物诗的接受。曾彦（1857—1890），字季硕，左锡嘉第四女，曾懿妹，汉州（今四川省广汉市）进士、山西乡试同考官、陕西怀远县知县张祥龄妻。同乃姐曾懿一样，曾彦不仅善诗词，又工书法篆隶，多才多艺。曾学诗于著名诗人王闿运，“尤工五律诗，意味隽永，雅似唐人”③，有《桐凤集》《虔共室遗集》等诗集传世。

在曾彦的两种诗集中，咏物诗几乎占去半壁江山，可见其对咏物诗的喜爱，其中有13篇五言律诗模拟杜甫的咏物诗，即《天河》《初月》《捣衣》《归燕》《促织》《萤火》《蒹葭》《苦竹》《除架》《废畦》《夕烽》《秋笛》《空囊》。另外，据《孺人拟少陵诸作数拟此题未成属予代作因循未果今忽奄

---

① （清）左锡嘉．题吴春海御史望云就日图［A］．冷吟仙馆诗稿·卷六·冷吟集二［M］．清光绪十七年刻本．

② 张忠纲．杜甫诗话六种校注［M］．济南：齐鲁书社，2002：101．

③ 李朝正，李义清．巴蜀历代名媛著作考要［M］．成都：巴蜀书社，1997：249．

逝乃以集中此诗补之（祥龄注）》可知，曾彦曾打算拟写杜甫的其他咏物诗，但“数拟此题未成”，于是嘱托夫君张祥龄代作，即《病马》《蕃剑》《铜瓶》。三首诗虽然不是曾彦所作，但其对杜甫咏物诗的喜爱与追模由此可见一番。

综上可见，左锡嘉一家人移居浣花溪后，成立了“浣花诗社”，诗酒唱和，因其宅邸靠近杜甫草堂，故而在左锡嘉的影响下，子女的诗歌创作也积极主动学习、模拟杜诗，这其中，以曾懿对杜甫的接受最为成功。

三、偏爱杜甫，追模杜诗

缪荃孙给曾懿的《古欢室诗词集》作序时云：“唐音宋派，卓然名家。盖以冷云为之母，红蕉为之姑，蜀章、季硕为之弟、妹，家学渊源，流传有绪，根柢厚而阅历深，自不同于嘤鸣以为声，襞绩以为富者。”① 认为曾懿诗歌渊源有自，其母（冷云）、其姑（红蕉）、其弟（蜀章）、其妹（季硕）对她均有影响，“唐音宋派，卓然名家”。其实，检阅曾懿的诗集，我们不难发现：她不仅诗学唐宋，更是转益多师。

我们将其诗集中模拟或唱和前人的诗题一一摘录如下：《拟鲍明远数诗贻蜀章三弟、季章四弟》（《浣华集》）；《拟刘文学感遇》《拟魏文帝游宴》《消夏拟子夜歌》《拟古诗六首·拟行行重行行》《拟今日良宴会》《拟涉江采芙蓉》《拟迢迢牵牛星》《拟兰若生朝阳》《拟庭中有奇树》（《鸣鸾集》）；《咏雪用东坡尖义韵》《春雨病起感怀再叠尖义韵》《风风雨雨已过花朝万物虽含春意尚无艳阳景象北地春寒花开较迟之故寒窗与幼安小酌偶拟元微之生春诗十首》《仲冬既望积雨阁云朔风酿雪寒窗寂坐偶用东坡尖义韵以寄俪文表妹鉴堂表弟》《拟高青丘梅花并用其韵寄外子细阳》《秋柳和渔洋原韵寄旭初二哥定远叔俊四妹寿州》（《飞鸿集》）。这里涉及的诗人有鲍照、刘桢、曹丕、元稹、苏轼、高启、王士禛等，诗作有《子夜歌》《古诗十九首》等，由此可见她对前人诗歌作品的谙熟和学习。

---

① （清）缪荃孙．古欢室诗集序［A］．曾懿．古欢室诗词集［M］．清光绪三十三年刻本．

历代众多的诗人，曾懿最欣赏的当是屈原和杜甫，她说："却病怕爱屈子赋，多愁偏爱杜陵诗。"(《寒夜病中怀季硕五妹并寄旭初二兄京都》其四）曾光煦亦曾说："（曾懿）各体兼备，全从性灵中流出。古风则宗谢、鲍，近体颇类李、杜。"① 可见杜甫对其创作的影响，尤其是当她漂泊思亲、羁旅愁思之际，杜诗便像一位知心好友，与之作伴，为之解愁。曾懿诗作《辛卯秋，赴太和，阻雨六安，正白云在天，苍波无极。回忆故乡，骨肉大半天涯，死别生离，不胜悲感，因和杜陵〈秋兴八首〉以寄兄弟姊妹》，便是追和杜甫《秋兴八首》。组诗云：

其一

萧瑟寒飚撼古林，山川秋气郁森森。苍烟带雨迷衰草，白露横江敛夕阴。关月冷悬游子梦，蜀鹃啼碎故乡心。霜侵篷背征衣薄，怕听潮声咽暮砧。

其二

极目长空雁字斜，天涯有弟倚京华。九阶露渥凌云翼，万里心萦碧海槎。日暮霜寒愁作客，山高城小怯闻笳。何时共饮茱萸酒？笑傲东篱醉菊花。(此忆三、四弟于京华。)

其三

出岫晴云媚曙晖，鸣泉百尺橹声微。舟回山翠侵衣湿，人倚清空羡鸟飞。歧路悲丝嗟远别，青春聚首愿无违。消愁惟有诗千卷，红叶霜浓秋正肥。(丁丑，余归闽中，叔俊四妹归铜梁，同时分手，幸将来皖，心窃慰之。)

其四

斗酒新诗玉局棋，鹡鸰飞散忽成悲。魂招闽海春三月，肠断吴山秋尽时。毕竟有才天意妒，忍教永别痛心驰。鸣琅佩玉他年赠，遗我怀中千载思。(庚辰春得仲仪三妹耗于闽，去秋季硕五妹又卒于吴。忆囊时花萼连芳，欢乐无极，不意丁年一别，竟成永诀。痛哉!)

① （清）曾光煦．古欢室诗集序［A］．曾懿．古欢室诗词集［M］．清光绪三十三年刻本．

其五

百花潭水对峨山，叆叇慈云入望间。楼榭遥连杜老宅，松筠翠锁故乡关。兰闺多病怜游子，莱彩何年慰母颜？脉脉寸心犹绕膝，承欢频有梦随班。（此忆故乡风景，尤觉魂依慈母。）

其六

扁舟夜宿碧山头，枫叶斜阳艳暮秋。月隐闽峤鱼信杳，云封剑阁雁书愁。一官淡泊清如鹤，同病相怜瘦似鸥。记得昔年离别苦，不堪风雪过忠州。（大哥官闽，二哥官晋，均极清廉。二嫂多病，昔日相待最厚，至今犹恋恋不忘。）

其七

文成织锦夺天工，贻我诗囊襟带中。寡鹄悲鸣咏素月，茅庐课读伴秋风。桂湖终古埋愁绿，纨扇题诗渍泪红。宦海飘蓬无定所，何如渔父与村翁！（孟昭大姊、静专从妹，精于绣工，均操柏志。茝香六妹，卒于新都。昔日持扇索诗，至今留于匣中。）

其八

平畴雨润绿逶迤，疏柳含秋映泽陂。衙古松蟠苍翠盖，庭闲菊剩傲霜枝。年年愁病风尘苦，夜夜乡心四海移。珍重天涯诸弟妹，莫教两鬓雪丝垂。（此到太和署景，总结前七章。）

杜甫的组诗《秋兴八首》作于大历元年（766）秋，代表了他在近体诗创作上的最高成就。全诗八首蝉联，前呼后点，脉络贯通，结构严谨，是一个有机的整体。八首之中，第一首总起，统率后面七篇。前三首写夔州秋景，感慨不得志的平生，第四首为前后过渡之枢纽，后四首写所思之长安，抒发“处江湖之远则忧其君”的情愫。身居巫峡而心系长安，就是杜甫《秋兴八首》组诗的主要内容和线索。七首诗于凄清哀怨中，具沉雄博丽的意境，格律精工，词彩华茂，沉郁顿挫，悲壮凄凉，意境深宏，读来令人荡气回肠。《杜诗言志》评价说：“盖唐人七律，以老杜为最。而老杜七律，又以此八首为最者，以其生平之所郁结，与其遭际，暨其伤感，一时荟萃，形为慷慨悲歌，遂为千古之绝调。"①

据诗题，曾懿的和诗作于"辛卯秋"，即光绪十七年（1891），这一年，曾懿从丈夫袁幼安宦游在皖。诗人赶赴太和的途中遭遇大雨，而六安晴天，苍波无极，不禁回忆故乡，思念亲人，想到大半天涯，死别生离，不胜悲感，于是和杜甫《秋兴八首》，表达对兄弟姊妹的眷念之情。

其一主要写景，"一切景语皆情语"，诗人通过众多密集的意象：寒飚、古林、山川、苍烟、带雨、衰草、白露、江、夕阳、霜、征衣、潮声，营造了一种悲凉凄惨的诗歌意境，而"关月冷悬游子梦，蜀鹃啼碎故乡心"乃是全诗关键所在，尤其是"故乡心"为全诗诗眼，表达了对亲人的思念之情。据诗中小注，其二回忆远在京华的三弟、四弟；其三追忆与叔俊四妹的分别，期待来日的相遇；其四写先后得到仲仪三妹、季硕五妹去世的噩耗，诗人回忆起花萼连芳的青葱岁月，不禁悲从中来；其五回想故乡风景，想到慈母的教诲；其六记念远在他乡做官的两个哥哥，尤恋恋不忘二嫂曾经对自己的厚待；其七想念姊妹，追思逝去的茝香六妹；其八主要写太和署景，照应第一首，总结前七首，"夜夜乡心"与首篇"故乡心"遥相呼应。

与杜甫《秋兴八首》一样，此组诗前呼后点，脉络贯通，亦组成一个有机的整体，而贯穿其中的主线则是对母亲、兄弟姐妹的拳拳思念之情，即"故乡心"。八首诗有叙述，有景，有情，情景结合，寓情于景，是历代赓和《秋兴八首》中不可多得的成功之作，也是曾懿诗中具有代表性的组诗。

另外，杜甫继承并发展了《诗经》以来的现实主义文学传统，开创了"即事名篇"的乐府新题的命题方法，彻底结束了前人用旧题写新事的文不对题的局面，为后来白居易等人倡导的新乐府运动奠定了基石。曾懿诗歌既有旧题乐府，如《消夏子夜歌》《巫山高》，也有新题乐府，其中《彭烈妇行》就是一篇"即事名篇"的新题乐府，是为当时殉节的全椒薛茂才妻子彭氏所写的一首赞歌。又如《惜昔篇八十韵》，五排八十韵，洋洋洒洒八百字，"感怀身世，叙述家庭，婉转绸缪，性真毕露，均非寻常闺秀之作可比拟"②，从中

① （清）佚名．杜诗言志·卷十一［M］．南京：江苏人民出版社，1983：225.
② 李朝正，李义清．巴蜀历代名媛著作考要［M］．成都：巴蜀书社，1997：242.

可以看出杜甫长诗《自京赴奉先县咏怀五百字》和《北征》的影子。

结语

近代著名女诗人屈蕙纕在为曾懿的诗集作序时说："诗家至杜工部而称圣，然其诗以入蜀后乃益工。蜀中山水之灵，蓬郁以助其气也。工部生逢乱世，间关奔走，崎岖戎幕，系怀君国，慨念时艰，故即景物流连而悲壮苍凉，寄其忠爱之志，至于亲朋骨肉，患难分离，故国乡关，伤心触目，每一下笔，则缠绵悱恻，读者为之神往，此其过人之性自然流露，固有不求工而工者，所以推为千古绝唱也。伯渊夫人，蜀之名媛，家在草堂之旁，世笃忠贞，门有通德，姊妹昆季，皆以诗鸣于时，盖生于工部寄迹之乡，而又得山水之秀，灵气萃于一门，故其为诗，能洒落凡近，情深语挚，真浣花之嗣音乎！当其家园团聚，群季联吟，赋物写怀，则清微澹远。既而于归袁幼安大令，筮仕皖江，而诸妹分裾，各随宦辙。伯仲亦京华谒选，雁行远道，振翮分飞，离合不常，欢忧异候，则凡唱随之作，离索之思，音书之间，靡不本其肫挚，发于歌辞，婉转绸缪，性真毕露，杜家之衣钵，独得真传，境遇虽殊，何神气之绝似耶？"① 不仅指出了杜甫入蜀之后诗歌"得江山之助"，诗风变化，更着重指出了二人相似的经历和杜甫对曾懿诗歌创作上的影响。她认为曾懿的诗"洒落凡近，情深语挚"，境遇虽殊，神气绝似，乃少陵之嗣音，得杜家之衣钵！此评甚是。

---

① （清）屈蕙纕．古欢室诗词集序［A］．曾懿．古欢室诗词集［M］．清光绪三十三年刻本。

巴蜀文学文献辑补

陈炳魁诗文辑佚

陈炳魁，字黼廷，一作辅廷，号甫丞，成都府灌县（今都江堰市）人。清同治三年（1864）甲子科、带补辛酉科（1861）举人，两度会试不第，归而主讲岷江书院十余年，为人正直，治学严谨，后为眉州（今眉山市）学正。生平事迹见（光绪）《增修灌县志》卷八、（民国）《灌县志》卷一〇、卷一一，（民国）《灌县志》附《灌志文征》卷一。

据（民国）《灌县志》卷六《艺文志》著录，陈炳魁著有《黼廷文存》二卷，已佚。（民国）《灌县志》附《灌志文征》卷九收录其诗《都江堰歌》1首，卷一至卷六收其文30篇。又，清人王增祺所编《诗缘正编》收其诗2首。炳魁文集不存，但《灌志文征》收录颇丰，疑30篇乃其全部文章。

炳魁为灌县人，其现存的33篇（首）诗文作品，大部分都和都江堰有关。《都江堰歌》是一首长诗，共129句，对都江堰的建制、沿革、功能等情况进行了铺陈描写，对其进行了歌颂，在历代咏都江堰的诗歌中属于长篇巨制。30篇文章中，《上吴制军恳拨捐输呈词》《请免缴解摊派加工银禀》《请设水当禀》《募捐河工经费启》等文记载了同治、光绪年间都江堰的岁修、管理、治理等方面的制度，《岷江上源考》《岷江各支流考》等文介绍了岷江和都江堰的关系，还有《灌县西路记》等文记录了和都江堰道路有关的情况，另外还有一些给当时灌县人所写的传记、墓表、墓志铭等。通过这些名不见经传的"小人物"，我们可以了解当时灌县的社会状况、风俗习惯、人民心理状态等等，应该说，这些文章可以补史之阙，具有很高的历史文献价值。

陈炳魁著作已佚，然《灌志文征》所收较丰，今依照《灌志文征》的体例，对其诗文进行辑佚，并附《诗缘正编》所收2首诗于文末。

一、卷一“政议”

1. 上吴制军留任胡明府书

为恳准留任，保障地方事。缘灌邑壤接汶、茂，省垣赖其藩篱，江别湔、沱，成属资其灌溉。边防水利，实关至要。赖有贤能之吏，久任而振饬之，乃悉有备而无患。去夏，邑之西南隅，山匪蠢动，一炬横飞，两河震恐。祸酿荒僻，伏莽孔多，变起须臾，束手无策。邑之情势，几如累卵。幸蒙宪台檄委县主署理，会同将领，济以和衷，激励绅团，晓以大义。不旬日间，兵团协力，扫穴擒渠，立报戡靖。由是日坐堂皇，判积案者数百；密锄稂莠，破劫案者数十。息民争，即以和民气；治盗首，即以警盗从。下一纸，行一令，事事悉中机宜。故涖任未及一月，而四境帖然。且邑北关外，沿城义冢累累，千数年来，番夷视为牧场，驱放牛马，蹂躏骨骸，伤心惨目，莫敢谁何。县主一示严禁，番夷莫不敛迹。诚绥定地力之良吏，亦弹压边陲之干员也。近者，梭磨诸夷互相仇杀，讹言浮动，人心恐惶，咸冀县主留任，则邑境之盗匪，无由潜滋，而番地之传闻，倍深詟服，内固元气，外树风声，其有助边防者，当非浅鲜矣。

邑自同治三年，三道崖下凿去石脚支水，离堆山脚遂叠次崩塌，而都江堰人字堤亦连年冲决。用水各州县，彼不伤旱，此即伤涝。去冬，县主通禀各宪培修离堆，保固灌口，治水之源，诚为要务。更勘屡年所坏田亩，不忍数万膏腴之地，竟为一片沙砾之场。添堤七百余丈，淘河五千余方，栽柳二千余株，冒雪冲霜，亲为劝课，筹款设局，备极经营，而内外各河民工，亦几大备。今正内江断流，县主诣河道，勘堰工，复审凿坏之处，乃谕离堆局士曰：“堰水未进宝瓶口，北岸三道崖下，插脚如鸡距，支水而缓其湍悍也。南堰指水堤下，作堤如人字，让水而使其潆洄也。当中离堆山下，穿孔如象鼻，潴水而免其冲激也。堰水增减之宜，赖离堆山口以检制之。离堆障峙之久，赖三道崖脚以支护之。此因山治水，李王所以特创奇功也。今培补离堆，必修复三道崖，始为永远完善之策。”邑人随即具呈恳修，旋蒙面谕，春耕已迩，堰水将开。

时既孔迫，工难猝兴，而修复遂以不果。

士民等窃见县主莅任以来，赈火灾，济水患，以苏困穷；联保甲，练勇丁，以备守望；葺城垣，修街道，以壮观瞻；培文庙，增考棚，以崇教化；升奎阁，建字库，以补风脉；购山地，施义冢，以惠葬埋。数月之内，凡事之有利士民者，靡不捐廉倡首，竭力尽心而为之。况此补崖脚以保离堆，关系十四州县之水利乎？且李王筑堰分江，凿山引水，二千余载矣。淘作深浅之规，盈歉蓄泄之准，类多备志而详言之。至三道崖石脚支水，存则离堆可保，去则离堆可危，从未有道及于斯者。今县主谆谕修复，则是巧述之精心，直契智创之妙用也。倘蒙久任斯土，填石补崖，形仍斜障，吞流吐水，势不直冲，奚致治水之不若古耶？士民等回首燎扬，幸苏时雨，惊心荡析，冀挽狂澜。官长去留之柄，操之上宪，固不敢越例而妄干；地方利病之端，受之小民，遂不禁沥情而吁请。是以具呈协恳宪台垂怜愚诚，赏准留任。内地愈安，则边防以固；古迹可复，则水利以均。是县主之功懋保障，实宪台之泽沛安全，士民等世世顶祝无尽矣。

2. 上吴制军恳拨捐输呈词

为叩恳恩恤，俾成要工，以弭旱涝事。缘邑去岁水决，都江堰内江之水，滚归外江。至新渡口、深溪坎、张家碾等处，冲没新河。当笼堤南面新决一河，口宽二百余丈，逼近黑石河，坏田二万余亩，下入宣家渡。西面新决一河，口宽二十余丈，滚归黑石河，坏田八百余亩，下冲布袋口。县主以决处关系甚大，若不兴工保固，则春夏江水一发，仍然滚归决处，黑石河必成大江。邑之西南数十里，及崇庆州东北百余里，固遭水溢之患，而温、双等邑，亦将纷纷以水乏告矣。是以据情通禀，蒙宪台批饬，筹款兴修。委员钱主，会同崇庆州李主、县主，履勘外江新河当及黑石河新埂子等处，估计工费银五六千两，札饬两治筹办。崇庆州仅认培修同治六年所办黑石河汤家湾一处，邑遂独办新河当、新埂子等工。举人等奉县主札饬经理，准拨社济仓闲款银三百二十两，及外借银八百两，以作河工垫款。上自新渡口，下至王家船，开故道以顺直流之性。上自陈家渡，下至骆家船，作新堤以杜横决之渐。又于新埂子东，浚柴家坎，开湃缺以杀泛涨之势。淘河则二万七千六百零五方，筑堤则七百三十丈，及装长笼一千三百二十条，尖笼八百二十个，共计工价银四千五百九十二两九钱五分。

二月二十三日，道宪临县开水，举人等具呈粘单叩恳，蒙准亲勘。嗣于开水之后，细察水势，禀明县主。又于深溪坎、张家碾，及新渡口、新埂子上下等处，添修堤埂六百七十丈，工价银八百一十两零六钱。前后河工，共计需银五千四百零三两五钱五分。

粘单附电惨。

邑外江居民，数年以来，叠被水灾，半伤元气。去岁又新决两河，荡啮坟庐，漂没禾稼，沿河上下，几无以生。一闻宪台饬筹工款，修理河道，甃石作堤，则狂澜可挽；淤沙成地，则失业可还，莫不欣然，遂有起色。又蒙道宪亲勘河工，饬催经费，即有刁劣阻挠之徒，亦皆懔然生畏，幡然知悔，而颂惠我田畴。无如濒河一带地方，概皆瘠土，率多穷民，屈指上户，百无一二，约计中户，十仅三四。县主所以体恤舆情，酌定工款，除贫户豁免外，既量力而议派之，又分局以劝缴之。迄今四月有余，始收银二千二百余两。即更挨门逐户，酌派靡遗，朝骛夕驰，催缴遍至。而沿河西南，地狭且短，不过再收银七八百两，勉凑三千余两之数。民力已觉悉竭，工款更无可筹，万难收足五千四百余两，使要工得以及时告成。

举人等计此初夏之时，积雪已消，大雨将降。前蒙道宪赏勘之功，虽次第毕完，而后禀县主准添之工，尚支绌未就。倘河水突然泛涨，一堤偶缺，则众堤徒劳；后功稍疏，则前功尽弃，何以保农田而均水利？伏见同治八年，前任柳主筹办走马河、农坛湾、易家桥，民工共收花户银一千四百两。禀请前任藩宪，准拨本邑捐输银一千四百三十六两，始将河工告竣。况此次所办河工，备筑旁溢之河口，使外江之水不至斜滚黑石河，而入木江河、龙安河，固为崇、灌杜其泛滥。深浚淤塞之河心，使外江之水，得以直下金马河，而分杨柳河、玉石河，更为温、双溥其灌溉，则是灌邑一隅之河工，实关成属数县之田业。是以叩恳宪台，格外垂怜，查照前案，即择劳之善政，施抚恤之厚恩，准拨本邑备捐款银二千余两，给发夫徒工价，俾要工得以一一完竣，则此不伤涝，彼不伤旱，邑与崇庆、温、双数州县，共沐治水之功德于无穷矣。谨呈。

3. 请免缴解摊派加工银禀

禀者：窃邑都江大小官堰，为十四属水利之源。去岁，水利曾主请加河工银五千二百余两。蒙各宪轸念民瘼，准拨科场款项发领，支用工竣开水，而后各州县计亩摊派。邑应解缴银六百两，所以填库款而均民力也。第邑境半山，水上甚硗瘠。同治五年、六年以来，外江沙沟河、黑石河、羊马河，漂没良田四万余亩。蒙各宪札饬前任杨主、钱主两次设法抚恤，去腊又饬筹办外江民工，工凡十一处，今春次第完竣，共费银七千余两。五月初旬，恩台复饬抢挖新河当二百余丈，用银二百四十余两。沿河遍为劝捐，民力备形拮据。及秋，山雨连绵，江水泛涨，邑内南北诸渠各处多有淤塞漂刷，惟内江走马河水至农坛下游，上因岸折，下为堰逼，势更湍悍异常，遂至横决一百余丈，滚入新开河，坏田一千余亩。恩台现在一面禀请委勘，一面传集绅粮，估计约费银贰千余两。修浚始克，完工可补官工所不及。

查走马河下分五斗河、羊子河、徐堰河、油子河，系成、华、温、郫、崇、双之灌溉。及去岁所办沙沟河、黑石河、羊马河等工，下分白江河、龙安河、杨柳河，亦系崇、新、温、双之灌溉。上游必杜其冲决，下游始免夫旱干，是邑之筹兴民工有关各县农田者，匪浅也。伏念数年之间，叠遭荡析，一岁之内，屡事修淘，恩台两河赤子，元气未复，疮痍倍增，恐财力有所不支，而旱涝必病交至。是以协恳恩台，通禀各宪，将摊派加工银两，吁请豁免。略为洒派用水各县，则各县毫末之助，遂足济夫灌邑。而灌邑堤岸之修，实兼利夫各县。庶劳逸得均，而水旱无虞矣。谨禀。

4. 请设水当禀

为恳请立案设水当，以永保固事。缘黑石河冲没粮田，蒙恩通禀各宪，以抚恤银五百一十四两，移作河工，并札饬沿河捐助。自索桥及柴家坎、新埂子、黑石当、苏家桥，兴工各要地，实用银五千六百三十八两九钱二分，用钱九百四十二千文。恩台不惮风霜，亲为劝课，成此非常之功，使水复归故道，士民等沾感何穷！第两年以来，黑石河良田冲没成河，实有四万余亩，受灾最为惨苦。今又凑此巨款，捐助备极艰难。倘河工每年不能培补，恐堤笼一有损坏，田存者终归荡啮，田坏者万难垦复。两岸居民益就穷困，又何以下安生业，而上供国课？士民等窃以同治五年杨主禀请抚恤，奏达宸聪。恩台又请免捐输七千两，无非为黑石河水灾而请，即两年通禀委勘冲没成河之田，亦实载粮一百，余粮及一百六十余两。是以协恳恩台赏准沿河被灾捐助河工花户，拨粮四百两，立案编为惠济水当。通禀各宪，豁免捐输及杂派差徭，俾按粮派捐水钱，逐年培补堤笼，则已成之功，得以永远保护，而既没之田，亦以渐次淤复。两岸花户不终有粮无田，难以安耕凿而奉贡赋。恩台之仁心仁政，永垂不朽矣。

5. 四川布政使李按察使曹保护灵岩山示

为示禁侵毁以垂永久事，照得生成广大覆帱，本自无私，发育充周，山泽于焉通气。灵岩寺者，宅江源之竣巘，标胜迹于有唐。接岫连峰，通天彭之阙。占氛候景，联井络之精。偶逢旱暵商霖，则应祷而来。小住精蓝，佛雨共飞花而堕。神灯夜出，炬闪星芒。古树烟笼，根蟠仙植。诚天府之奥区，为真灵所栖托。往者寺僧盗卖山树，耗废寺田，林峦减色，翳荟一空，龙象生尘，痡瘵再见。金有寒而石有泐，物换者星移。日斯迈而月斯征，风萧兮雨晦。匪感奚通？惟诚可格。

粤岁在甲戌之夏，逢雨泽之愆期；维民切庚癸之呼，喜滂沱之立沛。于是人以悦来，工由心竞。分八德之水，思汇川流；合七宝之光，车圆月窟。涌山寺僧俊者，为众所推，俾董厥事。韡章既举，盂钵亲持，得檀那所施者二千八百二十余缗，出其所耕所储者一万余缗，葺殿之九楹七楹者七，门之七楹五楹者二，树杉松五万二千余本，赎还山地三百亩，增购水田十一亩，圆成一切，普利十方，固已手转法轮，得人天之欢喜。咒回枯树，极莲宇之岧峣矣。独是易竭者，物力难同者，人情惧修罗之劫，生雀穿屋角，恐毗岚之风动蠹蚀榱心。或营私而废公，或巧偷而豪夺，或苟安而补漏已迟，或虚掷而酬金立尽。凡兹侵毁之弊，皆宜遏绝其源，合衔出示，严禁为此，示仰绅耆住持及诸色人等知悉。

兹寺创修最久，明赫孔昭，美哉轮！美哉奂！事本出于人为，俾尔炽！俾尔昌福！必臻于神贶，倘有残毁，树株侵渔地界，许呈报地方官，随时察讯，按法究惩。如住持经理乖宜，焚献不谨，侵牟财用，私伐杉松，查出重治以罪。甚且更易其人，共为呵护，勿替前功。敢有故违立，予严谴！庶几山含其秀，若睹群岳之再朝；民乐且康，允润沃野之千里。各发宏誓，永鉴贞珉。特示。

6. 四川总督部堂赵札文　附原详按川督为赵尔巽、布政使为王人文

为札饬事：据布政使司呈详，署成都水利知事钱茂请，将有功水利先哲建祠立主。会县祭祀，查该原折开列人名，颇有疏漏，拟饬详加搜考，并查核诸公仕履、年贯、事迹，分制小传，刻订成书籍，作《堰功掌故》一案。据此当经本部堂批，据详甚是。候檄饬水利同知遵照办理，先后任均不得互相推诿，以襄盛举。钱署丞系发起人员，未离任所，尤应悉心搜考，移交并登报宣布。凡有可补遗者，无论何人许，即录送该厅，俾资参证。此檄除批印回外，合就札行为此札，仰该同知，即便遵照办理此札。

布政使司王详为详请事案，奉宪台批据，署成都水利同知钱茂详请，将有功水利先哲建祠立主会县祭祀一案，遵即录批，分别移行，并据该署丞开折具详到司各在案，惟查折开有功江堰立主祠龛者，自禹以下三十一人，大致粗具，而疏漏者颇多。李唐三百年，名臣宦蜀，史不绝书，何至留心堤堰，阒无其人，然此犹时代较远也。有明去今尚近，其时官吏尤能注意堰工，就《通志》所载，如成化九年巡抚夏损，以远人赴役不便，将郫、灌杂派科差均摊得水，州县专备工料以供堰务。弘治九年，添设佥事，专督堰工。时灌县知县胡光伐石冶金，即旧址甃砌为防，贯以铁锭柱三，使当湍势，石堤中贯铁处固以油灰。正德间，卢翊均役作笼，即因其成绩。今既列卢翊，不应独遗夏埙、胡光。又嘉靖间，成都守蒋宗鲁欲修秦守之政，具事以请宪副施君檄，崇宁尹刘守德、灌尹王来聘，谋铸铁牛，昼夜勤事，绝流、浚沙、凿江底。及牛成，迎水之冲，欢声震山谷，同事通判张仁度亦与有劳。万历乙亥，江溢堤圮，成都知府徐元鼎、灌县知县萧奇熊，列状修复；巡抚御史郭庄虑益深长，增以铁柱，命寻牛趾而浚之，诸岸间植三十铁柱，又树柱以石，护岸以堤；水利佥事杜诗亦相与悉心区画，凡此皆与胡子祺、吕翀后先辉映，或功业更居其右，皆应分别补入者。

逮乎国朝，经献逆乱后，堤堰尽决，沙石填淤。顺治十六年，巡抚高民瞻、监军道程翊凤，倡首捐集银二千有奇，缘李冰旧制，修筑淘凿，以开民利。十八年，巡抚佟凤彩继之，今有佟公而无高、程两公，亦殊未允。至乾隆间[①]，布政

① 按，隆，原作“陆”，形近而讹，径改。

使林儁初守成都，修都江各堰，通济农田；布政使姚令仪先在成都府任，修葺江堰，亦卓越有声。两藩司政绩载入志乘，彰彰在人耳目间，似均未可听其湮没者。本司役心簿领，无暇旁搜，尚能得其一二，则此外散见于古籍雅记及府县志者，当更不乏其人。

该署丞官处闲曹，责司水利，既能发起此举，必须略求完备，庶食德服畴者，不至数典而忘祖。而兴利除害者，皆获崇德，而报功合无，仰恳宪恩，据详檄饬。钱署丞茂，按照所指诸先哲，补主入祠，一面咨访绅耆，搜考传记，凡属有功于堰，皆应附祀于龛，毋滥毋遗，必求翔实。并悉心查取诸公仕履、年贯、事迹，分制小传，刻订成书。非徒发潜德之幽光，兼可作堰工之掌故，甚盛事也！

再，满蒙人员，多不著姓氏，以名首一字行，然既书木主，宜正姓名，如巡抚宪德，姓西鲁特氏，当冠以西鲁特公，某巡抚硕色姓乌雅氏，当冠以乌雅公。某今称宪公、德硕公，色是分折其名矣，他可类推。

又，文翁名党，系庐江舒人，诸公皆列名，不应文翁独缺，亦须补填。至先后位置，既以时序，则强望泰系道光时任，名业卓然，见有强公祠在城外，蜀人称到于今，应列在同治间之钱璋以上。凡若此类，均请饬令，一并详核更正，免贻后人訾议。是否有当，理合具文，详请宪台俯赐察核批示，饬遵为此具由呈乞照详施行。宣统二年十月日。

7. 邑绅请崇祀乡贤呈

窃以宣尼扬善，泣遗爱于郑侨；赵孟思贤，伤不作者；随会望高密而流连，通德过大梁则仁想夷门。发彼幽光，永怀前哲，昭兹来许，典式后人。昔有明徵，今岂或异？清渠县训导罗凤藻者，职备学官，敦崇实践，溯其生平事迹，类皆屏绝浮华。壮岁游庠，递食廪饩，周甲入贡，棒檄明伦，告老归田，隐居没齿，遇有通塞，道全始终。其初教学闾阎，助供菽水，周旋故旧，伸敬梓乡。裁成则负笈滋多，质讼或望庐而返。诚能动物，人无间言。及夫秉铎宣风，益复惓怀同气；迭分仁糈，窃比义庄因禄。养未能逮亲，辄推爱及其犹子。至于兼善，亦惬素心。手辑陈编，意存训俗，曰福善、曰昌言、曰养正、曰劝戒，屡刊书籍，悉出俸钱，科岁散给。诸生平日投赠同好，前后何止千部，观感且及万人。事半功多，言近旨远。学使加礼，评以古貌古心；耆宿归仁，服其不随不激。且兹言教，亦本躬行，寒畯束脩，慨然焚券；凶年施粥，导以捐廉。以故冷官终于清白，宦囊不获素封。历任十有余年，解组仅存薄产，耋耄殂谢，远近潸然。所著文辞，颇多散佚，继以捃摭，名曰烬余，拟付手民，都为二卷。综其立言行事，足为后学良规。人师逢难，月旦非过。乡先生没而可祭于社，宜祀春秋。邑人士相与共乐，其成庶有矜式，汇观以上各情，核与在籍、病故，刘绳武、高溥诸先生，入祀乡贤，例实相符合。绅等是以不揣冒昧，佥词公恳转详。如蒙俯允，崇祀乡贤，不惟足风当世，抑亦可励将来。绅等幸甚，合邑幸甚。谨呈。

二、卷一“论著”

8. 岷江上源考

岷山起自临洮木塔山，在陇之南首名曰渎山、曰汶阜、曰沃焦、曰鸿蒙。南支羊膊岭（一名镇豹岭，又名哈吗鼻浪架岭、那哥多母精山），为大分水岭。岭以西之水，西北入洮河，西南流合出灶沟，入大渡河（《水经》之沫水也）。岭以东之水，为汶江正源（岷、汶，通。《禹贡》作“岷”，《史记》作“汶”）。自列鹅村东南流，历东寨，至尖橐（名两河口），受滴漏水。南至黄胜关（在松潘西北八十里，关外即西夷草地。关为天彭关，一名天彭门，又名天彭谷），过虹桥关（松潘西北二十八里，有落虹桥，长二十丈，为饷道所必经），为阔水（江水至此而阔也）。滴漏山，一名冈出山，乃羊膊岭之麓。山西之水，亦西南流，合出灶沟，入沫水。山东之水，则东过溢洛村，至尖橐，合于汶江。东南支弓杠口，为小分水岭。岭东之水，东南流，历上羊峒，至小河营，径龙安府，为涪水。岭西之水，南过漳腊营，为漳腊河。又南受玻璃泉（平地涌出一百八窦，冬温夏凉）亦至红桥关，合于汶江，皆属松潘厅之北境。又南为潘州河，又西南过松潘厅东，穿城西出，又南受东胜河，又西南过交川县（故城在红花山下），又西南过归化堡，又南过甘松岭（一名松叶岭），又南过镇江关（一名蒲江关，又名北定关），又南过平番营（一名黄壩），又南过蚕陵山（古蚕丛氏之国），又南过叠溪营，又东南过翼水县故城西，又东南过石镜山，又东南过长宁堡。翼水，一名黑水，又名叠溪，自西北入之。又南受北松溪，又西南过茂州城西。龙溪水，一名白水，自东入之，又南过九顶山（《禹贡》：岷山或谓在此），又南过七里关（一名望星关），又西南过的博岭，又东过七盘山，又东杂谷滹河，一名湔水，又名沱水，自西入之（黑白湔沱，名自后人，非《禹贡》《水经》所称者），又南过保县城，西为湔水（山冈直下，唐时箭上里也。李卫公筹边楼在此），又南受大溪水，又西南受登溪水，又南过姜维城，又南过汶川县城西（县治为明寒水驿，山腰平处即威州故城），又东草坡河自西入之，又东过桃关（一名陶关），受桃川水（两岸多桃），又东南过娘子岭（一名银岭，春冬积雪，望若银台，相传杨贵妃归京师，曾过者岭。一说王衍游茂州，其妃张太华迎候于此），纳凹河自西入之，又东受尤溪水（一名牛溪，又名龙溪），又西受三江口水，又东受白沙河，又东南过灌县城西，为汶江一小会。李冰筑堰分内、外江，遂开蜀郡水利之源。

9. 岷江各支流考

翼水二源：北源出松潘西北徼外，东北流，折而东南；南源出西南山中，东北流，二源合而入边，又东南，至长宁堡，西北入汶江。

龙溪水，源出茂州南巨人山顶龙湫中，西过州城南，西入汶江。

杂谷滹河，源出紫花岩，东过杂谷厅城东南，东受孟董沟之水，南过保子关、双橐桥，南入汶江。

草坡河，源出天赦山，东受龙潭水。又东过加渴瓦寺司，受沙派水。至大邑坪口出桃关，入汶江。

纳凹河，源出杂谷滹西南龙池，东过商角山北，又东受卧龙关水，又东过纳凹山，又东受小小纳凹河水，又东至娘子岭，入汶江。

尤溪，源出汶川县滋茂龙池（一作慈母），下汇重溪，出楠木园，入汶江。

卧龙关东下之水，一出牛头山，一出围塘，一出鹿耳坪，合三江口，出水磨沟，抵漩口，对泾坡，东入汶江。

白沙河，源出茂州雪山，西过灌县北，又西入汶江。

三、卷二“传状”

10. 钱烈妇传

马氏，把总钱国荣妻也，年十九归国荣。越六载，国荣亡，遗一子，仅五龄。翁年则七十矣，性嗜鸡子羹，每餐必奉之，不以贫故缺也。一日，猫窃舐，嫌不洁，冒雨市诸邻，归而易之以进，其孝敬如此。蓝寇窜灌境，烈妇以翁步甚艰，欲舁遁，再三请翁，辄曰：“区区陋室，僻处河滨，贼岂必至乎？即至，亦无害及老人者。”烈妇知翁不肯行，属族弟负子走，而自奉翁于家。俄而，贼渡老人桥，焚庐，火四起，则呜咽跪告翁曰：“贼至矣，媳决不溷迫胁中求活也。所恨者，不能终翁之养，又复累翁以孙，难瞑目耳。”因叩头，起赴宅后大河死。翁跄踉救，弗及，望河而泣。贼适至，诘其故，啧啧叹节烈妇，翁因得免。咸丰十年九月廿一日，年三十有一。

11. 任三元、孙玉藻、万景春父子合传

武举任三元，字起山，灌县筏村人，状貌魁梧，有胆略。蓝逆窜崇庆州怀远镇，三元裒团数千人，驰界南街子场，张帜于树，扼味江河而御之。部署未定，贼至西岸山矣。黑夜火四起，叫噪震山谷。三元令众静以待，而自当索桥下枕石卧。贼侦之，却退十余里。黎明，五道并进，截贼上窜，转战三日，道路皆浆食以迎。杀贼数百人，擒生七十三人。一贼目泅水走，三元提其发而缚之。贼势大蹙，遂折窜元通场。越二日，众团约共图之，蚁聚者万人。三元抵柳街场，日将中矣，见烟焰蔽天，告于众曰：“贼焚掠多矣，纵之弗击，其若崇、灌父老何？”奋然率队出，从之者有万景春、孙玉藻。

景春，字晓初，貌温雅能文，不售，援例入太学。三元为团总，举为团长，凡丁饷悉佐理之。子世亨，善舞大刀，与三元侄文藻并以武勇闻于团。玉藻，字子旒，短小精悍，背微偻，人呼孙公子。弱冠，冠童军，补邑弟子员，而性好谈兵。父垂纶年七十，亦筏之团总也。练丁于家，每中夜，玉藻辄呼起，相与舞刀剑，铮铮有声，久之乃寝。及众约战，玉藻遂代父行，甫入市门，值三元出，谓景春曰：“慷慨杀贼，真奇男子也，吾两人不可后之。”遂合队三四百人，直逼大通桥。贼从火林望之，见三元团帜，惊曰：“味江河乡兵也，皆遁走。”俄而，贼谍知孤军无援，鼓角齐鸣，四出而合攻之，队遂溃于鸳鸯竹。围之数重，三元麾戈而前，文藻及马喜继之，冲突半里许，击杀数十，贼均被重创，力竭死。世亨负景春走，左手反抱，右手格斗，贼当其前，辄刀劈之，一贼伺后力刺，矛贯父子背腹，仆地死。玉藻拔剑突围，不得出。贼欲生致之，大呼曰：“速杀我，吾不汝屈也。”遂遇害。团首杨正涵及丁勇数十人亦死之。时咸丰十年六月二十有七日也。

12. 徐守先、严思贤合传

徐守先者，少居崇庆州，壮迁灌之南界，与严思贤同里，均以义侠闻。咸丰十年春，众推为团长，练丁布金寺。或诋将不法，蜚语闻于县。委员高公诣而验之子弟百六十人，击刺进退皆有法，遍赏之，且奖二人为能。感泣曰：“守先等为杀贼计也，今公谅及此心，誓以死报。”夏六月二十五日，蓝逆西窜元通场，崇人乞御之。守先执长矛、思贤持大刀，率丁直驰大石桥，以扼贼冲。自辰至午，轰杀数百贼，三战而三却之。无何，贼渡白江河，从后袭击，众团溃。守先腹背受敌，身中数十创，力战桥东而死，丁之从死者五十有三焉；思贤伟躯干，被贼围执之。贼首亲为释缚，以酒食说其降。思贤厉骂曰：“吾与徐守先恨不尽杀汝辈，岂从汝鼠辈作贼耶!”推案起，羹酒淋漓覆贼衣。贼大怒，钩其尻而倒悬之。思贤骂不绝口，支解死。

赞曰：守先与思贤，特里巷细民耳。乃一遭谗间，高公从而激励之，遂奋然杀贼以死，虽古烈士，何多让焉！且吾闻崇父老曰：“蓝逆之窜元通场也，男女数万人仓皇未及出走，微二人扼贼之冲，几何不被贼虏哉!”宜里人招魂而葬之，春秋犹为祭扫云。

13. 彭公传

公讳曙昌，字晓山，灌南陈村人，候选巡检正明公子也。性孝友，有志量，生一岁而孤，曾太宜人抚之成立，备极艰危。祖国材，善医，有隐德。置田千余亩，家素封也。及析产，有累债悉任偿之，且让田数十亩勿较。女兄四，次适梁家，贫，恐贻太宜人忧，以田与耕，勿课租，有不足辄出粟镪助。族中觊觎公业，构讼十余年，事平，仍敦睦之，猜嫌胥化。公于好施济，赈饥寒，给衣食，助嫁娶，赙丧葬，捐义地，焚借券，然诺闻远近；奔人之急，扶人之危，轻出财力，如与水火，绁累数千金，产几落，公晏如也。每令节，拜谒盈门，悉盛馔款之。尤敬重读书人，情文倍至，畅饮剧谈，连朝累夕，犹挽留不肯去，贤达之名，士林竞称焉。

咸丰十年，滇逆犯川西。公倡捐金，筹团练，治战具，先事预防。贼窜元通场郪江宣家渡，冲要地也。大府檄李次星、程小崧两明府率勇数千人扼之。沿河居民，一草一木，走避弗与。公多方劝谕，俾晓大义，治供应之，相拒月余。贼遁，河东得免蹂躏，公有力焉。

初，公七龄就学，英敏非常，乡先生咸器重之，以家事中辍，然历代史鉴一目了然，每论古君国事，辄义形于色，区区身家计，非志也。嗣君洵，未弱冠为诸生，旋食饩。科岁试，辄冠。军书法文，名噪蜀中，应征辟者一，登荐剡者三，皆公教也。光绪丁丑春，公年七十有三矣。谕之曰："读书当求有用，汝能早出，为朝廷办几件事，吾志遂矣，勿以家为念。"及九月，需次秦中，闻其奉檄办赈，复驰书诫曰："颗粒皆君恩也，尽心任事，俾灾黎得实惠，无负宪委，胜于承欢矣。"无一语及家事。

公状貌英伟，而气度从容，人无尊卑贵贱，咸谦和接之，温温煦煦，未尝疾言遽色。生平好排解，三党四邻白以事，即寝食不忘，必了息乃已。而处事耐烦，措词委婉，虽豪暴恣睢之徒，莫不心折而去。数十年来，和人骨肉，释人仇怨，平人争讼者，不可殚述。戊寅三月辛未，里中闻公捐馆，咸太息曰："和事老人去矣。"瓣香而吊者，不绝于门。享年七十有四。邑太学生以子官诰封奉政大夫。

论曰：晓山彭太翁者，愚少时闻其周困乏、济患难，有古侠士风。及壮，与其子洵交，登堂拜谒，乃知公之为人。"孝、友、睦、姻、任、恤"，《周官》所谓六行者，悉兼之矣。义侠，云乎哉？

14. 高太夫子传

太夫子庆堂公，姓高氏，讳万春，字云桢，邑南青城甲人也。状貌魁梧，十三四宛如成人，读书能知大义，工书法。年十六，以邑差徭重，恐累父兄，遂习弓马，入武庠。乾隆癸卯科，公箭不满额，郁郁适较场，见牌示技勇过人者许自呈，即报名，请试监临。李公伟公貌，召至前，试以弓，弓挽二石；试以书，书参八法。李公喜动颜色，谓提调林公曰："此门生付汝，好培之。"公获举会试，不第。母戒毋远游，遂养志家居焉。

嘉庆元年，剿办川东教匪，檄邑运军米。当是时，贼甚炽，道多伏莽。邑候丁公延集，众绅粮无敢应者，公慨然任之。自灌至渠，奔弛千里外，运纳粮台，取批还。越一日，而粮台移，还见丁公。甚奖其能，且叹有福。军需局控讼不休，邑侯邵公属公经理之。公请裁妄费，杜浮派，勒章程于石，讼遂息。大府檄置济田，邑侯李公亦以委公。公劝捐两河，各购田百亩，赈饥始有备。公性严正，雅不乐履公庭，然有大军役，邑侯慕公名，辄延公。公或不至，必再三敦请之。邵公、李公号邑贤宰，尤重公品。邵公尝语同城曰："吾于灌得两正人：河东善堂刘君、河西庆堂高君耳。"初，邑差徭，每岁三四派闾里，往往破家。自邵公允镌定式，上无误公，下无朘民，公之力也。公居乡，好施济。乾隆甲寅岁歉，公曰："米贵如是，贫人奚活?"乃减价粜之。制府孙公额其门曰"睦里风醇"。

嘉庆戊辰，青城山大雨，水沸沙腾，淤壅新堰，水道旋开旋塞，父老苦之。公曰："长生宫后不更穿渠，浮沙安消?"乃请于县，设立长，同当醵金疏凿之，灌溉便利至今。邻某欲离婚，公曰："人伦始夫妇，破离不祥。"乃力全之婚，卒无悔。里有是非质公，公直折之，婉导之，豪徒悍卒，莫不心服而去。

公尝教习骑射，日召及门而训之曰："汝曹立身持家如捧玉，然一失手便粉碎矣，须竞竞保护之。"公长君绶试列前茅，有密谓三十金可获案首者，公曰："得失有命，倘賷缘进身，人可欺，天不可欺也。"力却之。以故从公游者数百人，上则无愧科举，次亦克守身家云。

公生平酷好读书，凡经史及先生《正格言》，靡不朝夕披览之，尝曰："吾之投笔肄武者，以邑差徭重，恐累父兄也。"年五六十，每往市肆赴燕会，犹循循从兄出入，友爱勿衰焉。乡党见之，皆啧啧称为孝子悌弟。

炳魁曰："太夫子，至性人也。其上信官长，下孚闾里，历历有所建树，盖皆本孝友以推之。惜养志家居，未获竟其用耳。然吾城南师为公季子，得成进士，而孙曾人文济济，又后先接踵，则公之积善余庆者，不诚厚且长哉?"

四、卷二“赠序”

15. 朱孺人姑妇同寿序

灌城西北隅有金龟山焉，土坚而气聚，形端而色黄，青乌家谓其自乾出巽，为钟毓遐龄之地，男固必有耆英，女亦必有寿母也。乾隆间，星锐张太翁适卜居于下。太翁伟躯干，性严毅，有杰士风。原配高太孺人生子三，继配朱太孺人得其助，业日起，晚年好弹棋，终日弗倦。寿九十，每入市道旁，咸啧啧曰：“张太翁真行地仙人。”盖谓其佳男佳妇足娱桑榆也，而季妇刘宜人尤以贤著。

宜人，刘泰儒季女，家甚富。性贞静，自幼无金玉纨绮好。及笄，归碧泉公，事翁姑最孝谨，凡馇酏酒醴诸类，无不先意承志，以博二人欢。太孺人屡谓太翁曰：“吾继姑何幸，得此贤妇也！”太翁辄首肯之。碧泉理家政，宜人佐之，筦钥必谨，井臼必勤，漱澣洒扫必洁且肃，即劳苦艰辛之事，悉毅然躬任之，不与妯娌较。抚犹子辈如己出，长者教以让，少者教以恭。伯叔昆弟，怡怡一室，同爨数十载，咸多宜人内助之力。

生平言动不苟，每佳节良辰，张灯演剧，倾城妇女竞为游观，宜人闻之，则甚漠然也。外言不入，内言不出，非属懿亲，莫睹其面，即家有冠婚诸宴会，太孺人命之款客，亦未尝轻出户庭焉。宜人一子一女，而教之如严师。黄昏辄照青灯，凭一白木几，左课诵读，右督针黹。雪冷霜寒，不稍姑息，必太孺人谕之曰：“夜深矣，毋过苦孙儿孙女也。”乃止。毅斋承宜人教，奋志功名，屡试不获一衿，乃作藩库掾。宜人朝夕诫曰：“钱粮出入，半经汝手，勿取分外财，以贻大母及吾羞也。”故奉命办公，恂恂然书生面目，群推为忠厚长者。

岳庵茂才同治庚午腊，不幸早殁，宜人泫然曰：“是吾之从孙而姑之曾孙也，其三子一女，衣食或缺，何以上尉吾姑心？”岁助数十金，无吝意，亦无倦志。岳庵之兄春谷司马时官长安，太孺人驰书谕曰：“吾闻近世士大夫，拥金钱、广田宅，同胞弟兄，听其颠连不顾者，比比然矣。汝叔祖母岁周汝弟妇子女，洵巾帼仁人哉！具尔职衔，其上请貤封焉。”春谷乃以闻于朝，貤封五品宜人。

今秋八月吉日，宜人八旬诞辰也。邑之搢绅先生及其里党姻娅，谓宜人孝敬慈惠，素有令德，既贲鸾封之诏，宜赓燕喜之章，相与携壶挈榼，竞为贺而寿之。宜人瞿然谢曰："吾姑年九十矣，芝兰绕膝，簪笏盈庭，不为姑寿，而为我寿乎?"于是族邻合谋，次第申祝。宜人着命服，服绣裳，躬率六代儿孙，跄跄济济，为太孺人捧觞上寿，然后一受跻堂之拜，猗欤盛哉！望宝婺之联辉，庆金萱之递茂，则由耄耋而期颐，其福寿有方兴未艾者矣！彼世传龟山金母，化气得以长生，岂若兹之两世慈帏，本大德而为大寿乎？愚故谨即所闻者记之，遥望玉垒诸峰，以代南山之祝。

16. 刘氏小清明会序

墓祭以清明为会，俗礼也，亦古礼也，盖自周武王将东祭毕。其后曾子曰："椎牛祭墓。"子路曰："反国展墓。"俗之有墓祭，固沿于古也。《汉书》载"明帝正月上陵"，《五代史》记"寒食焚纸钱"，《朱子家礼》载"寒食墓祭"，仪俗之墓祭以清明，亦沿于古也。第古祭因宗法而行，后世废大宗、小宗之法，而俗之纷然将享者，遂不计德泽之浅深，世代之远近，概无隆杀以祭之，夫岂古人报本，制礼之精义哉？然则墓祭以清明为会，诚不可无所区别于其间也。

愚友刘子晓楼寄书而告曰："吾刘氏之迁阳安河西也，二十余世矣。洪武二年，由楚入蜀，越数千里而创业者，吾始祖迁二公也。顺治初年，遭贼，失谱，继十三世而起家者，吾世祖学华公也。每岁春秋二祭，族众千余人，妥先灵、拜丘垄祠堂而外，固有清明会矣。今年春，念吾曾祖珠文公子姓日益繁衍，爰集四房谋之，佥以别建一会为善。于是尊旧有之会为大，而名新设之会为小焉，请一言以为吾族光。"愚三复观之，不禁喟然叹曰："古礼之废久矣，刘子于清明会，因始祖而大之，其仿古人之立大宗乎？因曾祖而小之，其仿古人之立小宗乎？昔程子援服制以例祭，祭及乎？高祖温公定家礼以奉祭，祭及乎？曾祖西河毛氏亦云：'诗书每祭，止称曾孙，则为曾祖设会，尤礼之酌于古，而宜于俗者也。'且集其钱谷之助，夥然成为巨款，则量出入、权子母，岂惟是焚献拜扫云尔哉！盖后日之增祭田以敬宗，置义田以收族，即于此会卜之矣。"愚故谨为之序。

五、卷三“碑志上”

17. 周椿园先生祠堂碑

邑之南三里许，有塔曰奎光，塔右有室曰蜚英山馆，邑侯周椿园先生所建也。父老子弟志棠舍之遗爱，仿桐乡之建祠，馨香祷祝于斯者，三十有余年矣。同治八年秋，邑人士咸集塔下，顾魁而言曰：“先生之治灌也，以清廉居官，以勤慎听讼，以严明约束吏胥，以慈惠教养士民，父母吾灌者六年。嗣大府檄邑津贴巨万，先生捐廉千两，再三吁请豁免之，卒以此忤当道。未几，遂调任阆中，左迁教谕。噫！下恤民艰，上干宪怒，虽古循良，讵多得哉！且先生去官后重来灌，遨游青城道旁，士庶罗拜，咸流涕太息曰：‘此吾青天也。’当是时，先生行李萧然，书数卷，簏数肩，几无资斧归。而先生意泊如也，谓‘非有所自得于心乎’。迄今望宝塔之巍峨，庆科名之显达，读所刊《养正篇》《区田法》《公门修行录》诸编，先生之功德，犹历历在灌人心目中。倘不勒石而永垂之，恐年代递远，文献失徵，不惟无以志公美，而且无以劝吏治也。”魁曰：“然。”谨志之。

18. 重修盘龙桥碑

古者天根见水潦涸，而王政特重成梁，所以宣时令、普利济也。灌据天府上游，城东十八里有走马河，分徐堰河，析流三里许，适当官道最重要。国初，架木为桥，名曰“盘龙”。乾隆癸酉，始伐石易之。嘉庆戊寅，又增治之，其巩固百余年矣。同治五年丙寅夏，大雨连绵，洪水泛溢，岷江内外，南北诸渠，悉惊横流为害。徐堰河水道尤狭，轰雷激石，擘岸啮堤，而桥遂荡覆无遗。凡驰羽檄、乘舆马、走担荷，靡不临流踯躅，嗟病涉焉。冬初，水落，王君蕴山、童君筠圃、董君昆山、张君宜庵等，聚乡人而告此曰：“省邑，通衢也，昔者河仅三丈，今八九丈矣，将还旧观，费恐不赀，坐而视之，如行旅何?”爰共募千余缗，仍购木而重建之。明年春二月，鸠工始事，操斧运斤，淘沙植椿，排梁铺板，缭以朱栏，覆以碧瓦，讫五月落成，巍然翼然，壮如楼阁。夫川泽无治，单子叹之；溱洧无济，孟子讥之。今诸君子慷慨而襄是举，遵王制，复旧规，利众行，一举而三善备焉矣，于是乎记。

六、卷四“碑志下”

19. 刘昂轩先生墓表

先生讳骥，字昂轩，姓刘氏，灌南柏木冈人。父太夫子永璋公试屡前茅，不获进，以学行著，学者称明远先生。妣周孺人、杨孺人早卒，刘孺人生四子，先生其长也。年逾冠，寻食饩，道光乙未举于乡。先生性纯孝，侍养太夫子，能博其欢。所钞窗壁格言，悉刻为《观省录》。蜀州廖公宏伟著《澹远斋文集》，学有渊源，因刊以行世。业师周公鹏冲，温江副贡生，卒于寺馆，承命葬之祖茔。家居训徒，课以经明，行修成名者百余人。凡助族党、周乡里、矜孤寡、表贞节，力所能为者，靡不毅然任之。太夫子每闻进一徒、行一事，辄欣然喜曰：“吾志遂矣。”享年八十有五乃没。先生庐墓三年，风霜雨雪，靡夕不往。先生幼即诚笃力学，能文。及壮，试辄高等，屡荐秋闱，始获隽。数十年手不释卷，研究四子、六经之旨，旁及子史百家，裕经世才。三试春官不第，甲辰大挑二等阶。广文士论惜之，先生曰：“官无大小，称职为难，何可易视教职乎？”初摄篆庆符，搜访节义，捐俸请旌三百余名，议建总坊，众难之。俄，城外山崩，其石皆柱梁材，秋江暴涨数日，桴运毕至。阖邑诧，有神助，踊跃乐捐，六旬而工遂竣。司铎一年，解任归，士绅衣冠济济，献诗捧觞，沿途饯之，路人叹为盛事。及授广元教谕，倡捐改建崇圣祠，宫墙悉瓷以砖。每季课谈经讲艺，尤于义利之分、公私之辨，反复指示，有《端士习论》。邑宰朱凤枟序而刊，存学宫。广邑距省远，有贫难应举者，具文书，给资斧，劝之往。诸生感德，闻先生捐馆，咸太息曰：“泰山颓矣，吾侪将安仰乎？”灵柩回籍，执绋至昭化界，犹哭恸不忍去。先生卒于咸丰乙卯六月二十六日，享年六十有六。配王孺人，子四。长昌继，贡生。次昌述，庠生。又次昌麟、昌光。著有《四书讲义》。呜呼！先生卒广元，学署舆之归葬青城也，二十有七年矣。生平道德文章，足以维风化、垂模范者，历历如在目前。魁故敬述之，付其子若孙，勒诸石，以表于墓。

20. 胡公墓表

公姓胡氏，讳正宗，号一通，邛州东乡人。先世居重庆府燕子沟凤凰嘴，高祖世荣避献贼，迁于邛。梦神语曰："枸树穿堂出者，汝宅也。"觅之，果得，遂家焉。曾祖明玉。祖应吉。考文郁，妣周孺人，生子三，公其长也。少颖悟，以母逝家贫，读一载，遂习医于岐黄。各家言，一目即洞悉其微。及壮，医名日噪，慨然以济世为心。有延之者，虽深夜及雨雪必至。于贫人，则施药以疗之。岁时伏腊，男女拜候盈门，感公德如父母。富家酬金，辄以周人急。每适城市，饿夫乞儿，环睨道旁，见公至，欢然曰："胡先生来矣。"争伏地以手承，公施散钱纷如落叶。晚年知《易》及堪舆、术数诸杂学，从游百余人。公因所学而各授之，乡人比诸鬼谷先生。配罗孺人，性贤淑能，茹辛苦以助公施。子五，曰邦定、邦训、邦志、邦靖、邦奎、邦志。贸易灌，偕邦靖，落业城东石牛坝，孺人就养焉。公年八十五始来灌，日能健步百余里，齿发宛如壮年。孺人享年八十有六，先公卒，葬宅右。公享年九十有六，以同治十年二月初七日合厝于孺人之墓。呜呼！享遐龄，积厚德，洵老成典型哉！故谨按状表之，以告胡氏之子孙，并为斯世风。

21. 杨公墓志铭

公讳遇阳，字静轩，姓杨氏，邑筏村青城甲人。先世籍楚麻城。父义仲，母张氏。少嗜书，未弱冠，以兄逝废读，佐父成家，置产千余亩。援例入贡，非其志也。公事亲孝，庭闱底豫，五世同堂，闻于朝，赐"庆衍期颐"额，银八两，缎一匹。司马强公萼圃表其门曰"慈孝"。延禧公性严正，有才干。邑大军役，必与商。周公椿园、蔡公佛田，皆邑之贤侯，尤重公。奎光塔、安澜桥诸役，悉以委公。公慎出纳，杜浮靡，殚心经理，不徇情面，同事皆惮之，且愧叹弗及。公居乡多义举，里有石文庵，建宇以奉之；乡有青城课，施田以助之；左江分水，上游常患覆溺，约任姓、造楼桥，不募以成之；青城沿山贫户每难丧葬，施棺木、购义地，出镪以为之；太平、石羊诸聚，人烟稠密，岁荒歉，减价以粜之；灾水火，运米以赈之。呜呼！积而能散，公诚好行其德哉！宜乎！光前裕后，登贤书游，黌序者接踵而起。《易》曰："积善之家，必有馀庆。"其公之谓乎！公卒于咸丰庚申年正月十六日，享年八十有四。原配徐氏，生子二。长子茂棠，职员。次茂兰，壬辰恩科举人，拣选知县。继聚周氏。孙七，曾孙十九，玄孙十一。以咸丰壬戌年吉日卜葬于飞龙桥辛由之阳。铭曰：

吉人为善，积厚流光。佳城孔固，长发其祥。

22. 蒋君墓志铭

君讳登建，字用中，姓蒋氏，灌南陈村人。先世籍楚北麻城孝感乡，入川居洪雅。始祖守道，妣宋氏，徙重庆州西之白衣庵。五传至祖廷尧，妣王氏，始迁灌。父万顺，母叶孺人，生二子。

君少聪敏，年十四，父命兄读，君治生，遂辞塾，归，佐父经营。道光辛丑夏，黑石河溢，仁和桥东岸，君宅也。波涛涌入，深数尺，举家惊惶失措。突墙下有大木数丈，裹枝叶横障，之左右成河，宅竟无恙。水涸，见者奇之。不数年，君相父起家置田数百亩。父卒，君继之，拓产千有余亩。同治丁卯夏，复涨坏田数万亩。君慨然出金三百两，资兄倡办河工，众踊跃从事。凡十一处次第落成，今十有五载矣。沿河田地垦复，君倡捐之力也。君性沉静，寡言笑，居乡未尝以才智先人，而地方诸义举多赖之。富而无骄，积而能散，其君之谓欤！

君卒于光绪庚辰年十月二十八日，享年六十有七。配宋氏。子四：长锡藩，诸生；次惠春、家春，先君卒；季年春，国学生。孙二。以某年葬于某地吉山之阳。君兄登第，岁贡生，与予兄弟交。锡藩又从予学，走眉数百里乞铭。嗟乎！君，吾良友，不能执绋引柩，愧范巨卿矣，忍弗铭乎？铭曰：

佐父起家，析薪克负。助兄筑堤，捐金勿后。猗欤孝友，彼苍所佑。郁郁佳城，永藏不朽。

23. 钱君墓志铭

有邑茂才曰钱君煦生，性聪敏，能文章，乡试屡荐不售，遂肆志山水。出广交游，蜀之郡邑，足迹几遍，而应事权奇，往往出人意表，所至邦人士莫不争识之。历年所入贶仪脩脯，不下数千金，盖棺日，家无余赀，人多疑且谤焉。葬之前一日，其子以状来请志。予反覆观之，乃知君之亲骨肉、厚宗族、恤里邻者，得财即散，无愧名教中人也，爰为序而铭之。

君讳春阳，金村石龙乡人。先世籍江苏长洲县，国初，玢元公官湖北右营守备，没于阵。子洪基奉母顾宜人由楚迁蜀，居灌城，寻徙乡。曾祖众选。祖瑞。父廷钦，太学生。母宋孺人，继母杨孺人，生子各三，君其次也。太学公性豪爽，不屑生计，家中落，君曲意承顺，得其欢心。伯父病笃，子尚幼，恐贻太学公忧，亲为医调。及殁，丧葬悉肩之。太学公即世，昆弟六人析居后，裒多益寡，每为助妹，四人嫁仪独任之。从兄某羁于泸，馁甚，君曰："弗归，将死道矣。"出金招之。从侄某久于营，不得官，君曰："无赀曷济?"赠金以成之。叔祖某老而无子，为择侄以嗣。从弟某遗一子夭于外，妇再醮，母老女幼，为理家政。且后之邑东朱匪谋乱，累良民，君为雪之。后复张，君陷入，胁以杀，款以礼，不为动，且晓以义，贼心析，君得出。呜呼！古之宾兴也，首重六行，曰：孝、友、姻、睦、任、恤，君殆兼之矣。至临贼不屈，尤见大义哉！彼庸庸者，乌足以知君！君卒于光绪戊寅年正月二十三日，享年六十有七。配周氏，先君卒。子一，毓岷，县学生。孙一，宗垚。女二：长适沈；次适周秉璋，诸生。以卒之年四月初十日卜葬西山之阳。铭曰：

葱葱郁郁，天锡佳城。阴及苗裔，丕振英声。

24. 王孺人墓志铭

孺人王氏，灌南青城甲王公讳凤次女，高公字香亭之室也。香亭公从叔习弓马，孺人事翁姑能体其勤俭志，井臼爨没，皆身任之。太翁叹曰："有媳如是，胜似佳儿矣。"姑太孺人疾风痪，孺人躬侍左右，澣漱搔抑，纤悉备至。香亭公得筋骨疾，孺人劝其罢武，而课子以读。长君志元能文，善书，登丁酉拔萃科，由母训多焉。孺人处妯娌和仲嫂家落，每岁必延居数月，间日辄酒肉款之，亲爱视未析居时有加。性好施，有旧衣襦，手亲补缀，岁寒以给族邻无衣者。贫人易米必益之，谓子孙曰："若辈血汗钱，毋令亏也。"孺人至老犹勤，而举止从容，宗族里党咸钦之。卒于咸丰某年月日，享年逾七十。子二、女三、孙几。以同治己巳年仲冬月某日改葬于双青棡之原，去香亭公墓丈余。呜呼！魁读孺人行状，孝敬慈惠悉兼之，其余庆不诚远哉！谨为志，而铭曰：

懿维硕人，母仪孔彰。天锡宅兆，迁地为良。山川明秀，郁乎苍苍。佑及后人，永炽且昌。

25. 诰封中宪大夫周府君墓志铭

君姓周氏，讳廷栋，字燮臣。其先湖北麻城人，明季忠武公字宁武力战死，夫人刘氏殉之，向夫人携子世乾突围出走，国初入蜀，为君始祖。世乾生全，迁灌邑，遇神僧指青棡墩下，家焉，遂世为灌人。曾祖尚仁，富而好施，县人德之，曰"周善人"。祖凤鸣。父伯顺，孝友和易，乡里私谥曰"醇朴先生”。妣氏牟有丈夫。子五，君其仲也。

幼英敏，年十四，兄亡，产中落，勃然曰：“吾家世积善，贫不自给，尚安济人?”躬自刻励，既耕且读，寻迁居县城，懋迁为业，不数年致千金，屡聚屡散，无所恡，乡人皆贤之。县西白沙义渡，君曾祖称善人者之所经营也，有田一顷，岁取租，年深费绌，君及其弟踵为之，冬梁而春杭出重金以益其租之不足者，咸丰末年，逆窜川西，所过州县无坚壁。县令采人望檄，君任城防。君忠勇奋发，经纬万端，战守之具数日，而办贼入境，侦有备，却走，城郭内外，安堵无恙。事平，义不受赏，大吏奏，给五品顶戴，君亦不自襮也。

灌为江水源，宝瓶口在县治南，前水利同知强君建慰农亭于上，不时登眺以瞯水之消长。同治丁卯夏六月，大水荡啮无存，荐及城址。君积赀复之，构一亭一轩，筑长堤百二十丈，外杆江水，内卫城郭，居民乐之。君既以义风世德见信，乡闾里之人有忿争者，造庐请质，君庄谑杂陈，是非立镜。生平尤笃内行，每述厥考，博学能文，不得备员，博士弟子辄涔涔泪下，以此见君之仁亲爱物，自有本原，宜其后之益昌也。以光绪戊寅十一月十日卒于家，春秋七十有五。明年己卯十一月八日，葬于城东金村忠义甲先陇左侧首乾趾巽。配氏梁先君三十六年卒，实为道光癸卯四月十日未时，以君葬日迁祔焉。子四：盛典，咸丰辛酉科拔贡生，吏部七品小京官，题升主事，同治甲子科顺天乡试举人，光绪丙子科进士，翰林院编修，遇覃恩封，君及君配如例；盛隆，早卒；盛祺，詹事府誊录，议叙县丞；盛文，国学生。女二：长适杨氏；次梁氏。孙庆纶。魁自幼悉君家世，长与冢嗣为齐年友，获闻其生平言行，知积累贻后之未有艾也，是宜铭。铭曰：

青城之山，大江所经。灵气盘郁，中为旷庭。是有幽宅，开辟钥扃。于此栖魄，抱朴孕灵。茫茫终古，何旦何冥。埋石不朽，上告日星。

26. 从善堂义冢地碑

考《周礼》，墓大夫掌凡邦墓之地域，令万民族葬，何法制之详密也，盖古者均地画井计，夫授田民之生也。入而在邑居同闾里，出而在野耕同卢舍，齐一均平，各得其所。及其死也，穴土为茔，共域而葬，此东彼西，必图其界，左昭右穆，各从所亲，掌之官司而禁令之，故民皆崇仁孝，厚风俗，克尽慎终送死之道焉。自井田不行，兼并日起，而落产失业之家，生既无以为养，死亦为以为礼。甚者蓬蒿委弃，白骨谁收，风雨飘摇，黄肠日朽，生也何辜，竟无寸土，灵兮不昧，长恨重泉，故栖魂奠魄，掩骼埋胔，义冢不容不设矣。我国家恺泽旁敷，思膏永沛，各府州县，颁立厉坛，捐施义冢。凡无地之民，无祀之鬼，莫不殡之葬之，而祭祀之。是以洽洽幽明，泽周枯骨，世道人心之醇，元迈汉唐，比隆三代也。灌邑石羊为河西一大聚，旧虽有义冢数处，然户口繁多，每虑隘不能容。乡人士复捐金数百，购田四亩余，宏开吉壤，利济乡间，佳气葱郁，幽宅固安，诚能体圣朝之德政，而推扩一心之善端者矣，故志之。

七、卷五“杂记”

27. 禅师岩记　同治二年七月十四日

禅师岩者，因了空镭随而名也。二僧参禅白云洞，明澈心性，慧谙忠义。献贼屠灌时，泰安寺主持僧集众告曰：“贼至矣，寺内数百僧方隅数千户，非二僧莫保也。”乃延为主席，咸听区画。二僧扼山口筑叠以御贼，攻之不能入，阴觅间道毁寺，戕僧及居民。二僧闻警，急率众奔山后，奋力击贼者七。今七阵沟，其战处也。因众寡不敌，抚膺大痛曰：“负我和尚托矣。”遂触岩死。呜呼！扼贼山口，智也；击贼山后，勇也；耻负所托而死，忠且义也。设二僧者不溷迹于空门，而宣力皇路，不受托夫山寺，而擢镇蜀疆，吾知其能拒贼杀贼，必不容贼之入蜀而屠也。且并力击贼，同战同死，较杨展之以倾，陷死于飞之以轻，□死尤为轰轰烈烈，几与唐之张、许媲美焉。予尝稽考遗文，搜览残碣，窃为二僧悲其失传，然营垒故地，历今二百余年矣，而山氓野叟，樵夫牧童，犹相以禅师呼之，则二僧忠义之大节，不永辉耀井辂哉！后之游息于斯者，亦可观感而兴矣。

28. 灌县西路记

出县治西门，径玉垒关，过崇德祠，左渡绳桥，沿江直上十里，曰水西关，古设关遗址也。唐宋间，依山傍水，垒石筑之，为西路第一隘口。国朝平定两金塘，递自此始。又十里曰沙金坝，沙中有色，灿若麸金。又十里曰猴子坡，峰形蹲如猴，下衍平畴百余亩，四围山水环之。南越里许为青云营，因青云沱而名也，东岸龙溪入江。又十里曰麻溪，昔有市众汜于水矣。沿路石榴成林，稻田可三四顷，循陇登坪曰望江亭。隔江观坂山，为刘后主观湔水、蜀王建茅亭处，秀爽竞献台前，而大江自北南下，曲折关锁之状，可历历眺览之。山半一石宝，麻溪水源也，水寒而冽。岁旱轰斶之大雨即挟风雷而注。又十里，峭壁三折插江，鸟道上悬崖，腹下深数百丈，波涛激如奔雷，名曰三险。司马强萼圃鑿石作柱，贯木为栏，较昔颇称坦途。又十里曰漩口场，居民数百户，下为粉滩坪，汛署在焉。大江南迤，场下小河自西入之，镇以回澜塔，处士姚清兰所建也。

渡绳桥数百步，两山夹水，石壁千仞，李冰谓为天彭门，李膺谓为天彭关者，既此峡也。峡口侧立一石，大四十围，高十余丈，项如覆盆，亦名天彭石。峡西白云顶，云气时插霄汉，层垒白如玉台，下有神仙洞，倒生石笋，深邃不可测，崖腰路凿一线，悬绝更甚三险，名曰虚阁。其上倒垂鲜花，跗萼相衔，环缀树半，立夏时红烂如锦。花之疏密向背卜岁丰歉，恒验。又余福道三字，古题崖壁者也，后人仿而刊之。峡东汶山白崖，为汶之南界崖，含粉玉色，且留序监孔。唐人依山架木，运饷之栈道也。崖背斜障江流，长三十余里，故三险置塘曰崖后。自虚阁右行五里曰古溪场，居民数十户，溪水发源隰坂山，一名盘龙山，南入大江。沿江迤上十里曰胜因寺，宋之胜因院也。地名柘坪，见熙宁二年文与可记，峰峦围拱，中开大陆，其境最为幽旷。折左数百武曰滋茂池，兴云降雨，滋茂百谷，古之祷雨处也。池前有银杏，一本八株，大各合抱，柯叶盘空森荫。相传宋僧惟简所植，呼为八仙树。又十里曰白花滩，湍激成花，色璨如银。又十里曰大坝漩，潭深数十丈，有红鱼隐见，大如牛群，鱼随之故。古溪一带曰滋茂乡，又曰伏龙乡，坝上罗汉崖极险峻，常见金罗汉，其地产赤金。又五里曰鱼子溪，溪水入江口处名酸枣沱，有酸枣二株，围各丈余，枝干如龙拏虎攫。沱面横一绳桥，灌北与汶南界也，曰两邑名桥，为入松茂小道。渡小河绳桥，折左走十里许，河心一大石而微凹，鱼跃之如舞雪，曰鱼跃石。又半里，有石出水五六尺，大二丈，状如莲花花瓣，天然玲珑。又六里曰官山坪，乾隆间征西之师筑坪为粮台。又十五里过貌泽关，汉诸葛武侯迁貌处也。唐大中七年，吴行鲁奉使巡边，有《行见貌泽水石记》。重冈复岭，豁然开朗，田畴数千亩，若别有一天地。

三江口之水自西东下曰水磨沟，两山夹水曰涧，一山中断曰壑，沟为田间水道。山水名沟，方言也。依山傍水，成一大聚曰兴仁场，场内建兴仁书院，横舍数十间，场外寨子。坪高越百丈，三方壁立，路通一面，古曲尺寨也，今为汛署。每岁春秋丁祭日，汛弁冠裳赴书院，率绅耆生徒，修释菜礼，家弦户诵，人文遂以蔚起。南过绳桥曰老人村，村落翁媪，耄耋期颐者，指不胜屈。风景宛如古昔，地气使然欤！抑金西勘靖以来，民久不见兵革，国家之德泽涵煦者深也？西走十里曰土门子。又十里曰鹞子山，山有大酸枣树，围一丈二尺，高八九丈，华夷以之表界。明季，庆符王借师董卜、韩胡，此其捷径也，今则懋功五屯之大道矣。

29. 贞女坊记

贞女杨氏者，太学生清远公女也。幼字陈道乾，年十二，舅殁。次年，婿夭。女泣告母曰："儿舅无子矣，忍听其馁而乎且有姑在不往侍之儿何生为?"遂衰麻如陈，事孀姑，能博其欢，而朝夕尤拳拳宗祀。适娣母有身，阴具襁褓俟之，及诞男也，甫三朝即抱归，凡便溺盥濯，悉躬任之，立为姑后，名道孔。先达某义其事，字之曰全三。年，稍长，课以读。偶怠，跪诸庭，不谓起，不敢起，惮之如严师。女年二十七犹未笄也，姑为卜，吉，成妇礼。谒夫墓，一痛几绝，见者皆泣下。姑尝病笃，夜刲左臂，取水涤之，井通明如昼，清澈见底，天地皆金碧色。爨媪惊视之，遥见双烛导以归，和羹进，姑立愈，时道光己丑年十二月二十日也。越十年，姑卒，丧葬如礼。全三娶胡氏，有子女，抚其长为己嗣，命名开祚。呜呼！舅姑与夫恤其食几斩矣，女为继之，洵义以全三也。矢志五十余载，励贞操，敦孝行，尤巾帼完人哉！道光庚戌闻于朝，旌表建坊，用以风世。

八、卷六"杂文"

30. 募捐河工经费启

启者：去岁癸酉秋，水决都江堰，内江之水滚归外江，至新渡口冲决新河当、深溪坎、张家碾等处。笼堤西面新开一河，口宽二十余丈，下冲布袋口。南面新开一河，口宽二百余丈，下人宜家渡。坏田约二万余亩。县尊通禀上宪，委员会同崇庆州李主诣勘，禀覆督宪，札饬道宪，道宪札饬州主与县主，两治各签办民工。

愚等蒙县主札委经理，自愧才短力薄，再三惠辞不允。又蒙县主谆谆而谕云：外江之河心甚高，西边之地势甚低，若不淘复故道，修筑新堤，则春水一发，仍然滚归决处。日荡月啮，黑石河、木江河必成大河。近岸者田畴墓庐，固遭漂没之惨；远河者灌溉沟堰，亦多溃决之忧。此日一失兴工机会，恐后冲决愈甚，灾患愈大。始谋淘河筑堤，其费用即十倍于今，亦难挽回矣。且父母之邦，桑梓之地，非系亲戚，即属友邻，忍视其坟墓被决，祖宗之尸骨无存，田庐致冲，老幼之衣食无赖乎？谚云："救人一命，胜造七级浮图。"况此河工之成败，关系一州一邑数十万人身家耶！

愚等是以勉遵县主所谕，设局经理，于今正月初一日开工创办。上自新渡口，下至骆家船，浚河道以顺直流之性，淘挖约三万余方。上自陈家船，下至向家渡，设河堤以杜横溢之患，修筑约一千余丈。日雇夫徒一二千人，食米十五六石，非银五千余两，不能一一告竣。去腊所收河工捐项，仅五百余两。顷闻牌限十八日开水，日期孔迫矣。愚等冒雨连宵，催督备瘁，发银支米，借塾悉穷。屡欲中止，势又不能。伏愿濒河绅粮，留神细观，扪心默揣。仰体县主为国为民之至意，曲谅愚等任劳任怨之苦衷，慨然共为捐助，成此河工。庶未冲者永弭永患，已冲者可冀沙淤，利己利人，造福于以无穷矣。谨启。

九、卷九"七言古诗上"

31. 都江堰歌

都江堰，都江堰，秦守李王父子建。堰首编砌大鱼嘴，南江北江江口判。南江四分水用周，北江六分水利遍（春夏之交，江水犹小，故南江宜四，北江宜六。若夏秋水涨，北江之水仍从堰湃入南江）。稽古陶尧水滔天，神禹八年平大难。史臣特笔书浚川，传出治水千秋鉴。李王治蜀缵禹绩，壅江作堋首淘滩。左山右堰分浅深，深深侧淘傍崖磡（上自张扉沱，下至漥漥涡，皆宜抵崖深淘，较右深数尺，所谓"深淘滩"也）。河底当年准石马，石马埋没不可见。明人范铁始作柱，万历年号记柱面（文曰："万历四年，永镇普济之柱。”)。昭代汪腾两司马，贯石植椿缠铁练。紧将古柱牢拴锁，每岁浚淘沙碛验。凤栖窠角石标铭（官工名二道崖），铭字荒杂莓苔见（“紧对卧铁”四字犹存）。蜿蜿卧虹百丈堰（都江堰，一名百丈堰），因山制水布置善。渟滀江流虎头崖（官工名头道崖），崖壁峭峙张石扇（崖前曰老洼涡，崖下曰张扉沱，皆昔深不可测，今淤矣）。对岸指水力北指，北指江流随山转。张扉沱下滚滚来，一路夹指无散漫（李王指水十二，今仅有四）。斗鸡崖脚插江心（官工名曰三道崖，其下曰洼洼涡），猛如却潮排劲箭（石脚斜插江心，支水中流，直冲象腹凹处，以固离堆峡口。峡口山趾对之，斜插如鸡距然，故台曰斗鸡）。离堆山趾撑峡口（曰宝瓶口，又曰金灌口。内江增减之，宜赖离堆峡口以检制之；离堆障峙之，固赖斗鸡崖脚以支护之），壮如断水挥长剑。三十八丈人字堤，堤笼弯环象腿岸。前俯后仰鳞叠上（内低外高，所谓“低作堰”也），束水让水水洄旋（水大则从笼泄去）。如塘如湖如渊潭，波圆浪折雪花烂（《志》曰花洲）。横潴洪流穿象鼻，风吼雷鸣声不断。洶洶灌入宝瓶口，控扼波涛终古奠。水画十一标水则，盈十则足过则患。作堰机关湃水阙，层甃笼石内低缮。水小关水水不乏，水大渗水水不泛。呜呼，李王父子真神灵，劈山斲水毒龙绊。煌煌六字炳日星，后世治水有成宪。嗟予年少未弱冠，强公修堰曾窃看。淘工最上笼工次，事事师古为才干。淘沙覆岸如山堆，编篁络石如铁釬。河道最深河面窄，水利悉均水势散。即遇旱潦不为灾，全蜀父老颂清晏。何意岁月递迁流，遂致堰工亦改变。崖脚不留浪直冲（甲子春正，凿去斗鸡岸脚。夏五月，宝瓶口遂崩，覆一大木内，结狮象形），离堆渐惊鳌柱铲。人字不张堤太逼，大水何听蛇笼扞。南江独高北江深，分水指肱难照按。古柱长埋今柱换，挑沙畚锸逞欺幻。湃阙昔三今留一，大堰年年阳侯叛。人字堤决入南江，荡啮粮田十数万。官工不足民工补，旋葺旋圮财力倦。可怜产没人已亡，同档犹为供赋敛。愧我素无舟楫材，溺援桑梓徒虚愿。作歌为吁当事者，谨拟庶人传语谏。我闻离堆未凿前，大江泄泄水一片。奔流直泻下西南，郫下每闻吾鱼叹。李王堰右而检左，沃野千里乐耕佃。不补岸脚障中流，惊涛日蹴离堆陷。一朝石裂连山摧，制流从何施手段(凿崖不补，无以支护离堆，离堆若崩，何以检制江流)。我闻人堤未决时，堤下地扶木羊圈。中叠石条阶级象，穿孔铸铁相钩贯。基址深固上铺笼(从河底即装笼作堰，便于泄水，不与水敌)，浅包伭作岁修便(金石文曰："深淘滩，浅包鹭。")。癸亥改作一字形，飞激荡决成巨堑。频年请帑加工修，夏水秋涨仍漂垫。人堤不速还旧章，上下何年庆安澜。补崖复堤为大纲，更将淘工细筹算。浅则水浮易沸腾，深则水沉无泛滥。力锄老底而鸠工，勿谓古柱已鱼烂。运岸堆岸厚赏需，挖河填河惩习惯。三十数万西山竹，织作金堤伭而健。屹立江心分江水，能蓄能泄仿古办。此不伤涝彼不旱，恩波洋溢各州县。人生天地蜉蝣耳，富贵荣华如闪电。惟兹立德与立功，可继李王百世馨香荐。呜呼！可继李王百世馨香荐。

十、《诗缘正编》二首

32. 立秋舟望

岸阔连天远，波宽贴地平。压云帆影重，拨浪橹声轻。山雾含秋淡，河风带暑清。倚栏凭眺处，倏过古鄢城。

33. 舟泊重庆

石壁摩天险，渝城拔地雄。巴岷双水锁，吴楚一帆通。唇齿连江北，藩篱固蜀东。滇黔犹未靖，保障赖元戎。

《历代蜀词全辑》增补 65 首

由李谊先生辑校的《历代蜀词全辑》《历代蜀词全辑续编》，“裒集历代蜀人词，旁征博采，备极勤劬”①，前书共辑得词作 5300 余首，作者 240 余人；后书辑录 180 位蜀籍词人（其中有 53 人的部分作品已在“全辑”中收录）的词作 2950 多首。合之，两书共辑录历代蜀人词作 8200 多首，作者 360 余人。凭一人之力，对历代蜀词旁搜远绍，完成此蜀词全集，其搜罗不可谓不广，对于研究历代蜀词，其功甚巨。然正如作者在文中所说：“中国历史悠久，幅员辽阔，文献丰富，资料浩繁，蜀籍词人的作品仍难免会有挂一漏万，遗珠之嫌。”② 今浏览所及，发现清代华阳人王增祺撰有《聊园词存》一卷③，收词 65 首，为以上二书所未收，故草撰此文，以补不足。

王增祺（1846—1904 后），字师曾，一字也樵，号聊园老樵、蜀西樵也，华阳（今四川省成都市）人。父少山，字晓峰。咸丰辛亥举人，工为制艺文，从学者甚众。罗绸、叶毓荣辈皆出其门下。年几五十，始以知县发江西用。尝知陇南金溪，并有治绩。增祺少好为诗，年甫冠，即手录蜀中先辈及朋好之作，或全章，或断句，刻为《诗缘》。历官陕西韩城、石泉、洋县知县，晚岁还蜀，更取《诗缘》加以刊定，分正续编若干卷，其意在借诗存人，而近数十年耆旧凋徂，佚闻莫理，得是编，以稍知其姓字梗概，亦有足多焉。著有

① 缪钺．历代蜀词全辑题记［A］．李谊．历代蜀词全辑［M］．重庆：重庆出版社，1992：1.

② 李谊．历代蜀词简论（代前言）［A］．李谊．历代蜀词全辑续编（2 版）［M］．重庆：重庆出版社，1994：33.

③ （清）王增祺．聊园词存［M］．清光绪十七年刻本.

《聊园诗存》正续二十四卷、《聊园杂文略》《韩城集》三卷、《诗缘樵说拾遗》六卷、续集六卷。

壬申（1872）

满江红 芜湖寄昭如女弟

如此江山，送游子、扁舟去也。蓦眼底、波涛汹涌，泊芜湖下。断渡风高羊角舞，嵌空雪乱鹅毛洒。记年时、双屐踏琼瑶，同心者。　卢阜畔，莲开社。郏亭外，梅横野。怪移家多事，共长流泻。梦境已随云影散，冰天更觅霜豪把。抵南朝、明远大雷书，和愁写。

贺新郎 采石矶怀古

迤逦山横黛，是螺纹、盘成髻样，小姑遥赛。积雪才消烟影活，放出光明境界。凭看取、朝阳红晒。牛渚清江同胜迹，问何人、写作丹青卖？听远浪，走天外。　谪仙偿尽风流债。想扁舟、宫袍坐月，岸旁惊怪。三百华年弹指顷，别具英雄气概。要整顿、乾坤隳坏。巨舰冲波横战鼓，笑南朝、大敌金人败。凭吊久，有余快。

满江红 乌江吊愤王

莽莽寒流，是西楚、霸王战地。谁再遣，八千弟子，自江东至？帐里乌骓鞭不起，闻歌痛洒虞兮泪。破重围、慷慨叹天亡，非人事。　亭长待，头颅寄。舟人过，波涛避。想鸿门高会，竟成儿戏。亚父空思提玉玦，淮阴解斗高皇智。怪重瞳、冤愤未全消，雄风肆。

贺新郎 荒港雨泊，寄汉阳邱炳垣吉安。

洒遍青衫泪，莽书生、孤身万里，一家三地。巫峡浔阳同逝水，双鲤传书不至。更夜雨、敲篷声碎。最怕春来成断梦，折梅花、莫遇江南使。谁寄我，平安字？　翩翩忽忆刘书记。枉消受、琴亭月朗，鉴湖风细。汉上轻抛神女佩，又盼西山眉翠。便算作、相思无二。尽说情深端惹恨，只团栾、两字都难遂。问久别，果何事？

齐天乐 大雪忆聊园梅

聊园此际梅开矣，筠帘半垂风小。树缀枯枝，枝添素蕊，更有天花缭绕。南华梦好。当粉蝶寻香，悄过林表。误引芳闺，探春憨向绮檐绕。　无端吹出柳絮。恰孤舟坐冷，别惹怀抱。翠锁遥山，黄眠宿草，抵得琼楼多少？凌波□杳，只一派空江，剩寒光照。欲访罗浮，缟衣人渐老。

贺新郎 卖书画词为友人作

名父之儿也，梦醒从、嫏嬛福地，兴耽风雅。待诏黄庭临茧纸，妙笔临川手把。更绢素、诸城挥写。论画山阴童二树，对春风、拜倒梅花社。同秘惜，锦囊者。　　朝朝展玩情难舍。剧无奈、天寒袖薄，泪随声下。道上何曾逢骏骨，便学名姬易马。才羡煞、千金陆贾。检点□监生计足，向芸窗、痛惜相知寡。怜措大，枉愁惹。

拜星月慢 月夜风雪中，闻雁有感。

兽炭煨红，螺杯浮白，遣此寒宵清绝。漏箭声沈，忽哀音凄切。是征雁，忍受、残芦破苇萧飒，叫彻空江明月。休向姮娥，说频年孤孑。　　打头风、解散同心结。寻香梦、恰堕梨花雪。试想行整潇湘，又天涯飘忽。甚啼鹃、呕尽春归血。钟情者、一样伤离别。只三五、玉镜高悬，任无端盈阙。

点绛唇 雪

一抹晴天，半空玉戏真奇幻。早梅刚绽，已打梅花瓣。

说是春回，又值残冬半。瑶阶畔，有人看惯，搓粉成香片。

贺新郎 泣凤词，为资阳罗志礼姬人金凤作。

罗官陕西通判，差权泾阳□税，病殁。金凤，故苏妓，归罗随任。殓毕，朝家人而语之，曰："主死，我当殉。银物若干，子某某，户而阖焉。"遂自经也。时方寇乱，靖后，罗弟志社赴陕，三月乃得二柩归葬也。樵子闻而义之，为制斯阙。

要作双楼凤，尽随郎、章台走马，者般情重。秋雨相如翻病渴，折散鸳帏好梦。忍案上、鹍弦重弄。检点罗衫同锦袜，笑蛮奴、蠢婢知何用。人未死，腹先痛。　　铮铮硬语真奇勇。便深夜、空梁雉经，报郎恩宠。回首苏门杨柳绿，劝客螺杯笑捧。肯性命、鸿毛轻共。解下青楼飞紫燕，女贞花、早傍檀奴种。瑶岛上，素鸾控。

前调 惜桂词，为南昌故妓赵桂保作

桂保，稚齿丰肌，眉目娟好。巡检某监之子，其假父银五流约梳拢焉。将寝，保伏泣不止。某惊问之，曰："儿虽贱，知从一义。君诚见怜，俾脱烟花

籍，婢妾惟命不则，假父得金无偿理，君失金无拒理，计惟遂君欲毕命青绦已耳。”某度不办，谢去。久之，保与富人某善，矢终身，假父格之，求无厌，富人计得保偿金数百，人多保之贞，而又□富人之能得保也。乃不三月，富人死，保至今以节而称也。樵子嘉其志，而哀其遇，亦制前调。

道是蟾宫桂，落风尘、栽成弱柳，更饶风致。豆蔻葳蕤芳信早，要得温柔快婿。怪逐浪、桃花无味。三五华年弦上指，恰轻狂、杜牧红楼醉。君听取、妾心事。　　妾身肯做漫天絮。但休把、杨枝再嫁，尽凭君意。粉蝶过墙春自守，别有寻香客至。又鸨集、林端偷俟。才得娇藏金屋里，洒潇湘、斑竹都成泪。妾薄命，柏舟誓。

鹊桥仙　渔妇图

素衣浣雪，青裙拕水，玉手提篮半露。篮中有个细鳞儿，偷眼把花容小觑。　　丝竿斜倚，低头却顾，笑靥盈盈欲语。绯桃落瓣打腰轻，生恐怕细腰酸楚。

齐天乐　冻鱼脍

一江风紧渔收网，当筵试寻珍膳。缩项鳊鱼，堆盘捣汁，受得今番糜烂。冰霜耐惯，更骨肉无多，问谁怜念。历尽奇寒，个中滋味转留恋。　　甘鲜脔割早尽，看晶莹似玉，尽乐清咽。想禁烟时，分明一样，冷食人家传遍。风情好见。雪夜倍凄清，热肠都换。冻破春回，又桃花鲤泛。

祝英台近　大胜关守风望江宁

数征程，三十里，偏又朔风起。目断寒江，一派西流水。为怜日射秦淮，冰融脂粉，只应快、把扁舟舣。　　魂消矣，何须袖翠裾红，恰瓜破年纪。但说江南，湖山总清美。情多到处牵愁，封姨解笑，引将去、莫愁家里。

满庭芳　《红楼梦传奇》题后

天上人间，心头眼底，情从甚处生来？些儿牵惹，跟定不分开。纵有生离死别，随说着、珠泪盈腮。真无奈，风怀万种，恐被落花猜。　　悼红。轩下客，愁随梦醒，推去仍回。怪缘悭分浅、淑女清才。禁受多般苦恼，才悟彻、薄命应该。将顽石，填平缺陷，精卫错含哀。

水调歌头　风雪中登岸寻药，跨蹇归舟。

逆阻向江岸，热恼满胸中。旅人端的成病，一味要防风。求取伯休卖药，携取东山着屐，踏碎玉玲珑。健步敌寒意，似立五禽功。　　归路远，人力倦，跨山公。断港荒原，行转一白影蒙蒙。试想烹茶学士，更有寻梅野老，雅兴未能同。尽被有身累，无事让篙工。

沁园春　病卧江宁下关舟中

二十年中，艳煞江南，常将梦来。觉莫愁湖里，满船月载，秦淮河上，万柳春回。澒洞风尘，凄凉烟水，花落华林燕子哀。新亭泣，赖群公戮力，重翦蒿莱。　　吹余劫后寒灰，恰帆挂、西风半面开。怪雨雪盈途，一身多难；穷愁惹恨，二竖为灾。咫尺天涯，欲行不得，谁吊南朝庾信才？舱头立，向金陵望气，郁郁佳哉！

沁园春　寄贺叶小渠新婚，兼调汝谐。

谁唤卿卿，抱暖寒宵，鸳鸯梦寻。更额闲梅点，起来蜡冻，眉心黛展，画处螺侵。结就新欢，生成艳福，双桂堂中一曲琴。难消受，爱催妆句好，拥髻低吟。　　箫楼别听清音，是犹子闺中燕婉心。想鸭绿春江，蟹黄秋里，锦城誉起，绣阁文深。只恐佳人，未能索解，天壤王郎怨不禁。偏怜取，有兰亭妙腕，替把花簪。汝谐妇张幼有"一江春水鸭头绿，十里桃花蟹不黄"句。

拜星月慢　黄天荡怀古

燕子矶头，是黄天荡，出港扬帆风利。想宋中兴，忽乌珠军至。望天堑，不异、秦师百万之众，可以投鞭而济。直下江南，小朝廷休矣。　　战船横、拥出梁家婿。援桴急、更助舟师气。试看夫妇当时，夺金人声势。老鹳河、但阻书生计。长江上、便作擒王地。肯居士、坐守西湖，把疲驴身寄。

贺新郎　旅况赋寄曾笃斋

快作江南客，挂轻帆、风来水面，晚晴云白。滕六飞花冰结块，闷煞沿途野泊。浑不筭、劳人安适。盼得金陵城舣棹，想乌衣、好觅琅玡宅。偏病惹，渐加剧。　　因缘解脱生公石。硬抛撇、矶头燕子，目随飞鹢。两点金焦星火□，认取瓜洲旅夕。者便是、鲰生行迹。说与文房应怅，才数年、时好事多虚掷。前领取、绿杨色。

风入松　扬州怀古

行人堤上说隋家，城郭绿杨遮。迷楼是处春风早，暖吹宫，女艳如花。廿四桥边明月，刚连着玉钩斜。　　无端改岁纪龙蛇，鼙鼓竞喧哗。萧娘持镜阿颦笑，好头颅、看不争差。凄寂雷塘数武，我来重想繁华。

何满子 发扬州，过高邮，吊沿堤枯柳。

可是隋家旧种，东风吹得如林。锦缆牵羊飞絮绕，借来殿脚清阴。偏学绛仙眉妩，画成翠黛深深。　　送尽琼花观客，飘零直到而今。三十六陂烟不断，枯枝乱点寒禽。心苦怕人攀折，好花留待春临。

谒金门 扬州粉

扬州粉，抹上腮涡红晕。到得檀奴交颈时，赚他推□认。　　可是花香暗衬，却又无花插鬓。笑掩娇姿纤爪近，掐将妃子印。

夺锦标 自题《省觐集》后

自九年前，高堂远宦，竟缺随时温清。试问难为人子，抛撇妻孥，旅怀端整。溯东流去也，镇消受、扁舟风景。此行安、稳到西江，见大人真家庆。

才向巴渝揽胜。巫峡轻穿，又入彝陵城境。汉上欣乘黄鹤，直下浔阳，百篇成咏。大孤山畔路，喜团栾、今番侥幸。向鄱湖、屡棹章门，还动郏亭诗兴。

昼夜乐 六漫闸晚眺

来时未向东风祝，争得水、波浮绿。寻幽小步湖隄，转过一重茅屋。枯柳高低溪影曲，尽傍晚、钓船归宿。看看早春回，鸭头深处浴。　　江南江北随游瞩，便村居、胜岩谷。怪他鸡犬人家，惯受刘网清福。任有故乡佳胜处，此闲乐、不须思蜀。痴想结双椽，恐风尘人俗。

水龙吟 闸上除夕

一年容易今宵，声声爆竹维扬道。本来不睡，偏教守岁，凭人失笑。试想家园，炉煨兽炭，团栾刚好。却黄金费去，铸成离别，买不住、流光杳。

说是阳平近了，认邗沟、隔湖波小。湖头草屋，者般时节，醉人多少。漏点迢遥，烛花添喜，早新年到。问吴儿卖取，痴呆也未，莫沿隄叫。

癸酉（1873）

绮罗香 元旦泊界首

日丽风和，波平浪静，癸酉春正元旦。是好时光，听一片钲声乱。舟行处、夹岸茅檐，双扉半掩桃符换。爱儿童、逐队嬉游，彩衣争着引人看。

中怀近日难遣，放眼东南大局，江湖身倦。对此茫茫，乐事让渠行遍。怪少年、一样心情，回头蓦地光阴短。向阳平、且赏阳和，酌金尊酒满。

齐天乐 桃树

一声刚听莺儿语，东风不随春嫁。把好韶华，都辜负了，谁管夭桃开谢。啼痕漫惹。正柳解抽条，向青骢打。崔护行来，错疑人面倚花下。 枯枝只凭绕舍。没心情软款，说天台话。笑绿随梅，拈红数豆，识得相思还怕。由天也罢，怪根叶呼名，有人牵挂。肯逐东流，学他轻薄者。

满江红 淮安哀王孙

试看淮阴，者便是、英雄榜样。出胯下，居然无语，是何情状？合向中原同逐鹿，怀恩遇魏陀甘让。作真王、仍守汉家封人功偿。 云梦计，行偏诳。陈豨语，心应谅。有龙门遣使，证君诬枉。寄食少年谁爱士，藏弓此际难为将。恨一般、偏受妇人愚，秦亭长。

烛影摇红 述病

阮瑀精神，张衡愁病都输我。分明好事总难凭，要可如何可？争耐得心头火。待一阵、罡风躲过。偏生奇祸，却被封姨，轻轻觑破。 吹上身来，肉麻也教人无奈。几回搔痒麻姑，又在方平坐。要逐诗魔则个。正乡人、迎傩道左。是春时节，辜负嬉游，任天摧挫。

齐天乐 清河人日立春

问春何处迎来也，还思草堂人日。濯锦江边，收回彩仗，早是鞭春时节。春衫乍易。称呼作春人，探春消息。一派清江，故乡西望太遥隔。 春归也同漏刻。爱晴光照遍，峭寒消释。不许春游，因春惹病，误却无边春色。春情漫说。只挑菜光阴，料应难得。谁采芹香，整辛盘荐客。

换巢鸾凤 自题任申冬《北征集》后

诗卷随身，似神来洛水，别有丰神。只龙标调换，一味爱翻新。怕他成病尽长呻。为江北江南，愁煞人。真堪笑，算一例、艳情勾引。 金粉。流不尽。绮语忏除，未必冯夷允。铁板铜琶，一声高唱，幸得燕齐地近。回想山川出夔巫，写将奇险才偏窘。文章事，叩车轮、寸心相问。

贺新郎 女伶

尘俗浑如戏，一般儿、男男女女，更无殊致。试看当场真面目，只有裙钗本事。扮演着、冠裳交际。服妇人衣翻惹笑，笑何郎、傅粉初无味。猜不透，雌雄异。　　木兰替父从征未。任崇嘏、参军强署，讵为佳婿？不过累累黄土耳，硬把阴阳倒置。问造物、抟成何意？最西方多狡狯，自修成、锁骨人间世。除幻境，没些子。

翠楼吟　夜雨

一样凄清，灯前寂坐，不应唤他春雨。想层楼夜静，忽惊醒架头鹦鹉。听风吹去。洒上杏花梢，嫣红刚吐。应怜取，旅怀枨触，向清江浦。　试数，漏转更深，有几多眉皱，尽天分付。声声和泪断，算泪珠滴来如许。三三五五，要打叠诗囊，把愁同贮。朝看取，满江波绿，送人行路。

齐天乐　登车第一日，宿众兴驿。

好春不管人行也，骊驹试歌声苦。慷慨登车，轻雷隐隐，似向双辕齐赴。闻根顿悟。要唤睡魔醒，免侵风露。寄语清江，早潮分付早回去。　离情且休乱语，只遥传尺素，向双鱼付。看一鞭催，桃源到了，问避秦人何处。呼名总误，笑滚滚黄尘，那容仙侣？瓦屋三间，是征夫合住。

薄幸　雨后泥淖难行，乘舟向宿迁。

无多行李，稳驾短辕双黑卫。举鞭向黄沙堆里，认一片钟吾地。怪飞尘、和雨成泥，轮翻大雅扶难起。又买得扁舟，更番忙乱，乘夜移居似戏。

只一叶、都容我，端闷煞西风不利。算难凭人意，乍临马背，齁鼾爱傍船头睡。到来安置，觉殷雷过处，山亭水驿无留滞。征衫脱却，还数乡园味美。

翠楼吟　阜河元夜不寐

火树千株，灯山万叠，看来锦官城里。正金吾不禁，引少少玉人欢喜。笙歌声起。觉酒地花天，人间何事。沉沉醉，钿车归去，月明如水。　不意。浪掷流光，住帛河行馆，有何滋味？元宵辜负了，惹心上人儿遥忆。料应难悔，要遣梦还家，移缸先睡。偏无寐，算今年错、想前年事。

海天阔处　代题嘉应饶镜塘祖培《航海迎养图》

海天阔处行舟，茫茫四顾浑无际。烟痕乱点，中原如发，鱼龙影里。才过瀛洲，又逾桂岭，认乡园地。入门同失笑，含饴大母，摩孙顶，慈颜喜。

细数春来近事，幸波翻，水仙随逝。螺山暂别，蛋船更换，鲤庭遥至。多谢飞廉，飓风吹散，向吴淞水。到团栾眷属，重帏健饭，把征图绘。

多丽 夜发张家集，道中怀古。

趁宵征，一天风月凄清。更无人、驱车道左，鞭梢指向彭城。想重瞳，中原逐鹿，恃神力、破灭秦嬴。南控江淮，北连齐鲁，名都建置势峥嵘。奈芒砀，真人气盛，一剑了平生。谁凭吊、英雄儿女，同此伤情。　　燕子楼、空春寂寞，呢喃莫听双声。缟衣羞、把红襟系，随窗外、唤彻流莺。多谢香山，新诗却寄，十年幽梦蓦然惊。是垓下、虞姬魂返，携手合偕行。无穷恨，乌江野渡，东洛前程。

春风袅娜 滕县道中闻鹊声

问东风几日，便到郊原。乾鹊喜，啅声繁。正遥山睡醒，推开宿雾，柔条抽起，挂上朝暾。语燕偏忙，呼莺尚早，算是春来第一番。未必笙簧许同谱，端愁桃李太无言。　　寂寞滕阳故址，谁驰马去？征夫过、跨懒双辕。黄尘里，好音喧。思量此际，何处庭轩？蚁酒筜成，金尊香泛；蝶衣舞倦，玉蕊枝翻。听余新调，定佳人惹笑，鹦哥教学，浑不嫌烦。

绮罗香 汶上旅，夜雨，即事，有赠。

十七年华，刘家妹小，试把名儿偷数。只解行云，罗袜浅凌波素。便息妫、无语魂消，误认作、绯桃盈树。甚思乡梦影迷离，巫山高处暮行雨。
太守多情如许，疑是前身玉局，朝云携取。欲侍才人，又被乱莺争妒。属卿卿、消受春风，等郎归、作杨枝主。好姻缘成就今宵，谢披衣玉女。

昼夜乐 帆车

错疑陆地行舟也，一幅布、帆低挂。从前枉费推移，到手东风好借。便北人何须使马。飞车稳、向奇肱跨。历碌走轻尘，似波涛倾泻。　　清游惯说江湖话。浪声喧、转惊怕。爱他自在中流，却只行来原野。水面生涯都夺取，浑不管，榜人偷骂。异制想西夷，又轮船高驾。

绮罗香 茌平赠雏妓

绿暗红稀，东风懒举，当作晚春时候。宿鸟群飞，忽改调新声奏。看早莺、迁向高枝，把一串、珠流檀口。镇憨痴唤起闺情，登楼人怕折杨柳。
却是暖调纤手，只四条弦子上，教人消受。走遍风尘，总落奈何天后。怪他生、小不知愁，数金钱、替掀双袖。有余音尽绕梁间，算清歌侑酒。

风入松 赠腰跕歌者张桂仙

莺莺燕燕那人家，问取好年华。拈花十八娇无语，把三条、弦子轻挝。心上连环谁解，声声慢眼波斜。　梨云低傍鬓边鸦，淡抹晕痕遮。素娥戏唤勾愁起，广寒天、旧梦争差。试拜阶前新月，可抛粉黛生涯。

贺新郎 德州旅夜不寐，寄怀奉节邓希唐徽积。

是事皆缘也，七年前、君来锦里，正相知寡。绛帐春风欣识面，别绪逢秋便惹。只不见、听君行罢。满地槐黄君又至，痛更番、铩羽青霄下。襟上泪、共君洒。　君归我亦东游者。泊夔门、寻君无路，把天涯话。君赋西征应几日，我更燕齐走马。一例里、微名牵挂。桂子君家元故物，想清标、玉映情难舍。眠不稳、相思乍。

喜迁莺 众旧稿寄昭如

秀才文字，是一片心肝，莫轻抛弃。十载哦成，连篇写就，此事解人无几。为有左家阿妹，闺阁居然名士。恰知我，尽拽罗古锦，诗囊亲制。　珍秘。都当作，长爪郎君，尚在人间世。咏絮庭前，扁舟送别，强半旧吟忘记。小住景州城北，勾起浪仙前事。想剩稿，恐推敲未稳，烦君遥寄。

薄幸 本意

一声长叹，谁分遣、柔肠寸断。便断也教人怜惜，忍把负情侬唤。奈罡风、吹下梳翎、天涯认作将归雁。纵酒满金尊，花飞玉笛，赢得泪珠偷咽。

端怕煞、凄凉境，浑不耐些时不见。怪来迟片晌，佯嗔忍笑，寒更数尽重开宴。者般留恋，算鲰生薄幸，樱桃错打黄金弹。从今过犯，折却相思一半。

摸鱼儿 寓斋夜坐，感事闻歌。

镇思量、锦官城外，燕莺啼满春色。携壶醉倒青羊市，醒过荷花生日。频结客，巾扇桂、湖来近水铺歌席。天香露裛。又子落湖心，梅梢信早，探向少陵宅。　伤今夕，何处乡园雅集？偏他寒意萧瑟。灯红酒绿寻常有，奈被两层城隔。愁倍剧，欢喜地、算来总变清凉国。樱桃误摘，正欲梦还家，抛除绮思，邻壁一声笛。

满江红 戏赠朱少轩

措大心情，是真个、自家不解。插脚向、春明尘里，看空人海。好色拌为名士累，闻歌好是群儿在。倒金尊、一醉一欢呼，浑无奈。　痴绝处，都惊怪。愁深处，难担戴。问乾坤如许，有谁能再？镇日流连端恨别，从今摆脱休言悔。愿天公、偿取旧清狂，风流债。

夺锦标 丏新建范藕舫金镛绘蝶。

此乐仙乎，瞢腾一晌，幻作翩翩花使。去向秋千院落，檀板轻敲，粉香低坠。恰芸窗眼快，尽多事、将春游戏。唤春驹、纸上闲行，拂素毫、春风起。

真个天然画意，安乐窝中，眷属更番携至。舞罢彩衣身倦，藉草铺茵，认酣眠地。到蘧蘧觉后，是南柯、何曾忘记。溯神游、举棹章门，飞上滕婴图里。

乙亥（1875）

满江红 题酉阳高惠川提督《古彪把钓图》。

一抹清江，谁道有、英雄把钓？蓦地里，兜鍪掷下，仰天而笑。赤手鲸鲵曾缚取，功成只合垂纶老。拂珊瑚、吾意欲东行，蓬莱岛。　　襟带水，凉痕□。芦荻岸，寒声峭。趁无边秋色，刖开怀抱。二寸鱼肥应适口，双了儿小同舒眺。望风涛、瀛海未全平，迟游棹。

高阳台 酒间，赋赠德化程晓川元目。

笑指长安，红尘十丈，选人队里逢君。置酒欢呼，醉来疑假疑真，大孤山畔分飞处，也同他、征雁离群。问闲云，出岫何心，忍别柴门？　　三年苦忆还相见，便征歌选笑，随处留髡。北地风寒，可堪瘦骨长贫？凭君细述从军乐，奈阿蒙、久不能军。再休论，花满芳园，月满芳尊。

丙子（1876）

念奴娇 喜晤武柳斋，赋赠。

故乡何处，□故人相见、抛除离恨。握手缠绵才数语，又把牢愁勾引。君上春官，我随秋赋，已隔云泥分。须眉如许，风尘中有谁认？　　休论碣石题诗，燕台纵酒，意气空悲愤。试数家园多少事，一任平安无信。月满南楼，遥怜儿女，苦被青衫困。且因君笑，蓬莱望里将近。

蝶恋花 忆昨

天半朱霞惊乍见。旖旎风流，眼角含娇盼。问姓便将侬姓唤，争禁地者般温婉。　　小坐余芳都不散。霭霭春云，惯逐东风转。只惜芳名生小擅，宵深忍病陪欢宴。

其二

雅俗怜渠都得半。拨尽檀槽，又把丝桐按。弹到仙翁肠欲断，临风肯逐霓裳伴。　　艾艾期期听总惯。喜遇知音，一凤当筵唤。莫道登场歌婉转，青衫湿透红颜涴。

其三

喜是杏林春日燕。个甚憨痴，解捧云郎砚。袖底芬芳浑不辨，偎肩故故防人看。　　一笑登场装束换。酒后茶余，却又清谈惯。别样聪明流□眼，十三年纪今刚满。

其四

记得歌场刚一见。秀人眉峰，更瘦腰轻倩。依为情痴应趁愿，宵深强便持笺唤。　　亦有闷怀难自遣。谁分琴徽，中道鹍弦断。无限花飞春不管，重欢已是离亭宴。

其五

生怕秋深花事短。漏泄春光，幻作红襟燕。削额发垂刚不掩，朱唇小结樱桃半。　　道是蕊珠仙被谴。絮语呢喃，妒煞新莺啭。袅娜妆成偏汝惯，尽呼醋醋将谁怨？

其六

玉笛悠扬声不断。顺口歌成、爱个儿清婉。窄袖短衣妆束惯，登楼忽露红妆面。　　一体灵狸谁解辨。绮丽丛中、且把胡琴乱。只是从人邀拇战，当筵依旧豪情见。

满江红　寄怀南昌万少园立钧、丰城欧阳阮斋元熙、都昌李秀峰乘时。

肯信耽吟，便生把、科名折去。怪执手，同声惊叹，一般言语。我似云英身未嫁，君疑月旦评无据。太难堪、南北屡分驰，空期许。　　襟上泪，痕都沍。江上路，行殊苦。幸蓬窗相对，闷怀倾吐。送客还家刚惜别，从人召饮频欢聚。算天涯、知己有逢迎，真诗助。

绮罗香　登临川拟岘台，敬瞻曾文正公栗主，并公手书《南丰序》。

一笑登临，烽烟早靖，城郭人民如故。遥想当年，相国督师亲驻。整军暇、凭眺山川，更携取、羊公宾侣。看今番缓带轻裘，长江指顾收楼橹。

文章也胜子固，说甚裴君政绩，抽毫重序。墨渖淋漓，竞把碧纱笼护。是奇人、天与风流，问堕泪、一碑何处。中兴功、总过三分，拜龛中木主。

惜黄花 题友人《勘书图》。

先生休矣，底须如此。尽埋头，把陈编、又重翻起。书已误人多，笔误寻常耳。管落叶、打窗声碎。　　从来名士。未除习气。问谁能，攫金钱、不谈文字。鱼鲁试参详，才识诗书味。但莫误、古今图史。

壬午（1882）

金缕曲 赴都谒选，福五兄师以词赠行，谨次元韵。

此责真难释。痛无端、□椿树殒，把孤雏掷。身世艰危多少事，何止微名未获。谁宦海、还思游历。只为葱乌须反哺，况荆花、更值田家厄。伴倦鸟、奋空翮。　　光阴已后看看追。最撩人、男钱女布，不眠终夕。未必弦歌夫子笑，悔遣胡笳乱拍。剩恺恻、长荣胸膈。倘许河阳花早种，尽先人、治谱能追忆。吾去也，意何极。

念奴娇 罗丽生属题《美人把镜图》。

问卿何事，对青铜，细细匀成娇面。任说朱颜，长美好，没个檀奴偷看。浅发鸦堆，淡眉蛾扫，毕竟教谁管。者般情况，自家也合难遣。　　那解就里风流，盈盈一水，惯将双瞳翦。我爱卿卿，卿爱我，悄地沉吟多遍。坐怕花羞，眠防蝶妒，争把全身现。肥环轻薄，小名休误同唤。

癸未（1883）

尉迟杯 又一体，有赠。

甚心情。者时节、更有花事兴。当场顾影娉婷，浑未到十三龄。尊前试携，取爱个、儿素口浅含樱。佯误认、春燕重来，向人娇语生生。　　我已旧梦都醒。问禅心、泥絮扑打何曾。一缕柔丝偏惹恨，几番横笛暗飞声。怪无端、天与风流，任何戡绝倒乱呼伧。便从此、烂醉芳丛，不须听说飘零。

戊子（1888）

贺新郎 怀远宫公农山命题《叱驭图》，图为光绪三年公上延安府时作。

叱者胡为也，看乌延、峰峦万叠，仄难容马。要展书生平生志，鞭向骄骢乱打。便九折、何须惊怕。况值春深无青草，听哀鸿、一片声盈野。忧国泪、仰天洒。　　时平暂乞归田假。十年间、烟波画鹢，尽情游冶。蓦记边关艰危事，重指青门税驾。笑髀肉、居然盈把。为问牧龙川前水，更渠饥、□饮清流下。长啸处，笔横写。

《都江堰文献集成·历史文献卷（文学卷）》增补60首（篇）

——以许儒龙、孙錤为中心

由西华大学人文学院曾晓娟博士主编的《都江堰文献集成·历史文献卷（文学卷）》（下文称《文学卷》）近日由巴蜀书社出版，该书皇皇80万字，分成五编（诗词、文章、文献补录、楹联石刻、戏曲小说），从广义文学的角度对先秦至民国时期有关都江堰及其灌区的文学作品予以搜集，网罗极为广泛。这是继《都江堰文献集成·历史文献卷（古代卷）》《都江堰文献集成·历史文献卷（近代卷）》之后的又一力作，为“都江堰学”这一学科的建立奠定了坚实的资料基础。

然而，智者千虑，必有一失。笔者在翻阅过程中，发现该书也存在一些漏收的情况，现就阅览所及，略为增补二家，共辑录诗歌55首，文5篇，以期该书再版时予以补录。

一、许儒龙（文3篇）

许儒龙（1688—1751），字士元，号水南。郫县犀浦人①。据（同治）《郫县志》卷三十二《隐逸》载，儒龙“美丰仪，博学，通经史。工诗古文。年弱冠为秀才。里居，慨然有经世之志。乾隆元年（1736），以鸿词科征，计偕

① 关于许儒龙的生平事迹及著作情况，参看赵仁春.《清代蜀中诗人许儒龙初考》［A］//蜀学（第十二辑）［C］.成都：西南交通大学出版社，2017：85—91.

入都试而被放。遂遍游大江南北，由武夷山返棹阊门，镌所为《水南诗草》八卷而归。辟其先旧庐，筑野园，起亭台，疏池，养鱼鸟。有‘鹤天’‘梅海’诸胜。著书其中，抱膝长啸。遇春秋佳日，时一出游。近郊村女童稚随其所在，聚而观之，水南亦不以为侮也”①。著有《闽南诗草》《水南诗文集》等。《文学卷》“作者简介”部分提及许儒龙有关都江堰的三篇文章：《江源考》《四川水道考》《都江堰考》②，书中却失收。今据《郫犀许水南征君诗文集》补录③。

1. 江源考

蜀之水不一，其源亦不一，如雒、绵、潜、涪之类是也。诸水中汶江最大，源出茂州，岷山缘岩散漫，殆未滥觞，至灌口而始大。岷，古作汶，江之得名以此。又前儒云：蜀以山近江源者，通为岷山。青城为岷前峰，灌口直青城之麓，则亦可云江源矣。离堆凿于秦守李公，江自此别分为沱，东北经九陇、濛阳，至金堂与雒水会，历资、简以至泸州。其支流则绕郫邑，东南趋成都，为濯锦江、斜堰河诸水，蜀西郡县资以溉田，其源一也。汶江由青城出武阳，经英烈君祠前，与锦江会，遂东过眉山，达嘉州凌云山，与沬水合。沬水者，土人名雅河。源出严道以上之来山，流浊而驶江，受此水复趋戎州，与马湖水合源，即若水。出旄牛徼外，由滇境之丽江，趋马湖为金沙江，亦名泸水。诸葛武侯所谓“五月渡泸，深入不毛”者也。江水得此愈大，则金沙江亦可云江源矣。自是行三百余里，与中水会。《旧志》：蜀之三水：江，自成都南境至泸州曰外水；涪，至成都东南至合州曰内水；雒，自广汉至江阳曰中水。涪与雒各自一源，于江无与。泸水以下，江愈广，至渝城而白水北来与江会，即嘉陵水也。自兹而东，江所受者为巴、为彭、为宕渠、为檀井，其余支派出万山中，不能殚纪。此后江愈束，流愈迅，惊涛骇浪，直抵夔门。东下百余里，巫山、三峡为楚地矣。

予按，江源之述各异：一说江出蜀郡湔氐道西徼外，山腹中小大百数穴，淙然流泉，此地志所阻也。一说吐蕃以西千余里，有黑水为江之源，东经松

① （清）陈庆熙．（同治）郫县志［M］．清同治九年刻本．

② 曾晓娟．都江堰文献集成·历史文献卷（文学卷）［M］．成都：巴蜀书社，2017：153．

③ （清）许儒龙．郫犀许水南征君诗文集［M］．咸丰五年许天禄重订本．

州、维州诸处，崇山复岭，或伏或见，至汶山羊膊岭下，水势始盛，为《禹贡》导江之所。此二说者，未知孰是。然据《水经注》“山即渎山，水曰渎水”，又引《益州记》曰“大江泉源，即今所闻始发羊膊岭者”，则此为江源无疑。岭出玉垒，后人迹罕至，三冬积雪，连峰如玉，春季雪消，江水暴涨。唐人句云：“巴蜀雪消春水来。”是亦江源之一证也。

2. 四川水道考

蜀之大川，江为最，发源于岷，经夔峡，达荆楚，及扬而入于海，故为四渎之一。江之分流曰沱，《禹贡》“岷山导江，东别为沱”，《水经》“沱在汶江南，其一在郫县西南”。今新繁有沱江，经广汉、金堂、资、简，至泸州而与大江合，即此水也。江沱而外，其著者曰雒、绵、湔、涪、嘉陵、巴、渠，凡七水，其自彝中流入中国，而归于江者，曰羊山、青衣、马湖，凡三水。

雒水出什邡之章雒山，自什邡东南流经简、资、富顺，与沱略同。绵水出绵之神泉，自绵竹紫岩山经德阳入雒。湔水分流于永康，经灌州、崇宁、九陇、濛阳，亦入雒，二水皆合于雒。自雒至泸，与江水会，发源于江油之清川，经左、绵、梓州，至合曰涪水。发源于沔之青泥岭，经大安、利、阆、果诸州，至合州与涪水会，曰嘉陵水。由小巴岭经巴、蓬，西南以至于渠口，曰巴水。由万顷池经渠与巴水合，曰渠水。巴、渠既合，经广安至合州，与嘉陵、涪水会，以达于渝，而江亦大矣！羊山出铁豹岭，经汉源至嘉州之南，入青衣水，即《水经》所云“沫水其流激而驶青衣出”。来山经严道、洪雅、夹江而下嘉定凌云山前，入大江，土人谓之“雅河”“马湖水”。由云南丽江过黎州南境为大渡河，更东北流数十里即伏山穴中，至马湖始见。至叙州南入江水，或云即金沙江。

按《水经》“若水出旄牛徼外，南过越嶲，至僰道入于江，一名泸水”，上流即武侯所渡也。前史称三水者：江，自成都南境至泸州曰外水；涪，自成都东南至合州曰内水；雒，自广汉至泸州曰中水。皆可舟可航，往来赖焉。若李太守凿离堆所引之水，专用溉田，不能运舟楫。成都附近，惟锦江稍大，亦分支于岷，以其南绕会城，名特佳耳。《禹贡》：“华阳、黑水惟梁州。”盖全蜀及滇池，东距华山之阳，西据黑水。又曰：“西河、黑水惟雍州。”雍秦地接于蜀，西据黑水、雍、梁二州，皆以黑水为界。前儒谓“梁为蜀与汉中地”，盖未详。云南，古梁州城也。《水经》黑水出张掖鸡山，南至敦煌，过三危，流入南海。《夏书》：“导黑水，至于三危，入于南海。”是黑水自雍之西北直入梁之西南，全在外境，于蜀无与。又云：“沱、潜既道。”潜水出岩渠，南入于江，此亦川之大者。他如郡县、山泽所出诸水，则自岷至夔，沿流而注之江者，不可胜纪。而桓水、淹水之类，或远趋荒徼，不获尽究源委；或在内地，而非舟楫所历，则亦疑信各半。今但取据于经，参之前人论说，而举其大概，凡所不知，姑阙，以俟博雅君子。

3. 都江堰考

蜀之水，莫大于江。源出茂州，至灌口而益盛。自神禹开导，使达于海，横流奔溢之患，固已少矣。然亦不为民用，无益于灌溉也。秦守李公相度地势，凿离堆以遏其奔注，疏沱水以别其支流；又于灌口叠石筑堰，以分江水。时有蛟、蜃之类为害，李公俾其子二郎修治益勤。兹堰遂立，复为石犀，屹立堰首，以压水怪。镌文于犀以誓，曰：“浅勿至足，深勿至肩。”又磨岩作记，曰：“深淘滩，低作堰。”经今千余年来，雨淋日炙，苔藓剥蚀，而崖间字迹，隐隐可识也。历汉、唐、宋、元，代有理水之官，而杨公吉当普最著。至前明中叶，副使陈鎏悯工废坠，古犀不存，因复请于台，使铁铸二牛，堰乃复固。我朝尤以民食为重，岁亦修治，有司督率夫役于仲冬水涸时，疏浚修筑，而于民间计亩出资，以偿其劳，工竣即台使躬临看视，特牲以祀江神。至次年春初，堰水如期周于各邑，其为颠末约略如此。

皇上御极以来，体恤蜀民，并将前项堰费动支官库，是诚圣人如天之仁，不欲稍有累于闾间也。自此江神效职，而蜀西人民，饮和食德，共处于丰乐之世，亦庶几不负古贤之伟烈矣！

（以上录自《水南文集》卷一）

二、孙錤（诗55首，文2篇）

孙錤（1787—1849），字野史，号草桥、瘦石、子畏。自称岷阳大布衣，又称独学生。郫县（今成都市郫都区）人。少颖敏，好读书，先世有田百余亩，所入除自给外，多购书藏之。初习举子业，嘉庆年间游京师，入太学。文思敏捷，下笔立就。后取道山东，扁舟吴楚，览名山大川，遨游缙绅间，声名日起。归而杜门著述，尤重前人遗集。如李白、张俞、虞集、许儒龙、岳钟琪等集，与弟澍手订付梓。又刊行《古棠书屋丛书》，收录经史子集著作十六种，保存了大量蜀中著述，颇可珍贵。孙錤为文尚奇崛，诗学汉魏，颇有根底。道光二十九年（1849）病卒，年六十五岁。著有《蜀破镜》三卷、《郫书》六卷、《瘦石诗钞》三十三卷、《瘦石文钞》十三卷、《瘦石文钞外集》二卷等。《文学卷》据《国朝全蜀诗钞》录其诗 6 首①。今据《瘦石诗钞》《瘦石文钞》《瘦石文钞外集》等补录诗 44 题 55 首，文 2 篇②。

诗：

1. 鹅溪村舍春晓晴霁，望青城、玉垒诸峰如在数里外，作诗三首

烟林一夜子规啼，晓日扶筇过竹溪。草树澄鲜漾金碧，万山青过板桥西。

棱棱玉笋逼诸天，落落高寒太古前。远去吹箫共仙子，倒骑黄鹤俯青田。

洞天福地古青城，鸡犬云中笑语声。他日移家深避俗，一龛花傍范长生。

（以上录自《瘦石诗钞》卷九）

2. 永康秦守祠坐雨

岷岭松杉合，雷声峭壁悬。四山云泼墨，百丈雨鸣泉。明德思秦守，都江灌蜀田。诸番开晚霁，清啸万峰前。

（以上录自《瘦石诗钞》卷十）

3. 同人登西城观江涨

骤雨沱江涨，颠风语塔铃。蛟涎腥草木，鲸浪跋雷霆。癖性怀诗老，同人过野亭。朝宗看滚滚，一气入东溟。

（以上录自《瘦石诗钞》卷十二）

4. 春日独出，沿城循沱江桥，至东门酒家，三绝

岷山苍翠接郫沱，二月都江水正波。绣陌郊圻青似染，桃花开到古城多。

春城箫管酒如渑，城外人家事夙兴。十里绿杨三面水，丽人来往看鱼鹰。

---

① 曾晓娟．都江堰文献集成·历史文献卷（文学卷）［M］．成都：巴蜀书社，2017：179—181．

② （清）孙錤．瘦石诗钞 瘦石文钞 瘦石文钞外集［M］．清代诗文集汇编第 555 册［G］．上海：上海古籍出版社，2010．

市外喧声散白鸥，沙头云树远生愁。数声风笛斜阳里，重上东门卖酒楼。（往与盛汝舟同醉此楼。今风景如故，而夫夫下世矣。）

5. 都江堰

“深淘滩，低则堰”，大书深刻虎头岩，六字圣经炳贤传。春暖层波耀明月，都江如罐骊龙伏。家家陆海闲桑田，灵雨飞花一川渌。昨岁雨泽偶愆期，公田拆龟及我私。西川节度赫斯怒，力挽南江使东注。聿兴废典修水官，圭璧牲醴沈于渊。石落伐尽青城竹，二月离堆涨如屋。微闻经费帑不足，县官饬卖济仓谷。

（以上录自《瘦石诗钞》卷十五）

6. 寄题永康秦太守祠

岷山西峙渎东流，神禹开明盛德留。后有巨人秦太守，永康黑水堰青畴。南来天府雄千古，东去都江灌九州。不使三巴忧旱溢，年年圭璧礼诸侯。

7. 履堰行

十里五里绿阴重，灌木森森黄鸟哢。溪泉谷口争出山，不知出山清流众。沃壤千里古华阳，田禾待插岁丰穰。南东其亩皆利之，为沟为洫农曲防。鼓声填然满阡陌，水哉水哉请为德。且缓朝宗膏黍苗，大旱方今起螟螣。都江主者束带起，旁午却盖行乡里。（时天久不雨，田禾水颇不足，有司方忧之。）一雨三日江有汜，侬家石田霑足矣。

8. 晚归自沱江书所见

前山飞雨后山晴，十里残霞入夜明。渡口老渔还系艇，满江凉月待潮生。

（以上录自《瘦石诗钞》卷十八）

9. 题岷阳古帝杜宇开明墓祠图

万古青山两黄土，草长莺啼沱江浦。年年画里蹋春风，今从画中更怀古。郁郁苍松万竿竹，下有望丛新祠屋。乔山弓剑东西周，功德在人名在蜀。老扬当年溯本纪，开国茫然八千岁。鱼凫草昧破天荒，黑水华阳感兴废。有宋元祐讫国朝，兵燹丛残世代遥。春水落花寒食路，邦君来吊蜀宫樵（孝曾观察）。布衣翩翩说遗事，诸生慷慨同高议。前有永康常道将，后有《新都艺文志》。画师有意逞笔力，要与高文争典册（时作《后志》）。巍宫写证新《图经》，尺幅有同纪事笔。岷江东下古华阳，盛德苴巴颂不忘。一抔远怀唐二帝，三川如见会稽王。翰林去年来种树（晓詹太守），杏花红旆浥行露。一条古道新斜阳，两岸春烟旧祠墓。先圣后贤道不孤，丰碑深刻焕当涂。杜鹃城畔闲风月，烦写白云征士庐。（有宋岷阳征君张少愚，系前请修复二君祠墓者，故及之。）

10. 沱江诗

大荒一发溯昆仑，星宿高标纪本根。万里奔腾趋灌口，三川曲折赴荆门。风诗近禀周王盛，疏凿遥知夏后尊。名在上游功在野，眼前汉沔尚儿孙。

（以上录自《瘦石诗钞》卷十九）

11. 田禾出颖，已结实矣。大旱十余日，畎浍皆龟。士民有祷于望丛新宫者，一宵江水骤涨，快雨随终夕，高下堰塘各霑足。晓霁，行村，农夫相庆语，以为此泽计在成都属县，秋成当倍获大万钟不已。闻之欣然成咏，寄题二王庙壁，时戊戌立秋后六日

大江流惠泽，洋溢博施量。时雨一宵兼，田禾枯立畅。快霁行秋村，老农庆相向。膏泽下于民，百万钟立贶。高高何言哉，闾左肆无恙。夕阳明半村，俯仰天宇旷。成都古沃野，有国肇丛望。天王锡新宫，俎豆鹅溪上。乃求千斯仓，乃求万斯箱。士民敬有祷，惠此梁益方。秋风生大陆，白露兴微凉。古原一聘望，秔稻云芒芒。

（以上录自《瘦石诗钞》卷二十一）

12. 春旱得雨作歌

方春旱魃农所畏，为坛祈泽忧朝贵。圭璧牲牷恭神明，靡爱公私礼繁费。暴尫徙市谋孔多，首种不入当如何。永康昨者启官堰，云霓望断空滂沱（往年春分节前日，都江大堰启，雨亦随至）。朝来城厢米及石，市价增高钱一万。肉食村氓皆卢之，盗贼讹闻起郊甸。天心慈爱闵下土，扐驾苍龙诃电母。长风倒卷锦江波，箕星毕星交起舞。秧针一碧纷满阡，春溪瀌瀌鸣流泉。长官无事庶民乐，飞花灵雨谣桑田。万寿无疆神血食，昔者大旱今何年。

13. 雨后望青城、玉垒诸峰

西山远列三城戍，积雪峥嵘万古峰。福地洞天人境外，白云无尽一声钟。

（以上录自《瘦石诗钞》卷二十二）

14. 庚子八月纪事

蜀国今年大雨水，岷江东下埶尤横。翩翩鱼鳖皆当路，矫矫蛟龙各灌城。

人事即今多不善，天灾自古盛流行。百川早晚狂澜砥，沃土犹能见太平。

（以上录自《瘦石诗钞》卷二十四）

15. 大雨异涨骤发，至沱江城下，题楼壁四首

大风吹疾雨，高浪驾岑楼。直倒明河水，相将下界流。溟濛天地合，澒洞鬼神秋。瓦屋沿江岸，都成不系舟。

平生夸砥柱，今日见狂澜。倍觉波涛险，方知舟楫安。蛟龙兴大壑，风雨逼危栏。更欲观沧海，乾坤入渺漫。

盛气溯昆仑，沱流雨雪浑。纵横襄玉垒，曲折下夔门。不见川涛大，焉知禹绩尊。芒芒昏垫苦，异代迹犹存。

苍龙腾海上，一气徙重溟。涨涌孤城白，天围巨野青。阳侯何太喜，川渎不能停。汶右怀疏凿，重烦起鳖令。

16. 辛丑六月二日大雨，水后三日，沿沱江履被水患者，纪事五首

蓑笠幡幡杂钓舟，西山洚水卷城流。桑田借与蛟龙宅，喜得鱼虾近市游。

塌屋颓垣处处皆，沙痕十丈宿高台。趁墟小艇随鸥鸟，直避江鱼大上来。

古道垂杨带早秋，水荒长见野人愁。微闻籴价朝来贵，数闵青苗掉白头。

华阳自古田宜稌，沃野家家擅美庄。却是频年丰暇逸，天灾先兆稻鱼乡。

茅屋炊烟静不兴，洪涛已退岸无凭。沿途饥溺寻常见，始愧便人术未能。

17. 汶江异涨，宝瓶口决，水折而南，都江堰以下，沱流遂微，民禾畴多龟者，赋诗纪事

宝瓶口决汶江涨，汩汩淤泥下濑填。遂使嘉禾忧陆海，直愁鲜食兆桑田。开明远矣疏三峡，秦守功之惠两川。更有文翁崇至计，湔江穿凿利当年。

（以上录自《瘦石诗钞》卷二十五）

18. 沱江楼坐雨

雷声腾巨壑，雨势薄高楼。云暗天如偪，涛生地欲流。风林啼独鸟，人海著沙鸥。快霁闻吹笛，高城五月秋。

（以上录自《瘦石诗钞》卷二十八）

19. 常道将废宅

散骑常侍宅，惆怅导江阿。帝子干戈盛（五王相夷），乡山著撰多（《华阳国志》）。千峰围玉垒，一水下岷沱。扬马精英继，停车吊薜萝。

20. 宿灌

惊涛喧永夕，骤雨入高城。山月明孤枕，江风送晓晴。拟寻张道士，兼访范长生。马首青城道，来朝说玉京。

21. 李庙

帐殿三川古，松杉万壑秋。鲸涛喧大麓，龙气隐高楼。岷岭西南峙，都江日夜流。至今兼美利，明德百王酬。

22. 伏龙潭

大声生恐惧，万弩挟潮来。风雨疑龙战，波涛骇鬼才。堰垂秦守则，峡继禹功开。江水长宜稻，仁人利溥哉。

23. 绳桥

编竹引长绳，植绳铺甬道。削板覆其罅，坚实而壮好。长风吹欲动，履坦步辄倒。兢兢临渊戒，牵挽杂佣保。举趾慎或高，持危息烦恼。蹢躅如有循，蹉跌异结草。眼花飞雨溅，头晕色炎槁。下有冯夷宫，饥蛟鼓洪潦。上有青城云，鸣鹤逐缥缈。畏途彼岸登，使我发白早。诸番天所界，戎索疆场宝。矫首大荒西，晴霞殁苍昊。

24. 赵公山

刺天峰一柱，苍翠俯西岷。巨壑屯雷雨，名山役鬼神。蛟传隋守斩，龙奠峡江新。门户青城启，遥遥候丈人。（《世说》：山为青城户屏）

25. 山行

泉声喧不住，谷口蔽萝阴。潇洒名山兴，栖迟遁世心。松闲聊布席，竹外自横琴。婚嫁年来毕，人前学向禽。

26. 长生观

老作西山侯，早为盗贼辅。一念闵生灵，大节队尘土。如何返初服，遗像貂蝉抚。岂曰多得钱，神仙足官府。至今千余岁，遗观尚华朊。阴翳白云深，灌木考钟鼓。疏雨高山来，炎消五月暑。松杉夹长道，修竹闭巨圃。丹岩寒瀑飞，壤阁乱霞补。长歌入青城，山荒自太古。

27. 将至丈人观里许，路旁见有短碣云："奉县口口某，示亟下肩舆。"读之，乃村氓整齐团练法，以御山盗寇攘者，慨然有作

雀鼠人闲迹正纷，仙家宜自息知闻。如何也有凡鸡犬，草木皆兵寇白云。

28. 丈人观

丈人今不见，黄帝昔桀轺。日月高山仰，烟霞异代遥。虬松檠雨盖，仙仗戛云韶。疑有诸天驾，同为五岳朝。

29. 访唐末诗人杜光庭墓不得

先生诗不朽，高隐自何年。长啸烟中树，时闻谷口泉。白云如隐士，浊世此神仙。苍莽青城曲，逢人问墓田。

30. 天师洞

重岗复岭下昆仑，一剑当空怪石蹲。杰阁森严龙虎抱，阴岩缥缈鬼神屯。闲花细逐仙云落，寒溜高随法雨繁。见说洞天无劫火，名山遗迹待重论。（常道观是道家第五洞天，明季流贼之祸，未离兵燹）

31. 洞左桂树，相传是汉天师张道陵手植

桂与名山古，香惟道士闻。全身依法界，老干宿仙云。迥不偕尘俗，何由患斧斤。天师事招隐，明月见殷勤。

32. 祖师殿有杉木皮阁，是道士徐次卿请于杨海梁通侯所建者，次卿属题诗，因寄呈杨侯一首

万叠仙霞护碧峰，一层高阁倚云重。入山待践青城约，问道迟看绛节从。老去将军犹卧虎，倦来居士欲为龙。飘飘紫气岩边出，天际真人旦暮逢。

33. 赠徐道士次卿 道士，蜀州人。早岁曾从军达县。

鹤氅军门感慨深，白头智勇郁深沉。餐霞重结名山局，叱石终归道士林。（次卿初出家常道观）护法渐高观世眼，避仇还有杀人心。神仙兴废犹今古，大药黄金思不禁。（常道观久颓废，次卿竭力修复）

34. 试剑石

巨石当空起，惊雷出手豪。倚天飞剑过，两片白云高。

35. 常道观银杏树

树是何年种？根蟠绝壁来。端严如大老，磊砢不凡才。巨室方枚栋，通天又构台。名山求大木，何意杂蒿莱？

36. 朝阳洞

丹梯峭壁隐苔纹，晓日扶桑草树曛。一洞天围夷峤雪，三清界俯蜀山云。霞光潭影随人转，岩瀑松涛尽日闻。头白假年思学道，朝阳来住读三坟。

37. 由朝阳洞左折益上，寻溪光亭不得

天风腾客袖，三日说青城。山陡云孤立，岩县树倒生。远寻丹灶客，记得赤城名。人影溪光里，斜阳绝壁晴。

38. 青城山茶

黄帝当年驻跸村，野人今日采茶园。名山饱沃烟霞气，小草均霑雨露恩。剧有清风生陋巷，也随肉食到朱门。上清道士曾相识，为汲山泉贮瓦盆。

39. 同伍文山孝廉陈莲舫广文登孤鹤顶

鲰生空好奇，五岳未游一。青城古名山，黄帝昔驻跸。三十六洞天，图经未皇诘。出门占有功，二妙幸相率。晴霞偪天光，轻身轻隼疾。连朝快游览，志壮气专壹。云中孤鹤顶，天外摩巨笔。联镳涧底行，屡转径崤崒。峰从人面起，栈绝磴亦失。长绳云中垂，援手行藉膝。曳踵齿前肩，掘起乃大跌。云气翼而升，喘定犹战栗。天风浩荡鸣，万里瞩纤悉。始觉九州小，愈见孤鹤逸。尺五南天门，帝座通宥密。作书与乡人，自兹舍蓬荜。

40. 又

穿云拂嶂气纵横，手把芙蓉指玉京，解免腰缠十万贯，日骑孤鹤上青城。

41. 出山，途次灌口，回望青城

群山如恋别，直送过长亭。水涌孤城白，天围旷野青。轻风冲盖起，疏雨浥尘零。度岭重回首，仙霞簇翠屏。

（以上录自《瘦石诗钞》卷二十九）

42. 江源楼

高楼独立意苍茫，天外屋源接大荒。日月升恒风景幻，江山流峙古今忙。两闲名利双歧路，万古衣冠一戏场。岚翠霄霞自舒卷，樵歌渔唱入沧浪。

43. 同庆阁

青山围旷野，江上一登楼。巴蜀东南峙，岷沱日夜流。蚕丛方草昧，蜀汉此春秋。伯王俄今古，凭轩起百忧。

（以上录自《瘦石诗钞》卷三十一）

44. 鹅溪野老歌答陆明府用昌黎集中《送盘谷子》诗韵

昆仑折支走岷谷，青城玉垒相雄张。三十六峰启门户，莽苍一气迴太行。如砥如绣开沃野，梁州黑水华山阳。土蕃杂谷岁入贡，金贝锦段争承筐。本朝柔远贱异物，维贤是宝兼仓箱。髦杰众多犹米粟，下士文章齐班扬。鹅溪野老合放废，三余读书闲不忙。物外生涯计苦拙，泥涂蠖屈苗句芒。柴门三月桃花浪，对酒青山歌慨慷。春雨一园芳草长，高文巨册资清狂。溪上白云矜客懒，非关有美蕴椟藏。新年龙飞御大宇，遗贤草野登班行。征书早晚下天上，东穷岛海西陈仓。无德无能一老子，长谣禹甸安农桑。

（以上录自《瘦石诗钞》卷三十三）

文：

1. 龙门堰记

鹅溪之上堰，曰龙门，不知何修徽此名也。乡老人曰："高宗皇帝朝，蜀大旱。一日密云覆堰，旁烈风迅雷，苍龙挟水起。"澍封域内陂田、山泽、林麓，因名之堰。流浸稻田七百亩，填竹落四十余丈。岁糜费钱三万奇，居人八九家，计亩输役，周复始。隰畇衍，土黑坟，无下洼、斥卤不食之患。又其俗谨回僻，绝干犯，远盗攘，柴荆枳篱，斜阳月下，书声四起，与蚕棉、缕车机杼声相和。来风是村者，熙熙然，馨礼让，颂仁美，其出入子弟，质皆忠信，意何汜乡。扬子云文章忠孝，涵育千余岁。奇伟魏盛，萃于斯一门与。堰人勖哉！行见龙翰青天，贞栗之而，霖九州大川，不仅名于西土矣！勖哉堰人！岁十二月完堤防，疏通沟洫，谨修塍术既，饮乡人酒，孙子瘦石为之歌。曰：

鹅溪阳宅尔宅，鹅溪阴田尔田。鹅溪之水，濯缨濯足由尔然。蔽溪园兮菉竹，长风烟兮乔木。麻麦芃芃兮，农我屋谷。东阡兮孝友，庞北陌兮善俗。乃遍酌扬觯载歌曰：于敬念哉！蚕有续兮蟹筐，桑有荫兮鸠吭。歌鹅上兮无央，哭鹅畔兮永藏。

2. 鹅溪三圣祠记

鹅溪之里，有祠三楹，村农春秋以时祈谷，报赛田事之所也。肇基国初许氏百余年来，两经里人修补，神首祀杜主，川主次之，药圣又次之。夫人心好善之公，古今所同，瀛海、方州不具论。西蜀僻处华阳黑水，青城数十万家，蚩蚩之贸，乃于三圣人范金合土，馨香俎豆，而尸祝之，《礼经》所谓有功德于民者，非邪！然二王载隶祀典，明禋岷阳。药圣，则世称太白山人也。通大都邑，所在皆有祠，祠不宜在鹅溪。鹅溪庙貌历久弗替者，岂谚所谓神依人而灵与？惟是寒暑递嬗，风霜交剥，祠日就圮。

客岁秋，故谟于众，葺而丹雘焉。鹅溪东瀼间焕亭，又醵其乡义士金襄经营。於戏！三圣之明德远也已。祠既成，村父兄子弟竞致鸡豚，洁壶浆来献，盖乐时和岁丰，盗贼不入境，而室家康强逢吉也。拜稽首，其后肆为之《记》，并作四言古诗七章，章六句，使村童二十人歌以侑神。其诗曰：

盘盘岷山，丕显杜主。劝稼明农，国于沱浦。亶巴化之，宝是稷黍。

泽波沄沄，襄彼离堆。太守闵之，是凿是排。俾梁乃康，粒食咸怀。

攸土攸宅，庶而富矣。其诗其书，庠序谨矣。民无灾害，维其期矣。

征君人龙，百草之圣。一囊灵经，苍生托命。旱溢疾疫，有祷立应。

鹅田畇畇，秔稻彧彧。曰我村人，具庆且祝。天王万年，曾孙是若。

神之吊矣，孔降百福。虽有恶人，斋戒沐浴。与其自新，难老蕃谷。

祭以清酒，从以豚肩。小大稽首，灵修来觇。今此下民，其永无愆。

（以上录自《瘦石文钞》卷六）

《都江堰文献集成·历史文献卷（文学卷）》续补 34 首（篇）

笔者曾以清代郫县诗人许儒龙、孙錤为中心，对《文学卷》进行了增补，共得诗文 60 首（篇）。今就浏览所得，续补游朴、刘绍攽等六家 34 首（篇），计诗 27 首，文 7 篇①。

一、游朴［2 首（篇）］

游朴（1526—1599），字太初，号少涧。明福宁州柘洋（今柘荣县）黄柏乡人。万历二年（1574）进士。曾任成都府推官、大理寺评事、刑部山西司郎中、广东按察司副使、湖广布政司右参知等职。游朴著作颇丰，多已失传。后人搜集编印有《游参知文集》二卷。［《文学卷》失收，今据魏高鹏、魏定榔、游再生点校《游朴诗文集（2 版）》续补 2 首（篇）②。］

1. 都江堰

都江堰前江怒流，妖蛟摧压双铁牛。牛深入地不可出，百怪纵横随所求。涨来吞啮荡城舍，水落堙壅伤田畴。神明太守念隐瘼，讲究兴废搜群谋。经营不作朝夕计，欲与久远图安休。疏淘尽复秦氏迹，铸冶却鉴元人筹。万夫畚锸

① 部分作者诗文集有多个版本，今据其中较好的版本，为避免繁琐，不再出校勘记。

② （明）游朴．游朴诗文集（2 版）［M］．魏高鹏，魏定榔，游再生，点校．福州：福建人民出版社，2015．

集堤上，百职踉跄趋道周。隳厓凿石泣山鬼，开道辇铁走数州。二牛欣欣再出土，铁柱栉比环城陬。都水使臣几昼夜，往来弭节离堆丘。省方直指行持斧，缘江按绩躬谘诹。群公合沓拥江侧，冠盖骈杂如云稠。绣衣下照江水赤，旟旐交舞风飕飕。金牌彩帛赏功役，银树遍插庶吏头。挽粮载酒剥大豕，徒匠醉饱霑犒优。欢呼动地沸江水，从此穑事安敛收。磨石勒成诏来哲，一时巨举垂千秋。我闻此水开明后，李冰父子宣其猷。刻犀厌胜护长岸，泳水不敢冲西楼。三犀磨灭铁龟出，龟毁牛乃魁然留。后先相望各展力，至今陆海蒙遗庥。古来劳业贵绍继，嗣者慎勿忘前修。

2. 议灌县验粮书

故事：灌县专委验粮一官，盖以边饷甚巨，督促宜严，专其官所以重其事。其计虑不为长，其沿袭不为不久，似有难于轻议者。但所委之官，贤不肖异齐，先后异政，一岁一易，更张布令，吏缘为奸，送旧迎新，供亿服役，重困吾民。至于督理查催，竟不能不藉于该县，则是委官徒有驿骚之费，而实无裨于边储损益之数，徒使此辈营求差委，开胥史赇利之门，耗生灵之元气耳。十羊而九牧，一官则一孔，非是之谓欤？

窃谓验粮之所，县地也；挽粮之脚，县民也。责之该县，其势便，其理宜，其情顺。脚头与县官相习，浅者二三年，久者五六年，可以稽其属籍，别其奸良，察其情伪，较其远迩，程其迟速，故以县而专散敛之权，责输挽之效，犹高屋建瓴水也。舍县而别求委官，岂委官能贤于县令耶？一县系命，不为轻且鲜矣，县令足以寄百里，而不能堪验粮耶？若谓县务多，恐不能专职于此，则有簿、有典以给其役。簿、典在县，实为闲员，可以朝夕从事于斯。县令总其纲，以时而课核之，宜无所不给者。且灌县僻壤，为事不多，以能者临之，其办此有余力矣。若谓簿、典卑官，恐不能振厉于此，则府卫之首领不尊于县佐，而况簿、典特躬亲其琐细，又有令以操纵而翕张之乎？我责之令，令自以其琐细者分之簿、典，而独揽其权，视府卫幕何如也？夫我以此专之令，令以此分责之佐，则其职未尝不专，其事未尝不重，事可以济，而官可以省。此一官，则脚头无迎送之烦，无供亿之费，无服役之劳，无胥史之耗，又可以专力于粮。官不增而事不废，上不烦而下不扰，事无所求而民受其益，计莫便于此也。

（以上录自《游朴诗文集（2版）》）

二、刘绍攽［8首（篇）］

刘绍攽（1707—1778），字继贡，号九畹，西安府三原县（治今三原县）人。雍正中以诸生荐为什邡县（今属四川省）知县，调南充县（今四川省南充市）知县，举博学鸿词，官至知州。工诗、古文，喜欢讲古音韵及方程、勾股等算术之学，熟悉古代的史实和当朝典章制度。著有《九畹集》及《周易详说》十八卷。《文学卷》失收，今据刘绍攽《于迈草》增补8首（篇）①。

1. 郫县道中

书剑逐行镳，初从锦里轺。重重芳树近，曲曲野泉遥。菜甲黄云浦，柳松白板桥。郫筒如可忆，不惜醉今宵。

2. 自郫县道经崇宁

提封分两境，风色正依依。日午松阴合，春深豆荚肥。碾涡纷上下，草屋积芳菲。借问青城路，苍茫入翠微。

3. 灌县道中

文翁勤教授，秦守利农田。功藉千夫力，恩周万户烟。岷山初亘塞，灌口欲滔天。明日关前路，谁嫌僰道偏。

处处引人胜，几忘行路疲。杉喧藤作蔓，竹断槿为篱。细麦翻轻浪，春荞供野匙。今朝图画里，尽可入新诗。

离堆疏凿后，膏沃遍平原。粉蝶戏寒圃，竹鸡鸣晓园。力田占地脉，分水验溪痕。要害三城戍，江流此发源。

千章凝万绿，时见两三家。夹道返魂树，盈渠知母花。流泉归旧涧，社火焙新茶。玉垒浮云近，羊肠一径斜。

4. 灌县

大江真作带，半壁倚青山。山势联千嶂，江声彻百蛮。鸟鸣红树里，人在碧云间。履险今方始，前行玉垒关。

（以上录自《经余集》卷三）

① （清）刘绍攽．于迈草［M］．清乾隆刻本．

5. 西征记

乾隆九年三月十日，制府庆上公偕余赴松潘，出成都西门三十里，过犀浦，一望平畴，沟洫夹道，流水潺潺，澄彻可鉴。或砌堰取溉，或竹竿接引，或浸溜横界道。岸上杨柳，排列无际，垂绿千条，依依拂人。树下月季吐红，丁香布素，与草绿相映。盈渠野卉，圆茎长叶，似萱而花白，土人不能名。去犀浦二十里曰郫县，少陵诗“酒忆郫筒不用酤”者是。逾县经崇宁境上，水木清华，风光如昨。时维暮春，菜甲豆肥。荞繁麦穗，烂如云锦。人居浓阴中，微露屋角，茅茨傍沟塍，薜荔延其上，周篱种木槿、芭蕉为蔽，馌妇饷童，迟回陇畔，因诵《邠诗·七月》怡然乐之。将近灌县，忽青城耸翠，灌口流声，不觉耳目一异。县城半倚山，不五里二王庙，庙祀秦守李冰，子二郎，史称凿离堆，辟沫水之害，今为都江堰。蜀人德之，岁时歆享。离堆在其南，从公不获往，渡江行崖壁间，自是无平壤矣。三十里为尤溪清，树林茂密，多佳茗，细如枪，清新过松萝。沟上杨子岭，曲折陡峻，四人肩舆，八人执索牵之，望硬头湾，山愈高，水愈壮，径愈仄，阴森不见日，居者迫山趾水次，不能一亩。历兴文坪，抵飞沙关，黄尘眯目，大风几挟人去。

到汶川，蛮酋列阵来迎，酋长衣冠如中国，其卒衣皮铠，绘虎文，帽以毡，装绵数寸，庞然大也，云可避刃插羽其上，以多寡有无别其器。执矛则操弓，小如弩，镞旁有钩，入肉不可出，执藤牌则操刀，锋尖而直，能刺不能击。其人瘦小黧黑，轻健似猿猱，善走而少力。其民往来各州邑，负竹兜，衣糯童稚纳焉。男垢面，女袒裼赤足，耳垂铜环，大于掌，或系之腕，每以十月出佣，三月归巢，汶茂皆有之，而保县多。

县城旧在江南，有李德裕筹边楼，圮于水。里籍不满三百，一都司守，令寄治威州佛寺，以事过江，从藤桥渡。藤桥者，缚藤索十数，锦亘江上，覆以版，甫履即动风来益荡漾。又有索桥，攒竹成巨索，横江，首高尾低，作斜坡形。渡者手竹版，磨极滑，双手按索上，索亦极熟，藉高下势，滑而迅走，要须腕力，否则坠。诸土司来谒，皆袭于明，一袭自唐，考谱牒良然。孔子言夷狄有君，论者第谓一时慨叹。讵知万世后，事有不爽？唐至今千余年，中夏几易主，而土官如故，因与上公感叹者久之。

须臾，过雁门关，左倚山，右傍大江，一夫扼险，可敌百人。晚宿汶镇，次日至茂州，一副将与牧并治，人稍密，然地寒不植物，唯梨、频婆、牡丹甲于蜀。人家垒小石为墙，泥封其顶，不能蔽雨。雨后，挥木槌四五次，乃坚。前经叠溪，都司居焉。中间当路，不十里一堡，堡以石，明季献贼不到，故完好。官道两旁，犹有颓垣，云筑边墙护诸往来，堵御窃发，当时称便，见古人防边之严。

过镇江关，山势忽开豁，为松潘，即唐松州。或曰产松，或曰赤松子游，今有赤松观。潘州在郭罗克，明失其地，退而并名，一总兵镇之。俗贵牛羊，牛性不驯，见人辄触，常以索系之楯，可食不可使。毛尺余，作缨，名曰牦牛。羊经冬乃肥，春夏疾瘯蠡，无他蔬，惟苦荬可茹。自兴文坪至此，风气略同，山高而童，状不一，或土或石，或石戴土，或积沙，望若朽腐，多穴罅类蚀，凛凛惧仆，江心乱石槎枒，水不能竟过，涌而立，抟而沸，盘洄而破碎，激而鸣，如万鼓，如惊雷，人行岸上，对面语不闻。无五谷，独青稞。青稞，䴹麦也。未熟而寒，故不黄。米自灌县运入，味多变，沿江为路，于山腰凿孔，横受木架板，旁立木以支，空其下，古云栈阁，俗呼偏桥。夏秋水涨，飘没不可寻，攀岩谷，趑趄而已。过午风起，居者阖户，犹有飞沙击牖；行者瞑目，率早征避之。其地唯沿江一道，通行旅者属中国，两旁山上，虽声教所及，而隶于蛮。松潘亦一城，城外四围皆蛮，真所谓一线望中原者，上公曰："是孤镇，宜益兵。"

（录自《九畹古文》卷二）

三、何绍基（11 首）

何绍基（1799—1873），字子贞，号东洲，别号东洲居士，晚号蝯叟。湖南道州（今道县）人。道光十六年（1836）进士，历官翰林院编修，国史馆和武英殿纂修、总纂，四川学政。因上书陈时务十二事，被降职。后主讲山东、湖南书院。晚年主持苏州、扬州书局。著有《惜道味斋经说》《东洲草堂诗》《东洲草堂文钞》《说文段注驳正》等。今据何绍基《东洲草堂文钞》[1]

① （清）何绍基．东洲草堂文钞［M］．清光绪刻本．

《东洲草堂诗钞》[①] 增补 11 首（篇）。

1. 请旨更正灌县二郎神庙祀典折

奏为祀典传讹，请旨更正事：

臣于龙安试竣后，暂回成都省垣，路出灌县，察看江水分流处。缘江水发源松潘厅边外番地，会集众流，渐成巨渎，至灌县都江堰口，分为内外二江。马、班二史所称蜀守李冰凿离堆，避沫水之害，穿二江，成都中百姓飨其利者也。

李冰守蜀在秦时，迄今二千余年，江水既分，灌溉蜀中将二十州县，产米之丰，为天下□。有功烈于民则祀，李冰之有庙祀宜也。乃臣至江神庙，官场及土人咸称为二郎庙，罕有知为李冰者。因查《灌县志》内载：李冰庙祀，始于唐初。川主二郎神封号，始于宋初。至元初始封李冰及其子二郎皆为王。国朝雍正五年，世宗允四川巡抚宪德之请，敕封李冰为敷泽兴济通裕王，子二郎为承绩广惠显英王。乾隆三十五年，始定为春秋二祭。臣谨案李冰之子二郎，于正史无可考。即令有子佐父成功，亦当以李冰之祀为重，而其子□之。敬绎雍正年间敕封王号，于父曰敷泽兴济，于子曰承绩广惠，章功锡号，次第显然。今庙中前殿祀二郎，规模闳丽，塑像巍峨。后殿祀李冰，塑男女二像，呼为圣公、圣母，固已颠倒失伦，不符礼制。且前殿二郎神像，塑作三目，旁列三叉两刃刀及梅山七怪之类，臣不胜疑诧，询之土人，始知为小说中所载杨二郎故事。荒诞不经，又混杨为李。而春秋二祭，地方官苟且相沿，行二跪六叩首礼于其前，甚非国家尊崇命祀之意也。应请旨饬下礼臣核议，如何更正之处，交地方官办理。

至成都府水利同知，驻札灌县，专管堰工。前任同知强望泰在任十余年，于淘滩筑堰，身亲劳苦，蓄泄得宜，至今口碑载道。以后居是任者，多住省垣，别图差事，以致衙署渐就坍塌，应请旨饬下，嗣后成都府水利同知不得逗遛省垣，以专责成而重职守。合并附陈，伏祈皇上圣鉴。谨奏。咸丰四年五月二十四日奏。

七月二十八日，奉到朱批："该部议奏。钦此。"

（以上录自《东洲草堂文钞》卷二《使蜀奏稿》）

---

① （清）何绍基．东洲草堂诗钞［M］．清同治六年长沙无园刻本．

2. 灌县毕汲生庭璜少尉署酒后赠雪傭

我来灌口蹋长虹，挹袖欣逢老雪翁。文字缘深十年事，江山奇绝一樽同。辞官快及康强日，有子能传吏隐风。好挈诸孙读书罢，离堆看水出城东。

3. 龙安试毕，由灌县旋成都杂诗（5首）

江源自西北，落落布星斗。束缚出都江，汹汹龙雷吼。李君亦何神？离堆人力剖。派别东南行，膏泽万千亩。水势如龙行，洋洋不回首。全蜀利养源，壮哉此锁纽。人力副天造，膏腴天下右。迢迢二千载，仰望贤太守。

雪傭鬓未雪，就养少尉厅。一笑口欲脱，离绪十年经。离堆看水回，浩瀚翻酒瓶。两翁既烂漫，诸友忘醉醒。愿君勤颐养，菽水延乔龄。叹彼青云贵，不识陔兰馨。庭前数弓地，百花繁比星。婉娩聚儿孙，欢笑满一庭。

昨游青城山，今入雪峰寺。青城空有名，雪峰果幽异。松樜五万株，手植亦奇事。生枯得相半，天风荡古翠。千佛无一佛，佛佛无了义。狂飚或伤稼，风伯太游戏。一揖白龙神，敢谓通幽秘。驰入锦官城，居然大雨至。

大雨亦已至，使车亦已回。琴书幸无恙，儿孙笑成堆。呼童觅竹去，趁此天膏培。雨亦闲日至，竹亦随时栽。苍苍万竹林，不知何处来。官衙及古寺，有请无不谐。连晨看种竹，一日千徘徊。虽云息行役，颇亦困吾才。

凿池复凿井，积土遂成山。池井有意得，山来缥缈间。杂植松桂梧，石磴便跻攀。相携山上来，炊烟起通阛。虽无远景接，万象能回环。痴孙自懒读，水墨涂斓斑。上山复临水，画妙出孩顽。他时补吾短，聊破老夫颜。

（以上录自《东洲草堂诗钞》卷十四）

4. 去蜀入秦纪事书怀却寄蜀中士民三十二首

其三

卧龙桥畔亦吾庐，尚记长安不易居。儒素杯盘宜简淡，使臣仪从要清疏。轩庭洁处无供帐，童仆闲来尽读书。退食泠风廊下步，小山新井万林于。（蜀学使署在卧龙桥左，余性不嗜海菜，不喜浮华，所至如桌围、椅披、地毯等，皆撤去。吏役不准滥用顶戴，仆辈不得服绸缎及外套。出门止随一仆，轿前不得有马。川督学虽四品以下皆乘绿帷轿，余不敢也。署中小山、方池、新井、泠风廊，皆余所作，为遐思地。泠风廊者，于灌县得古八分书断碑，持归置新廊下，中有“泠风”二字，因以名其廊也。凡隙地皆种竹令满，间以梧桂。）

其十一

衮衣颇类鲁诸生，核实频将故事争。秦守永宜祠灌口，谪仙何必系彰明。墨池规复书堂旧，羽舞仪斟祀典诚。却望合州烟雨里，隔江懒问钓鱼城。（灌县江神庙敕祀李冰父子，今则祀杨二郎矣。奏请更正，部议竟以未便更张驳之。彰明诸生请以太白入乡贤，余为诵《蜀道难》诗，谕以太白必非蜀人。聂蓉峰丈视学时捐置墨池书院，池既被人侵占，又因芙蓉书院颓毁，遂改此为芙蓉书院。余亲为履勘规复墨池旧址，仍重题"墨池书院"扁额，以断葛藤阁帝升入中祀，乐舞用八佾，谓春秋两祀也。上年省中于五月十三圣诞日行此礼，余移文制军纠之。合州城内诸生修钓鱼山城寨，欲移州治，为避贼计，已奉大吏借仓谷办理。复请余往勘，余以舍州城而上山，无贼自毁，于事理非是，移文制军停止。）

其十五

蟠山不断是川东，西览青城望眼空。象岭南来连雅雨，剑关北走入秦风。蛾眉峭落乌尤秀，鱼腹平增白帝雄。巉绝窦圌卷石耳，五灵云际最玲珑。（青城在灌县，蛾眉、乌尤在嘉州，鱼腹浦、白帝城在夔州。窦圌山在龙安，五灵山在酉阳州。）

（以上录自《东洲草堂诗钞》卷十六）

5. 戴文进长江万里图，厉伯符方伯嘱题

厉侯宴客当严冬，出示戴画惊猿翁。奇哉长江万里远，收入矮纸七丈中。树石千年化苍古，岩渊百转皆深洪。险滩危岫地势极，来樯去楫天宇通。我十年前曾使蜀，直傍岷江莽驰逐。迂途灌口访离堆，快上峨眉观雪瀑。乌尤石畔看花醉，白帝城边枕滩宿。只余三峡眼未见，游草犹嫌隘篇幅。狂言一疏辞锦水，赁庑三间寄衡麓。年头岁尾必出游，北马南船无定躅。鄂渚别来才转瞬，怆望故人祠宇矗(胡文忠公祠新成)。越吴　气今肃清，凯旋十万湘上兵。名王乘胜捣余寇（僧邸），节相奏肤归会城（官秀峰爵相）。烬余楼阁峙空秀(晴川阁已修复，黄鹤楼亦议修)，雪后江天终夜明。官阁摩挲图画古，旧游枨触寐魂惊。扁舟从此东浮海，无限烟波似镜平。

（以上录自《东洲草堂诗钞》卷二十六）

四、丁宝桢（4首）

丁宝桢（1820—1886），生平见《文学卷》作者简介。《文学卷》收录诗歌1首，今据郭国庆、吴穹编校整理《丁宝桢全集》（贵州人民出版社，2017年7月版）增补4首。

1. 重九后二日偕崧锡侯丁芥帆两观察勘都江堰

江水迁移未可知，农田利害属官司。无他妙计纾民困，且藉浮言作我师。鱼嘴分疏期合法，人堤蓄泄望因时。一年两度河干走，安得苍生免溺饥？

2. 谒二王庙

层阶百转上崔巍，殿阁凌空拥翠微。病骨支离疏礼拜，私心窃拟继风徽。一江秋水流明德，万姓馨香近衮衣。到此自知才力薄，强骚白发倚征騑。

3. 由灌县勘堰工回省道中书所见

去日谷栖田，来时草履屋。岁功已告成，农事应休沐。侵晨度陌阡，翻犁听叱犊。偶问田间人，胡为日驰逐？答言霜降逾，播谷兼种菽。天时不可留，人工应求速。逸居虽足思，妻子安所畜。吾侪终岁劳，有秋便云福。我闻语未终，私心如转轴。力穑如此勤，犹恐缺饘粥。念彼城市民，坐饱太仓粟。彼虽前生缘，酖毒已暗伏。试看转瞬间，饥饿满沟渎。

4. 崇郫道中

郊行岂是乐游春，阅武由来重使臣。沿路燉烽通斥堠，连营甲伏戍城闉。人声鸟语千山乱，杨柳旌旗一色新。最喜昨宵时雨遍，畇畇遥望净无垠。

（以上录自《丁宝桢全集5》，第114—119页）

五、沈寿榕（3首）

沈寿榕（1823—1884），字意文，海昌（今浙江省海宁市盐官）人，宦蜀。善诗，工书，尤精鉴赏金石、书、画。著有《玉笙楼诗录》《益州书画录续编》。《文学卷》失收，今据沈寿榕《玉笙楼诗录》（清光绪九年刻增修本）增补3首。

1. 都江堰歌（3首）有引

都江堰水利，为秦蜀守李冰所开，成都农田之利，实永赖之。同治甲子，权成绵道，何君咸宜亲往督修，以劳殁于灌县，工次事闻，赠光禄寺卿，荫一子，知县。榕徇彼都人士，请作歌以告来者。

稽古李公，始凿离堆。内外南北，导流分支。沟浍既达，田畴胥治。陆海富利，万世赖兹。后之君子，如何弗思？

都江水利，隶之监司。猗欤何公，兴言修厘。深淘低作（李冰《六言碑》云："深淘滩，低作堰。"），古今从宜。心乎瘁矣，逝者如斯。后之君子，如何弗悲？

美善举矣，惠济实多。粒食裕矣，民气以和。祇告我后，良吏曰佗。表勋铁柱，万年不磨。后之君子，如何弗歌？

（以上录自《玉笙楼诗录》卷四）

六、黄云鹄［6首（篇）］

黄云鹄（1819—1898），生平见《文学卷》作者简介。《文学卷》收录诗歌14首，今据黄云鹄诗文集补录6首（篇）。

1. 祭灌口神祷雨文

维大清同治十年，岁次辛未月建癸巳朔日庚申祷日辛酉，三品衔成都府知府黄云鹄谨斋戒，致祷于敷泽兴济通佑王暨承绩广惠显英王之位前。曰：

惟王导水疏江，绩配神禹。守蜀一时，功万万古。爰辟离堆，永粒天府。仲嗣异人，令名贻父。历祀二千，畴继厥武。嗟子凉德，难膺守土。昔宦戎曹，勉御外辱。今典首郡，未谙治谱。负疚山積，遑云利溥。惟兹寸心，明神可语。强民思驯，弱民思辅。顾兹东作，宜雨不雨。祈雨得风，匪龙伊虎。不德之求，宜为神吐。哀哉蜀人，罹此罪罟。伏望王仁，速沛干澍。民困重苏，守过少补。民报王德，子子父父。守报王德，庇民尊主。江水滔滔，奔湍雷鼓。王灵其来，鉴我儒腐。谨疏以闻。

2. 祷白龙池文

维大清同治十年，岁次辛未月建癸巳朔日庚申祷日己巳，三品衔成都府知府黄云鹄，谨驰赴离堆之伏龙观，虔诚遥祷于白龙池神之灵。曰：

大心仁爱，仁爱惟人。降此亢旱，厥必有因。守有隐匿，宜殃守身。忍以守故，殃全都民。民不率德，罪在守臣。微□之罚，应予自新。守吁不赦，守忧如焚。守以朝吏，出守羌濆。平生自省，丑德纷纭。惟此寸赤，无刻忘君。蜀虽乐土，未息邻氛。赖此民力，援拯四邻。蜀苟无岁，他邦亦贫。可忧方大，宵旰劳神。三川得雨，四国皆春。惟龙最灵，惟龙至仁。忍不一起，霖雨江滨。俾民有岁，沛泽孔匀。守职不忝，神职亦伸。谨濡血告，谨具疏闻。

3. 祷雨文

维大清同治十年，岁次辛未月建癸巳朔日庚申祷日壬申，头品顶戴兵书尚书督察院右都御史总督四川等处地方兼署将军吴棠公同僚属致祷于关圣帝君之神位前。曰：

惟有天怙冒下土，惟帝克配上天。天降戾于蜀土，敢乞灵于帝前？缅惟帝之灵爽，届我朝而赫然。每遭时之多故，恒蒙帝之垂帘。蜀虽一隅之地，实维系乎四边。苟有民而无岁，四邻复何赖焉？信下民之不率，抑守土之多愆？烦冲圣之是故，知帝心之不然。但甘霖之速沛，即昆维之获安。惟帝灵之降鉴，谨濡血而告虔。谨具疏以闻。

（以上录自《实其文斋文钞》卷三）

4. 离堆伏龙观题壁记

同治十年四月，久旱，祷雨弗应，人言离堆下有伏龙，祀之可得雨，乃单骑驰，请斋宿观中累日，日临崖盼雨，因得遍览内外江形胜与象鼻、鱼嘴、湃缺、人字堤，水势冲截渟洑，分张回合之所以然。慨然叹李太守真神人，宜血食千载。其神明所照，功力所及，亦实足千载。后人率而循之，终古无弊可也。离堆对岸曰虎头崖，旧有石插江心。同治初，某观察以桴行不利，决计铲去，离堆益当江冲，桴滋多损。嗟乎！前人“深淘滩低筑堰”六言之微旨，虽合内外江通言之，其妙机实握于此。向若可去，李公何恪举手之劳？今去之，他日必重受其累。但愿吾言不验，则益州之福也。因题六言壁上，曰“川西第一奇功”，用伸景仰。且附记数言志恨，以儆后人之私智自用，敢于坏古人成法以厉民者。是月二十二日，楚人黄云鹄记。

月朔日，自郡诣灌，烈日中行百三十里，距灌里许，江水暴涨二尺有奇，质明还止，郫雨随至。越数日，旱如故。复策马驱灌致祷，神示之兆曰：“乙亥雨，自是无旱矣。”已而果然，盖天人相与之际，其微如此。晦日云鹄又记。

（以上录自《实其文斋文钞》卷四）

5. 青城山

好梦半依山，徜徉水石间。青城攀绝顶，玉垒揽雄关。到处民亲恋，经时仆望还。成仙安有诀，淡定自童颜。

6. 再游青城

爱煞青城秀，弥旬未忍回。山灵欣屡至，溪叟订重来。雨为登高缓，（自老霄顶下，甫入元明宫，大云如注，溪壑涨满。）云因眺远开。（至上清宫，道士留，俟晴明望远，俄而云开，一目千里。）民怜为守苦，缅往有余哀。（安德铺途中事，见《前集》。）

（以上录自《祥人诗草》）

《都江堰文献集成·历史文献卷（文学卷）》续拾60首

——以吴升、赵金鉴为中心

笔者曾撰有两文，对《文学卷》进行了增补，共得诗文94首（篇），今以吴升、赵金鉴为中心，续拾60首（篇），计诗59首，文1篇。

一、吴升（7首）

吴升（1755—1824），字秋渔，一字瀛日，号壶山，别号西溪云客，浙江钱塘（今属杭州市）人。乾隆四十八年（1783）举人，以知县分四川，官至夔州知府，有政声。笃学工诗，著述颇丰。诗多记川地时事。著有《小罗浮山馆诗钞》。《文学卷》失收，今据吴升《小罗浮山馆诗钞》[①] 增补7首。

1. 谒李王庙

王名冰，巴东人，秦蜀郡太守，与其子二郎治水有功，并庙祀于灌。

沃野开千里，畸人聚一门。导岷追禹绩，拓地值秦吞。井络严疆重，鲸呿骇浪奔。淫妖频肆虐，丛帝莫招魂（鳖灵治水有功，为丛帝，即开明氏）。涉正推能义，仙聃庆有孙。部民看拜诏，太守遂乘轩。岁以庚寅纪，人疑八百存。支祁才脱镤，河伯竟求婚。风雨连江暗，旌旗蔽岸昏。手提牛首出，血溅浪花喷。濯水弓刀赤，杨波介鬣浑。狂澜欣底定，绝□更重扪。巨刃穿孤嶂，

① （清）吴升．小罗浮山馆诗钞［M］．清代诗文集汇编（第443册）［G］．上海：上海古籍出版社，2010.

长流匝万村。六言垂宝筏，十画认碑痕。任使承庭训，观成倚后昆。河渠虽有志，美利总无言。守土来兹邑，升香荐一樽。巍峨宫殿壮，赫奕冕旒尊。誓水文犹在，开山迹共论。石犀埋象鼻，铜犬笑鸱蹲（流俗惑于传奇，殿中铸铜犬）。时雨今知节，都江昨浚源。雪消春涨陡，雷吼夜滩喧。虢虢盈沟浍，涓涓洒隰原。千畦耕白水，一笛跨乌犍。力已忘何有，功应矢弗谖。蛮言祝杯珓，田祭列瓶盆。拱卫青城秀，滋生绿野繁。降康灵贶渥，稽首乞神恩。

2. 灌口

华阳西极山嶙峋，江源所出通曰岷。松州下接冉駹国，黑水支派何纷纷。奔崖度壑径番地，万流汇注湔江滨。右为青城左玉垒，水势一束山如门。洪波健挟沙石走，浊浪倒卷星辰翻。潜虬嘘气乍明晦，怒雷沸响无朝昏。穹窿大堤像人字，青竹十万钱千缗。当流虹亘作砥柱，界破百顷琉璃纹。一支南趋一北走，尺计二水而中分。雄州巨邑十有四，滂沛大泽内外匀（内江外江，分于灌口）。此法传自秦太守，沉犀刻石搜前闻。厥功不在神禹下，西门郑国难比伦。遥遥千载孰嗣美，汉嘉拜郡隋名臣。青袍白马志灵异，英伟再见如前身（《神仙网鉴》云："赵昱即李冰。"）。后来遗规渐废坠，悬耒仰屋愁吾民。铁牛镕铸费钜万，尽付流水无留存。乃知作者谓之圣，法不可变宜遵循。迄今官吏但墨守，深淘低作垂朱文。膏流大地遍蒙福，旱涝有备禾成囷。临渊讵敢诩才智，将事唯有操清勤。愿持此意投白璧，莫被水底蛟龙嗔。

3. 离堆

沫水与湔江，相去可千里。胡为古离堆，遗迹乃在此。或以滟预当，或云乌尤是。溷崖多传讹，龟都亦悬拟。纷纷记载词，博洽成诋訾。此犹信而征，昭昭聚目视。呼名百不疑，从俗聊复尔。我来值春和，一路青逦迤。悬崖忽中辟，跳跃怒湍驶。搪掌断足鳌，激射丽龟矢。镗鞳大波掀，突兀老拳峙。摄衣上危亭，俯仰江色里。宛如银盘中，浸此翠螺似。摩挲锤斧痕，一一擘肌理。定有达发力，群鬼听驱使。不然混沌天，何处开凿起？浣花溪沄沄，濯锦波浰浰。干支亿万派，挹注自兹始。灌溉资神功，聚讼徒满纸。

4. 青城山

五岳之秩视上公，青城独受轩帝封。封为丈人命之长，岳灵夜夜来朝宗。洞天第五仙室九，沃以圣水流淙淙。莲花万朵示涌现，照遍六六阴阳峰。其间珠旙芝盖昼，接轸太玹法乘容。成公逍遥仲舒子矍铄长生翁。斩蛟太守骑白马，一犬吠云奴腰弓。道逢宁李二道士，手摇羽扇呼耕龙。果然神仙大都会，山顶拂拂吹香风。我身未到不足恨，自审骨相羞凡庸。天仓宝气虽溢目，鸾骖鹤驾南相从。不如老人村中去，白首犹可称孩童。堤上金丝息尘想，壁间青笠搜奇纵。牡丹五色论亩种，人蕧臂大山厨供。野猿结伴去采栗，七十二树青蒙蒙。

5. 灌口观渔

西来之水如建瓴，渔者陆处烟中汀。竹柎泛泛代舴艋，蹋浪稳如平地行。不营万匠箅，不结百囊罟。渔竿篧篧荷乌鬼，长喙碧睛水中虎。冬晴滩落鱼唯唯，吉日维何壬与癸。为鹅为鹳俨成行，水面合围森壁垒。一声叱咤风怒号，翻身陡落随奔涛。乌衣队队霎时没，但闻水底逃鳞拨剌而惊跳。须臾鼓翼冲波起，衔出银鳞半窥尾。大鱼跋扈不受擒，拍拍飞来争角犄。鱼笼已满鸬鹚归，驱之不下亦不飞。渔翁爱鱼亦惜鸟，大鱼入市小鱼疗尔饥。吁嗟此鸟能知止，得少不忧多不喜。饱食居然无怍容，闲闲晒翅斜阳里。

6. 绳桥

灌口绳桥，见范成大《吴船录》及坡公诗，今失其故处矣。之河西者从上游白沙渡，然极湍险，一舟覆，辄百人溺甚。悯之，乃召父老咨，地利而重见焉。桥成，行旅称便，爰纪以诗。

飞缅杙阁牵长虹，九行五道悬穹窿。千牛輂石转地轴，万匠磨斧贪天功。围栏左右曳且掣，皮版首尾衡而纵。其长百有二十丈，蜿蜒直径河西东。大风幡幡忽掀举，夭矫作势腾飞龙。染家晾帛渔晒网，比拟方信前人工。阅冬徂夏事乃蒇，由近及远行相从。我为长吏请先导，临渊之惧心忡忡。一跬蜷蹐愈簸荡，惎我疾走毋舂容。上无一发可援手，下则百尺奔惊泷。未能乘查竟八月，已似梯霞而御风。身如云浮脚棉软，达岸回视人飞空。山民缘笮止一索，到此骋步康庄同。肩担首戴踵趾错，见星未已来憧憧。此邦扼要枕夷夏，北走番地西羌戎。飞江铁螂苟不设，云栈何处通蚕丛。自今陆海废苇渡，馁腹空吼蒲牢钟。梢公卖船且勿悯，要除溺鬼洪涛中。

7. 登青城山

碧光琳仙家，飞磴入古县。一路梯树根，树尽路亦断。侧身度悬崖，踏石过秋硐。珠庭叩幽扃，云盖幕高观。道人鹤发翁，自诩游屐遍。为我证音讹，狮风识真面（志载：天仓三十六峰，数之不足，道人云三狮六凤之讹也）。奇峰果秀出，灵迹更旁见。树笋千乳垂，池水六时变。只隔数重云，天地此间换。拥裘攀孱颜，心壮足力倦。下山多尘埃，欲去意犹恋。

（录自《小罗浮山馆诗钞》卷十）

二、赵金鉴［53首（篇）］

赵金鉴，生平事迹见《文学卷》。《文学卷》据《灌志文征》收录赵金鉴诗5首，今据其《瓢沧先生诗稿》《瓢沧先生诗稿续集》《瓢沧先生文稿》（《清代诗文集汇编》第791册）补录53首。

1. 离堆大水

磅礚轰轰走万雷，铁龙攫石苍鳞开。披风激电秦太守，醉卧天半斗犀台。酣睡忽醒天门晓，浪逼玉垒青城小。借帝息壤犹未归，倒骑青虬绕云飞。

浪花飞撼天柱摇，百灵杂沓鱼龙骄。水与傲吏斗力骨，帝遣祺相掀波涛。矜严肃穆不可唾，鲲鹏水击沈云破。惯轻性命信天翁，却棹渔舟一叶过。

2. 离堆

狂澜横障蜀西门，一柱千年淘不翻。地自彭婆分雪水，天教秦守擘云根。飞涛撼槛石棱动，古铁沈虬潭影吞。至竟神功赖疏鉴，要从此处识江源。

3. 喜陈重枢赵月川见过

青城玉垒天下奇，谁与主者赵铁眉。疏狂不受簪组缚，岸坐云石招轩羲。希夷先生蓬来客，离堆醉解赤玉舄。忽闻斩蛟来吾宗，青蛇联联血吐碧。一笑相逢雪岭东，论诗说剑意气同。未遂断鳌清海岳，且弄云鹤吟江风。江风萧萧江南湿，乖龙韬波老蛟泣。试谱一曲拨鹍弦，水光激作长虹立。

4. 苦雨

苦雨秋江上，萧萧灌口多。湿云沈暗径，高岸涨寒波。揽镜怜勋业，怀人独慨歌。不堪时事急，才薄叹如何。

5. 游青城山

间携蜡屐访烟霞，古磴盘空森石牙。树出天边青一色，山横云上翠双丫。涧中白石烧斋饭，洞口碧桃发古花。世外童颜能驻否？药炉借我煮丹砂。

6. 游青城山天师洞次伍广文梅隐韵

暮色苍然入远烟，钟声飞渡大罗天。电收沧海蛇归袖，经读空山虎侍筵。采药峰头随玉女，扶云鹤背下丹仙。诗成掷笔山魔走，又向洪崖笑拍肩。

7. 登青城山第一峰

攀萝缘石入层冥，万朵春云拥画屏。嫩玉环撑仙掌碧，浓螺低露佛头青。双眸横拓乾坤界，只手高开造化扃。他日功成携鹤住，洞天借我养修龄。

8. 赵公山用伍广文梅隐梅子坡韵

梅隐爱梅坡，吟啸韵烟萝。赵公山无咏，恐为太守诃。山高插天起，势争剑与峨。传闻斩蛟人，曾此结云窝。我携琴鹤来，山麓屡经过。每思凌绝顶，雪深虎豹多。镇日对山坐，云烟胸荡摩。太守吾家杰，功成遁岩阿。恋组不能去，如猿鸟笑何。挂冠吾归矣，山石砻以磋。从游问剑术，青萍森列罗。笑探虬螭窟，酒酣斫地歌。波静天宇开，晴山入醉哦。数点青城峰，一拳梅子坡。

9. 天师洞口石上歧茎棕

洞脚抱岩坳，阶前无咫尺。一株歧茎棕，云根蟠断石。羽士导我看，云是天师植。立石誓鬼时，此棕曾架笔。迄今千余年，矗干犹赤色。嘉树以人传，笑摩雪霜迹。虽无媚云姿，却有穿石力。回首语主者，慎视勿轻折。

10. 离堆行

万山挟江天际来，玉垒沈云破浪开。飞峰插入江口立，斗壁横锁波潆回。下有万古不测蛟龙窟，上有悬崖百尺斗犀台。不知鬼斧神工何年施巧力，霆击电掣石花摧。父老竞传秦太守，鞭石驱山山夜吼。酒醉提剑横波走，两牛酣斗一牛殆。前驱五丁劈云根，巨灵擘石插赤手。我来怯倚危栏看，老虬雷雨起苍湾。骇浪喷薄碧云端，激崖转石江声寒。寒声萧萧撼江树，风潮吹满雪山路。安得壮士披云激电如李冰，鞭笞龙螭靖妖雾。

11. 游青城山观金鞭岩

祖龙桥海海水裂，神人驱石鞭碧血。石尽山摧海澜深，罗浮飘去地骨拆。鳌足倾折鲲云飞，天柱摇摇震帝畿。炼石娲皇愁难补，喝神停鞭持以归。赤蛇为纽金精铸，遍示诸天不敢顾。九潦丈人承帝命，一挥输入青城库。二直一横插岩间，万仞斗壁飞攀艰。日光倒射长虹走，山魔惊逃潜阴奸。回顾茫茫风潮恶，千钧压卵坤轴弱。安得金鞭假手来，捶碎五洲掀海岳。

12. 游青城山观试剑石

幽岩怪石虎豹姿，万劫饱受雷火欺。不知紫蛇何年穿云出，一声霹雳破壁飞。中裂为三碧罅窄，四无阿附撑空立。山人凿空惊愚顽，云是试剑三岛石。天师纵奇亦人耳，安能绝壁逞神力。誓鬼掷笔本荒唐，斗犀伏龙同恢谲。我来石下摩挲看，绿萝声咽溪云寒。如果天师劈石有此剑，何不倒立江海抉天堑。

（以上录自《瓠沧先生诗稿》卷一《劫剩草上》）

13. 忆旧游

春风夜雨长松花，古洞疏林一径斜。道人瓢笠空山卧，晓起披蕨摘云芽。石磴义牙棘伤踝，道逢溪童语尔我。却驯猛虎作家犬，换来金灶守丹火。（四川青城天师洞）

（以上录自《瓠沧先生诗稿》卷四《爱庐草下》）

14. 游灵岩寺

斗峭中峰立，盘回侧径行。烟霞媚山色，笑语送天声。香茗龙池瀹，孤僧鹤杖迎。悠然碧云暮，江月暗重城。

15. 游上林寺观藏经洞

悬崖篆碧云，经洞藏其腹。斑驳何年凿，苔藓封古绿。断碣杂琳琅，俯拾不可读。对此感时局，乾坤几逐鹿。

16. 宿孝感寺庙

佛殿支床借破门，夜深明月照清魂。拈花侍者欣然笑，君是阿罗第一尊。夜露深寒袭客衣，蒲团寂历一灯微。如轮蝙蝠千年白，也傍使君来去飞。

17. 令灌县途次竹舍弟回籍

一叶秋风催晓旌，聊床絮语到天明。千辛万苦伤身世，四海二人老弟兄。云绕灌县萦别绪，月明秦岭怅归程。亦知后会眼前是，无奈愁听骊曲声。萧瑟万籁响竹林，握手东门感不禁。泪眼沫江千浪立，归踪嵩岳五云深。遥看乌帽陂陀隔，相忆萼楼风雨吟。亲友见时如我问，但言尚未负初心。

18. 登青城山第一峰观日出

晓日曈昽射剑眸，天风吹霁海云收。谁将蓬岛黄金橘，抛出龙宫赤玉球。已斫扶桑空眼界，更无蒂芥到心头。飘飘拟跨轩辕鹤，飞过眉山第一钩。

19. 即事有感

峻岭蛮荒徼，长江下宝瓶。石心盟水白，雪影妒山青。远雁重云冷，幽兰一谷馨。安排归晓棹，沽酒话旗亭。

20. 苦雨

苦雨秋江上，萧萧灌口多。湿云沈暗径，高岸涨寒波。揽镜怜勋业，怀人独慨歌。不堪时事急，才薄叹如何。

21. 秋郊早晴

雨晴水落见江沙，爽气先来野老家。寒下青山轻带雪，秋生红豆艳堆花。天边瘦鹤盘孤嶂，溪畔问云入晓车。合向青城借泉石，携琴来煮紫茸茶。

22. 八仙招饮歌

七月十五日，邹颂荣等七人。肆筵设剧焉，为庄子佩老人七十有五寿。余至日始知，与焉。老人欢甚，酌酒一卮笑曰："此寿与我同。"受而饮之。诸君既寿老人，又欲于次日寿余。辞之不获，乃借老人筵所，为尽日欢，名曰《八仙招饮歌》以志之。老人名裕筠，为灌县水利同知。余时为灌令云。

南极秋明晕黄鲐，紫皇宫里群仙来。灌阳真人嘉州守，掷蛟提剑横波吼。忽闻笙歌起中庭，回莺驻鹤来青冥。入座举觞千万视，玉女双扶紫云軿。南极笑赐酒一斗，鹤发千年同我寿。便与仙吏记甲子，诘朝重饮碧霞酒。群仙欢呼其掀髯，浮丘执杯语彭聃。华筵仍假绿云洞，玉箫金管歌吹添。瑶池飞来青鸟使，红折花柬颂燕喜。臣朔再偷王母桃，张良又进黄石履。云英玉液金叵罗，飞琼劝酒扬清歌。酒酣兴飘碧云上，手弄白日青天摩。更进一杯歌且笑，张果不老韩湘少。从今种桃添屋筹，八千岁春八千秋。

23. 群仙饯别南极老人歌

子佩老人于八月初一日，由灌阳移官绵竹。诸同人饮饯于二王庙之望江楼。歌以志之。

奇峰苍翠绕西郭，玉树奇花隐兰若。南极老人移炉橐，行将去矣云漠漠。飞羽坐花殇江阁，飘然而来先青雀。笑入琼筵歌且酌，献酧懽呼履交错。长啸一声风生壑，万里秋霄盘雕鹗。江天茫茫起雨脚，蛟龙横飞蚪螭跃。我却从之力骨弱，微障况为四禅缚。乾坤霾噎风潮恶，护法金甲晴闪烁。持赠青蛇莫相却，长虹争锋月为锷。一挥层霄欃枪落，沧海碧波云红萼。

24. 记灌江杂事

黄帝遗元珠，穷搜得象罔。震蒙氏有女，窃去沈江浪。化为江渎神，厥号曰祺相。遂州贤刺史，水东见旌仗。喧阗万军行，锦翠围珠帐。苦潦江水溢，祈报道相望。岷山故有神，马首幻殊仪。龙身掉云雾，瘗黍祀雄鸡。风雨随卜祝，旷陆靖蛟螭。卓然秦太守，凿石断地纽。江神奋风雷，幻牛横波吼。太守谓将佐，是儿未可狃。怒起掀波入，化牛腰白绶。须臾两牛出，激电搅云走。将佐助之斗，江神负而殕。哲嗣驱孽龙，穿山石壁空。执之潜水湄，锁之澄潭中。缚以千尺索，柱以万尺铜。功高百世祀，庙貌严蚕丛。秘怪来恍惚，云旗飒灵风。灾秘消堤防，终古大江东。此言非妄谈，得之亡是公。

25. 秋郊

雄据上游控百蛮，秋高玉垒古时关。大江波静长虹卧，疏雨人来野寺闲。峰影倒翻碧潭底，钟声遥渡翠微间。天公似怕锋棱露，故遣轻云护黛鬟。

26. 封堰由伏龙堆至玉垒关至二王庙

伏龙堆下初封堰，玉垒关前又早行。秋老江波浮岸出，雨余石笋接云生。放怀天地何曾隘，到眼河山太不平。慧剑斩魔当自去，烟霞好处是青城。

27. 重游灵岩寺

须弥纳芥大千微，兰若重寻眺远辉。岩凿仙龛青玉破，屏开斗嶂翠云飞。长虹刮月双龙剑，孤鹤横天一羽衣。话到沧桑暮钟动，鹿蕉梦醒未全非。

28. 再游叠前韵

蒲团妙谛悟希微，颂竭老僧坐夕辉。雪扑茅檐花片片，烟笼溪鸟影飞飞。山魈听梵窥禅榻，云锦剪风补衲衣。重到招提证佛果，大千世界是耶非。

29. 游普照寺

深秀笼寒径，幽阶历未经。溜悬新乳碧，石篆古花青。冷意侵诗骨，禅心到净瓶。香闻清更妙，梅影透疏棂。

30. 补盗回登青城山第五峰

翻山越涧正初冬，晨到青城第五峰。峭壁云开先受日，深溪路静但闻钟。苔侵石骨仍春色，松傲冰天尚翠容。报到诗人消瘦未，梅花巅畔放重重。

31. 交卸灌县早日口占

五鼓呼声动玉垒，争传新尹入地来。灌阳亦有潘令树，珍重桃花取次栽。

半天京兆旧书生，料峭寒风坐晓更。多少山灵应笑我，空携琴鹤听江声。

32. 偶成

偶向西山看雪色，时来南浦听江声。生从旧石因缘好，月是前身自在明。

33. 月夜

明月出青城，照我怀袖里。玉宇清且闲，松风吹未已。倚石看远山，听琴随流水。未识我为谁，萧然携鹤子。

34. 喜伍梅隐见过偕游青城

蓬莱仙客冰雪容，旧雨遥寻曳短筇。为爱梅花骑瘦鹤，特来沫水访潜龙。天开碧嶂迎双屐，人到青城第一峰。对坐虎栏餐琼蕊，万山秀出绿芙蓉。

35. 又叠偕游青城韵

琪花玉树放春容，远上仙山倦倚筇。云里高骞九苞凤，天边倒跨二茅龙。雷符划石开朱壁，蜡屐冲烟走翠峰。桃室冰车谁管领，万花城主问芙蓉。

36. 青城道中口占

倒骑碧骡去，仙洞雾离迷。倚石扪龙角，看花数鹿蹄。烟霞迎我笑，虎豹向人啼。不管沧桑事，瑶琴手自携。

37. 宿天师洞次伍广文梅隐韵

吟成拈断数茎髭，雪冷风寒夜不知。木魅归巢笑飞火，山魈倚壁悄听诗。窗前落叶堕孤鸟，灯下窥人吓老鸱。梦里忽逢家太守，借来飞剑斩蛟螭。

38. 由掷笔槽上至轩皇台

扪壁攀萝拨莽榛，拏云呵雪手为皴。万盘仄径才通鸟，一合断崖欲夹人。孤鹤堕烟山寂寂，侧峰碍日石磷磷。苍茫四顾层霄回，浩荡天风起紫闉。

39. 冒雪偕伍广文梅隐重登第一峰

绝顶重来蹑翠峦，青霄直上路千盘。支撑玉宇凌孤掌，莽荡神州渺一丸。雪里携梅诗作伴，云中豢虎石为栏。名山此后填胸臆，五岳虽奇不肯看。

40. 除夕留天师洞

桃符题向仙洞探，春信三更到石龛。诗祭今宵斟绿蚁，花攀诘旦满红篮。钟馗飞爆雷霆斗，司命醉门酒脯酣。钟动夜阑丹室晓，一年一度老彭聃。

41. 天师洞元日

寻幽踏破屐双尖，元日人犹住法严。差喜山灵容憩足，却教羽客笑掀髯。松龛曙色分龙彩，椒酒仙家献虎盐。卅六峰头聊避俗，欣逢弈叟子闲拈。

仙洞联吟手八叉，当筵噀酒笑栾巴。花拈神女翘晴髻，杯泛天池认断槎。寅柄回春钟乍动，辛盘献粥鼓初挝。古藤绝壁盘夭矫，影幻绿溪生翠蛇。

42. 述偕伍梅隐游青城一百一十韵

皇帝乙巳冬，十二月廿七。铁眉将游山，相邀蓬莱客。晨起束轻装，裹糯袖诗册。为嫌笋将缓，呼童整鞭策。直出城东门，言适青城陌。浓雾罩群锋，一色天咫尺。向背路转迷，信步随所适。渡马浅波平，济人小艇窄。断木支略彴，乱石踏倾侧。寻途指山腰，瞥见范贤宅。下马叩空门，携手访禅伯。中有长生像，皓然须发白。道人迎我笑，献茗味清洌。颓砌植牡丹，矮墙环古柏。回顾日将晚，苍茫催行色。岚气入衣袂，高峰临崱屴。谷口逢樵夫，一肩担落叶。涧水鸣潺潺，溪风吹瑟瑟。短虹跨云坳，石笋矗紫极。攀援上坡陀，邪许竭人力。危径一发尽，天然画图辟。停鞭遐矫首，苍翠纷罗列。彭祖耸其南，丈人峙其北。后有黑虎蹲，前有孤鹤立。其余卅六峰，隐见若拱揖。道旁剔苔藓，残字森古碣。贤哉徐义士，詈寇拼死节。临难掷头颅，千载激义烈。迤逦盘虚磴，两行松栁直。侧峰挂藤萝，荫翳碍白日。灵崖风阴森，恍惚遇仙迹。迎仙又集仙，跬步两桥接。仙犬吠云中，钟声出洞穴。隐隐露短墙，灯光射林薄。喜逢杨羽士，倾谈如旧识。青精供我餐，丹室留我宿。拟为十日游，洞府穷搜索。凌晨缚双屐，寻幽探胜迹。遍历诸天界，金碧绮交错。传闻张真人，于此炼丹药。手植棕歧茎，银杏千年活。劈石走山魔，飞剑闪列缺。渺然一拳多，天地与日月。至今壁罅中，犹存誓鬼石。神仙容有之，杳茫难究诘。旁有张白云，幽辟读书屋。叹息人已往，遗址空仿佛。扪罗援荆榛，细径石发秃。仰攀太始松，雪干虬蟠曲。俯瞰千丈溪，飞瀑迸雾窟。行行见偏桥，峭崖云根凿。一线忽中分，划开天半角。战慴侧身过，畏夹不敢入。云当誓鬼时，此处曾掷笔。深槽下无底，一落那可拾。试以石子投，笙钟响迅激。前望峰嵚崎，乱树杂蒙密。牵袂拨飞烟，古穴悬绝壁。缅怀巢云仙，于中饵琼液。奥境非人到，丹经未易觅。舍旃复舍旃，鸟道凌崒峷。茅屋跨山坳，竹篱遮殿桷。老树大十围，森立排两阙。羽客年八十，焚香户不出。见我款殷勤，面垢脚弗袜。为言唐公主，曾此授丹诀。上有轩皇台，荒颓埋荆棘。宁封古仙人，坐受黄帝谒。断路石叉牙，斗峭难飞越。惟登第一峰，此山伏肘腋。辞别老人去，乘兴攀险绝。道出混元顶，突兀三峰屹。贾勇摩其巅，推挽数颠蹶。石上长鹿衔，仙草不易掇。一茎缀花紫，三叶凌雪绿。道人采以贻，云此仙所服。服之可不老，青瞳颜如玉。摘叶笑啖之，俨受长生箓。前有朝阳洞，烟炊石孔裂。每当日旭时，千岩散朱碧。直栈遥钩连，悬梯半纡折。下窥壑杳冥，上视天偪仄。裘带倚松缓，橡栗拨云摘。珍禽幽树鸣，琪花怪石发。樵歌度岭来，余音空谷答。扶筇且前行，径湿双屐滑。摩崖字如斗，大书峰第一。左旋复右转，上清踞山腹。砺石出秋霜，一挥风云簇。门外紫玉坪，局画天地促。想见对奕时，烂柯待王质。入看壁间诗，敲评难优绌。戏题扪萝句，留与来者读。雪风撼层阴，玉花飞顷刻。鸳鸯井浅深，麻姑池清澈。蘅寒上层冥，抖擞踏云脊。虎槛石半圮，药臼水不竭。权学猱升木，榄茅登藓级。公然到绝顶，苍苍但一笠。所怅阴雾遮，混茫大地蛰。冲岳祷昌黎，感通恐难必。须臾阊阖开，千山各争出。儿孙罗行列，晴峰排六六。弄日摩青天，点烟齐州伏。执手欣然笑，生平志慊足。应有绿发翁，于此驻鸾鹤。意欲学仙去，辟谷栖洞壑。茫茫风潮阔，乾坤恐一掷。四顾杳无人，此意有谁测？长啸下山归，胡麻香饭熟。

43. 游二王庙

胜境幽且闲，徘徊松竹间。林深藏古寺，云破露春山。香度花双树，泉鸣水一湾。携琴能小住，此处即仙寰。

44. 登斗犀台次伍梅隐韵

城角插霄贯紫霓，控鲸秦守斗江犀。乖龙战野酣元血，迅电掣云绕碧堤。嶂气淋漓真宰湿，魔天扫荡乱峰低。危台凭眺参疑信，怪志南溟谐读齐。

45. 竹索桥次前韵

谁来天半架飞霓，道辟百蛮渡象犀。百尺烟丝牵断石，一条红线锁长堤。波沈铁柱鱼龙睡，浪压玉关壁垒低。只借渭川千亩竹，便扶苍赤岸登齐。

46. 游竹林寺

携手竹林去，寻幽兴转新。游山僧作导，觅径石留人。日落长桥晚，云开古寺春。玉英浆可味，蓝窟见仙因。

47. 由竹林寺上玉垒关到径丛冢中

竹林深处漏斜阳，聊袂披荆万冢荒。惯看野狐争窟穴，谁呼枯髑问沧桑。蹰人木客索诗唱，拦路山魈攫酒尝。任尔揶揄都不管，登高一笑远天苍。

48. 登擂鼓坪

曾说神犀斗碧云，天惊石破雨雰雰。我来奋臂向空击，纵隔重暗帝亦闻。

49. 梦中咏离堆醒记一绝

凿石断地维，雪岭不敢东。蛟虬争雷雨，锁入碧潭中。

（以上录自《瓠沧先生诗稿续集》卷一《劫剩草上》）

文（1篇）

宦灌志略

蜀之名山二：曰峨眉，曰青城。峨眉违省会远，游者非专力不能至。青城尽百里，又有玉垒、离堆之胜，骚人游客趾踵相接也，而适隶于灌。灌，古导江也。去成都西百二十里。四隣皆盗薮，故亦难治。

乙巳春二月，莅官于斯，其民之朴愿不如蓬，强直不如大邑，剽狙猾诡则骩法，释纪而不可穷诘。余以治蓬之民治之。治大邑之盗治之力倍而效寡，功少而过多。毁誉之来又参半焉。

初，余自大邑谢病归，办理川东赈务张九章，以廉声素着，坚苦卓绝之语，请于大吏，檄为属。成都府高增爵尼之。俾令灌恳辞不获。盖自维才短，不能胜此繁剧也。涖任之三月，巴塘番乱。戕钦使凤全，及军官吴以忠，即请从戎效力，大吏不许。批牍云："番匪倡乱，戕害大臣，宜整戎行，以彰天讨。该令顾效前驱，自属激于义愤，其志甚壮，其情堪嘉。本督部堂业已派员勛办矣。该令勉为循良，尽识即以报国，所谓报称者，不仅在戎行也云云。"又以病求去，亦不允。

邑为岷江出山之地，支分派别，舟渡十余处，皆与盗为缘。西南北三面皆山，伏莽滋焉。绅团豢盗自保，鲜能拔者，盗不及大邑剧。而多倍蓰之。任未满一年，获盗亦近百数。有王老幺者，一名铁脚板，多力善走，积案鳞次，为武举高登第义子，高虎而冠，薮盗，以赀雄于乡。人莫敢谁何。余诇知之，欲往补而未发也，一日高以事至城，余伪为省牍捕高者，屏人示之。高惧乞救，余曰："此必有仇若者，然非送王铁脚板至，不能为若解也。"高曰："王铁脚板诚大盗，已远出无踪。"余曰："为若义子，居若家，和谩我为？"高不得已曰："诺。"要约取质，期五日。三日而王铁脚板至。

西山穷壑峻崖之上，有盗曰唐老三。恃其险远，聚党啸劫，一方苦之。斗堑重叠，人不易到。余诇知其居，夜半率队往。围而捕获之。询其妻，则所掳行路之女也。传其家归焉。其他若杨瓦匠、张大刀、吴大荣、汤焕章等，皆剧盗而手擒者，不能复忆数也。

河支纷出，水大则堰坏而地毁。有田者计亩出钱，为修补费。中饱于豪绅，潦草补苴，而堰益坏。余询知其弊，创立水当局余城。力为之修筑。款不多筹，而民无水患。邑东南四十里，有局曰海云。插花温郫之界，溪渠错汊，为盗薮。兵役至。则杀而投之水。余廉知其窟穴所在，夜衔枚厉水往。捕之盗方出劫未归，火其屋。团首武生邓国桢，局数十武外，召之，不来。其至家不见，饬其捕盗，亦弗闻。兵役不敢往传，无如之何，姑置之。而刘积五适患病。刘积五者，郫之大盗，而邓国桢之弟妇弟也。为防营所捕。致之省。不敢供郫本籍。移囚于灌，而邓国桢来案为求释，余愤其庇盗抗官，许其保结释刘而止之。捕送他盗。适崇庆州以盗案索刘。遂饬邓交刘案。邓出不逊语曰："彼自有足归去，我其如彼何？"余曰："谁与保者，乃置身事外耶？"鞭笞而锢之。未几病，归，四十九日死。其家以滥刑毙命上控，大吏恐余受过也，委代理焉。然以缺有亏赔，代理者不接交代。

适蓬州诗人伍彝章来灌，遂偕游青城，日登一峰。啸傲其巅。与山僧野樵访古迹，话烟霞逸兴高骞翛然世外。除夕元日，犹穿雪峦而走云嶂也，唱和诗得数十。

首颜曰："青城游草而题其登青城第一峰，诗于第一峰之上。"瓢沧子曰："呜呼！始勤终怠，其古今之通患乎？余初任蓬地，山瘠民愿，少盗贼，政简讼稀。竭励精神以从事民事。稍有声绩，非幸获也。继权大邑，事繁盗剧悍，力于始盗。而民事间有丛脞者矣。力惰而事堕者，其灌乎？民之愿不如蓬，而盗埒于大邑。虑不克。胜任时怀去志。诸事遂无以理其端而竟其绪。故事倍而效寡，功少而过多。毁誉之来又参半焉。盖畏难疲阻恒致误事。而后知励精图治之难乎！其继也，书曰：'其难其慎。'语曰：'量而后入，无入而后量。'世有以吏治为易为者殆皆轻心相掉。而未尝实味。其甘苦也，是民贼之俑也。"

（以上录自《瓢沧先生文稿》卷下）

巴蜀名人年谱整理

《费燕峰先生年谱》点校[①]

序

余读《扬州府志》《渔洋诗话》等书，知北乡野田村有成都费燕峰先生隐居于此，及交田君与九、费君潄泉（先生之裔孙），益知先生为非常人也。去岁冬，与九携先生致。及门于咸，受丹源手卷墨迹贻余，苍健浑朴，如见古衣冠人物。今又从潄泉处假得先生《年谱》四卷，为其孙天修（讳冕）先生所编。余不禁狂喜，穷日夜抄之，阅旬日始成。观此《年谱》，则先生之生平行事，师友往来，著述游历，均可知其梗概。据十世孙让泉先生云，先生《弘道书》及手绘诸图，尚散见于北乡一带。余拟与田、费两君，更当竭力搜集，庶不致将先生之心血荡为荒烟蔓草，则幸矣。

中华民国十四年十月二十日，江都白沙孙树馨谨识。

费燕峰先生年谱卷一

崇祯十一年戊寅（1638），十四岁。

正月，还新繁，祖屋毁于贼，移居县东白鸡潭舅氏曹家。

四月，孝贞先生大病，先生奉侍汤药，日夕弗懈。医言尝粪甘苦可决生

① 北京图书馆．北京图书馆藏珍本年谱丛刊（第76、77册）［Z］．北京：北京图书馆出版社，1999.

死，先生尝粪苦，后孝贞先生病果起。

十一月，随父母还新繁，住李宗益后楼。

十二年己卯（1639），十五岁。

八月，孝贞先生举乡试。

十月，孝贞先生为先生聘婚于彭县杨氏（贡生，讳云鹏，字上九）公女（母赵氏）。

十一月，孝贞先生公交车赴京师。

十三年庚辰（1640），十六岁。

十四年辛巳（1641），十七岁。

十五年壬午（1642），十八岁。

从略。

十六年癸未（1643），十九岁。

二月，还新繁。

十一月，至白鸡潭。

十七年（1644），即大清顺治元年甲申，二十岁。

正月，先生偕舅氏曹式榖（讳靖共）、表兄正平（讳景彬）读书于彭县凤凰山韩家庵。庵有老僧，在楼诵《华严经》三十年。是夜，梦一黑物入门，如龙蟒类，具鳞角，四爪。明日，而先生至，独衣黑。老僧谓曰："公他日当以文名显于世。"

二月，孝贞先生授云南昆明县令。

七月，随母与兄避乱于化城院。

八月，为书《上巡按御史刘公（讳之勃）》，言四事：练兵一，守险二，蜀王出军饷三，停征十六、十七两年钱粮四。未几，省城陷。

十月，随母与兄至白鸡潭。

二年[①]乙酉（1645），二十一岁。

三月，至彭县。

《送道客还葛仙山》："尘世真难住，深山返御风。月来春殿湿，云散玉坛

① 年，原作"月"，据文意改。

空。煮石娱仙女，弹琴遇老翁。碧桃须再种，待我万花中。”

四月，就婚于杨氏。

八月，先生与杨氏两家俱避入彭县冠子山。杨氏世仕宦，丰于财，而未有子，止生孺人。孺人父上九公为贼拘掳，母赵太孺人以家事付先生。先生费数千金得人力，兼赂贼之侦访者，始得出，复聚于冠子山。

有《移家入山》诗：“非为求高隐，而来就此间。晨光开远树，春气结深山。雀矢污梅实，虫腥烂竹斑。从今徐孺宅，不复在人间。”

九月，流贼屠彭县王村白鹿，先生兄歿于贼。复避于彭之香水寺。（先生亲支四房，伯父经国，副榜，经世及叔父经济，俱邑廪膳生，乱中皆歿于贼。）

十月，流贼屠彭县、什邡沿山一带，止离城五里，不杀，复避入彭县。

十二月，贼兵过彭县，复避入冠子山。除夕至龙竹坪孟敬台家。（孟，蜀王后裔。）

三年丙戌（1646），二十二岁。

正月，至什邡高定关八角庙，结豪杰，为寨拒贼。

五月，至茂州。都督松潘镇朱公（讳化龙）给札署衔团练号飞来营，贼乘间劫营，先生设伏兵待之，贼入隘，闻鼓声，疾退，不敢犯，于是一方赖以安。

十月，孺人舅氏赵公（讳司铉，字翼黄）自督师阁部王公（讳应熊）军中归，言孝贞先生在滇，知家中遭大乱，心不宁，且屡乞休不得。先生闻之，痛哭，遂去家，只身从兵戈蛮峒中，入滇省亲，当时称为“孝子”。

曹太孺人、杨孺人同戚属俱回彭县。

十一月，途次遵义府，山中竹房无壁，四山大雪尺许。夜起，见群山如玉，月光如洗，清冷彻骨。方就寝，忽闻鸡唱，胸中一空，如冰解冻释，从此有悟道之志，而功名之念淡矣。

十二月，至云南昆明县署。初，孝贞先生闻蜀陷，数乞休，台司不许得。先生至，遂剃发呈诗，台司见发，始许之。蜀中有《金丹》诸论，先生读之，欣然有仙灵冲举之志。

四年丁亥（1646），二十三岁。

二月，孝贞先生以所有尽施鳏寡孤独，并狱中诸禁人。

四月，先生奉孝贞先生去滇，士民遮道泣送，曰："吾邑自萧令君去后，四十年无此好官矣。"后一月，贼遂陷云南。

五月，渡金沙江，由会川卫至建昌卫。

九月，闻母曹太孺人同戚属在黎州，先生遂由越嶲卫独行至黎州省母。

十一月，至雅州，谒总镇曹公（讳勋）、兵部职方主事程公（讳翔凤）。

十二月，复往建昌迎孝贞先生，过相岭，先生为凹者（地名，在大梁山外）蛮瞥牛掳入蛮中。

五年戊子（1648），二十四岁。

正月，孝贞先生市耕牛、釜布、田器给蛮瞥牛，赎先生归。

二月，闻流贼将至建昌，由宁番卫出打马窝，又为番人劫掠行装，止余马匹。复由越嶲卫至黎州。

闰三月，奉父母至荣经，复至雅州。

五月，先生至嘉定。时杨公（讳展）镇嘉定间，闻先生名，遣人致聘迎先生。先生至，谓杨公曰："贼乱数年，民多无食，今不屯田，无以救蜀民，且我兵不能自立。"于是杨公命人屯田于雅州龙门。贼张献忠尝弃金于青神江口，先生命人沉水取金，得赀甚富，给民间买牛种，余赀悉散给诸镇，西南民得以少苏。

有《赠杨大将军》诗："高悬玉节拜诸侯，报国丹心事已酬。绣甲入云秋射虎，宝刀含雪夜椎牛。军中气肃齐闻角，野外风清独上楼。自古分茅颂异姓，令公汤沐在汾州。"

七月，同总兵杨公（讳璟新，展之子）屯田于荣经瓦屋山之杨村。

十一月，督师阁部吕公（讳大器，遂宁人，兵部侍郎）署先生为中书舍人，赞画军务。先生辞，弗就。

十二月，还雅州省亲。

六年己丑（1649），二十五岁。

正月，同傅更生（讳元览，雅安人）至大邑县山中，住僧院。邻庵有先辈刘公（讳道贞，字长倩）藏书，往取之，得《楞严》《缘觉》及《指月》等禅书。与刘圣恩问道录观之，甚以为微妙，于是又移志禅宗矣。

二月，出大邑县山中，谒都御史范公（讳文英，内江人）于僧舍。范公曰："始以为吾此度有经济才，不知吾此度词客也。"是时先生与成都邱公（讳履程）、雅州傅公（讳光昭）以诗词雄西南，称"三子"。

六月，还雅州。

七月，杨公展为降将所害。先生闻变，急走嘉定，与杨公子总兵整师，为复仇计。尝与贼兵战，身自擐甲操戈，左手伤一刃。总兵营在峨眉，一日，裨将某与花溪（即今犍为县，属尤花溪）民殴争，称言："花溪居民下石击吾营，势且反。"以激怒总兵，总兵遽署檄讨之。先生力争曰："花溪吾民也，方与贼战，而杀吾民，彼时将变而从贼，是益贼也。"总兵乃止，舍活数百家。

十月，赵氏、赵公迎先生家。至荣经时，先生与都御史范公同住峨眉万年寺，月许，辞归。

十一月，与总兵杨公复屯田于荣经瓦屋山之杨村[1]。

七年庚寅（1650），二十六岁。

七月，还成都省墓，过新津，为贼兵所劫。

十月，为贼兵掳去，送营中，几为所害。两月后，乘间始得还杨村。

八年辛卯（1651），二十七岁。

七月，滇中贼兵至，先生奉父母避乱于荣经改定沟山中。

十一月，从芦山县至印州。

九年壬辰（1652），二十八岁。

正月，在印州、火井、途州。

二月，至崇庆州。

有《过成都草堂寺》诗："西川文献久仳离，重拜先朝杜拾遗。渺渺大江青草合，迢迢高阁白云吹。公怜故园应呼客，我访遗文更向谁？二十年来思避席，一灯相对喜还悲。"

四月，奉父母还新繁，旧宅皆为灰烬，榛莽不可居。

九月，舅氏赵子匡（讳弼）家为贼掠去，先生访知在灌县，即往迎归。

十二月，偕戚属杨氏、赵氏自成都北行，除夕至绵州。

---

① 村，原作"材"，据下文改。

十年癸巳（1653），二十九岁。

正月，至梓潼县，登七曲山。

二月，至保宁府，登舟。

有《过朝天关》诗："一过朝天峡，巴山断入秦。大江流汉水，孤艇接残春。暮色愁行客，风光惑榜人。明年在何处，杯酒慰艰辛。"

附王阮亭诗："成都费道士，万里下峨眉。虎口身曾拔，蚕丛句有神。大江流汉水，孤艇接残春。十字须千古，何为失此人。"

三月，至汉中府沔县圆山寨（古米仓山）。时彭县老医刘苏寰（讳时雨）寓此山，先生遂奉父母主其家。

有《过启公僧舍》诗："方外岂得多，支公林下人。石坛花作雨，野院竹生云。爱画不为癖，工诗若有神。从来喜真率，买屋欲为邻。"

四月，先生辞父母出栈，与杨氏、赵氏别，遂南行，过旧碑，必过观焉。

《入栈中》诗："栈阁通秦道，青天未易行。尽过奇绝处，不负此平生。白马岩中出，黄牛壁上耕。野花埋辇迹，幸蜀得空名。"

五月，至江南扬州，住伯外父杨公（讳云鹤，字鸣九）宅中。

六月，至福建上杭伯外父杨公署中（时为汀漳监司）。

八月，出杉关，由江西往湖广。

九月，至汉口。

《江上晚泊》诗："昏气满孤屿，沧江途尚遥。天寒将作雪，风急欲收潮。栖鸟青枫树，归人白板桥。酒家随意宿，明日进兰桡。"

十月，至云梦。

十二月，至泾阳。

十一年甲午（1654），三十岁。

二月，至沔县圆山寨。时定军山下萧家寨，萧氏已迎孝贞先生至家，教其子弟。先生遂至萧家寨，时往来汉中。

《移家定军山下》："移居接村舍，地僻好烟光。藏此新图画，仍其旧草堂。白来嶓冢雨，青入陆浑庄。久住随风俗，悠悠野兴长。"

《逢洪良嘉汉中欲往蜀试》："乱中佳句未能酬，复向褒斜上此楼。贱子梦连巴水月，故人来值楚江秋。黄蜂峡里蛮烟断，杜宇巢边客路愁。便使成名须宦早，云山老大恐难游。”

四月，从刘苏寰学医。后先生究心于《内经》《伤寒论》《金匮》诸书，为长沙发挥，必先以刘先生名，不忘所学也。

八月，与涿州杨坤、内江冷时中结诗社。

《宿汉王城》诗：“烟霭风清紫蓼洲，汉王城下系扁舟。涛声夜半随明月，流到潇湘下石头。”

《晓起》诗：“轻寒破梦月初斜，屋上群乌噪晚霞。快事一生能有几，伤心十载更无家。信陵罢相惟酣酒，陆羽成书不嗜茶。何处高情谐夙好，三间茅屋百枝花。”

十二年乙未（1655），三十一岁。

正月，在沔县授徒，批《四书大全》一次。

《幽居述怀》诗：“故园不可到，春风吹荜门。鸟啼原上树，花落雨中村。事简园成趣，居深褐自尊。无书传弟子，耕凿在乾坤。”

十三年丙申（1656），三十二岁。

四月，至静明寺，与通醉（内江人，破山高弟）论禅。始，先生闻二程，见人静坐，便叹其善学。至是，入寺静坐，坐六七日，心不能定，乃自励曰：“百日之坐，尚不能自定，况其大者乎？”复誓不出门，坐半月余乃定。一夕，闻城濠鸭声，与身隔一层，身如在布袋。良久，一层忽通鸭声，与水流入身中甚快，其后所历之境甚多。坐百日，既毕，乃叹曰：“静坐，二氏之旨，吾儒实学，当不在是。”自后，始有志古学矣。

七月，褒城张宛都（讳士羲，字元操）迎先生至其家，遣子涛（字松壑）执贽受业。宛都世家多藏书，先生得遍观焉。批《四书大全》第二次。

涿州杨公知先生贤，欲荐之藩下，以千金聘先生。先生却不受，人咸为先生惜。后杨公殁，强藩作逆，始服先生远识不可及。

《题洋县酆都山上三丰祠》：“老翁深坐何为者，破笠棕衫殊潇洒。内廷已知邋遢名，星使茫茫求四野。玺书玉节遍寻仙，天语空垂二百年。至今祠祝三丰像，村女时时化纸钱。”祠在陕西洋县山中，上有胡潆奉敕寻访碑。

《洋县寄杨拙庵使君》：“百里寻春远，江城归路迟。每从花发处，长忆对君时。射圃银鞍马，书床玉砚螭。秋深同出郭，半醉好题诗。”

十四年丁酉（1657），三十三岁。

四月，伯外父杨公遣人来迎。是月也，长女生。

十月，奉父母出沔县。

《过华岳诗》：“白帝雄西镇，千寻铁缭高。仙人在何处，遗迹已萧条。看瀑深行峡，探书远度桥。吾将凌绝壁，鸾鹤共飘飖。”

十二月，至汉口。中旬，至黄冈令（讳钟秀）署中。

十五年戊戌（1658），三十四岁。

二月，至扬州，住伯外父杨公宅中。

三月，读《史记》。

四月，为书上常熟钱公。（讳谦益，字牧斋，礼部尚书。）公得书甚惊异，后论诗于芙蓉庄，指先生《北征》诗，叹曰：“此必传之作也。”

《江上书怀》：“千里无家客，随风下秣陵。江平乘夜渡，山远待秋登。感激伤羁马，飘飖侧画鹰。何时裁尺素，还寄蜀亲朋。”

十六年己亥（1659），三十五岁。

二月，笺《史记》。

《村中》诗：“路入村中竹杖宜，春深未得几间时。因看垂柳行来远，更待烹茶归去迟。五亩已非遗老宅，一碑空列古人诗。旧游重过前山路，芳草连云水满陂。”

六月，海艘入江，扬州戒严。先生奉父母转徙于桥墅、樊汉、宜陵间。

十月，至泰州。

十一月，至建平县。

十七年庚子（1660），三十六岁。

四月，奉父母还扬州。读苏、韩文，读杜诗，临钟元常帖。先生书法得晋人风致，晚年草书益佳。人得其片纸只字，咸珍藏焉。

十八年辛丑（1661），三十七岁。

二月，住扬州钞关外三贤庵。注《毛诗》。

《西望》诗：“寒食天涯外，无樽到垄头。落花蝴蝶梦，芳草杜鹃愁。孤石余千古，清江护一丘。灯前横涕泗，何日拜松楸。”

三月，御史张公（讳注庆，字曲山。四川阆中人）巡按广东，邀先生同行。

四月，至钱塘观潮。中旬，过鄱阳湖，拜中靖东平王张会公祠（即张睢阳）。

五月，登滕王阁，过庐陵兑漕公署，（署为乡先辈成都庄祖吉建，新繁雍鸣鸾重建）访欧阳文忠公遗迹。过永和镇广须祠，观宋碑。过太和县，拜曾忠愍公祠。

五月十三日，长子锡琮生。

六月，至赣州府，与张曲山、郭又汾（罗江人）、龚恒（内江人）、梅澹如（宣城梅诞生侄孙）纳凉，各赋诗。

闰七月，得龚半千（讳贤，江宁人）书。

八月，得家书。伯外父杨公为人诬陷，构讼。先生家已避难苏州，遂还家省亲。复至金陵视伯外父，力为斡济，始得脱然。

十二月，奉父母至泰州。

康熙元年壬寅（1662），三十八岁。

正月，录自著诗。

七月，奉父母至扬州，读经，读《史记》，批《四书大全》第三次，自是一年辄有所进。

《山家》诗："茅屋隔风尘，环山傍水邻。白鱼晨下溜，黄豹夜惊人。树古农民朴，瓜肥老妇贫。闾阎无嗜好，何必慕先秦。""自惭尘俗状，山远气犹淳。粿器松花饼，壶樽橡子春。樵归常说虎，女大不藏人。安得中原地，比邻尽此民。"

二年癸卯（1663），三十九岁。

二月，徐州管河同知陈公（讳大常，字时夏，四川汉州人）迎先生至署，遣子于耕于稼，执贽受业。重笺《史记》，选《全唐诗》，定《雅伦》。（孝贞先生手著，共二十六卷[1]，先生补定续成）。

四月，会郎于硎。（讳新秩，四川酆都人。时以尚书郎左迁海州，署徐州事。赠先生诗："费子此度学富典坟，志耽丘壑，前家江宁东河府，陈郡尊招

[1] "二十六"三字，原无，据《雅伦》补。

游彭城。癸卯初夏，饮予署中，因赠。‘江宁灵秀擅升州，数载携家作卧游。自许名山藏著述，岂弹长剑说穷愁。千秋功业乌衣巷，六代风烟白鹭洲。拾得芳君新枕秘，还来钱里问丹丘。’彭城，钱铿旧里也。”）

十一月，还扬州。

三年甲辰（1664），四十岁。

四月，褒城张宛都授高邮州同书来迎，遂至其署。自是肆力读书，专力古文。与前辈夏洪基论经史。

《四十感怀》诗：“旧里归难得，无田旷百灵。不将心逐物，亦觉事劳形。空谷幽兰绿，关河芳草青。苦吟成底事，四十始传经。”

十月十七日，次子锡璜生。

十二月，还扬州。

四年乙巳（1665），四十一岁。

二月，至高邮张公署中，读《史记》。

《再至高邮看绿萼梅》诗：“孤根不许众芳邻，雪厚霜深自有春。却与梅花成故旧，重来如见魏夫人。”

三月，作诗《送张六飞（讳象翀，四川人）还蜀》。

四月，选蜀人诗，作《韩昌传》。（字经正，一字石耕，顺天诗人，后家金陵。）

五月，会刘平胜，送《史记率隐注》二卷，薛洪度诗一卷，作《荔支记》《考京氏易传》。汪舟次（讳楫）来访，送悔斋诗。

《赵适自成都至江左》诗：“春仲下瞿塘，岚烟绕石梁。峰文停月小，雨气得花香。归路贫难遂，秋田乱已荒。干戈人老尽，不为尔霑裳。”

六月，杜于皇（讳濬）、李阆仙（讳熊飞）来访。方尔止（讳文）来访，与论诗、论字学。孙豹人（讳枝蔚）、程穆倩（讳邃[1]）、陈其年（讳维崧）、许山涛（讳嗣隆）、毛亦史（讳师柱）、汪蛟门（讳懋麟）、叔定（讳耀麟）来访。

七月，华龙眉（讳衮）、戴雪舟（讳访）、王仔园（讳宾）、陈必大（讳

---

① 邃，原无，据补。

亦澥）来访。与杨东子（讳岱，四川彭县举人，先生内弟）论文。

八月，作《五经论》。夔州李长祥翰林见之曰："君文已成，可追踪古人矣。"司李王公（讳士禛，号阮亭，新城人）来访。（时公司李扬州，一时名辈皆往来，座间惟先生未往谒。后王公于林茂之先生处见先生，惊叹，乃请全诗，先生录百篇赠之。王公极赞先生古诗，以为绝伦，尤爱近体中"大江流汉水，孤艇接残春"之句，当时咸以为知言。）

《为王阮亭题金刚经后》。

《为王公题天女散花图》："飞来花片，空里都零乱。为甚瑶姬亲手散，爱惜春光一线。""王乔本是群仙，皎如玉树风前。尽把琼枝吹下道，衣满扑云烟。"

王公作诗寄赠，感其知己，赋诗奉答兼别："十字受君知，相逢何太迟。秋烟南浦上，寒雨北征时。文采传江左，风流播帝畿。高人不易见，从此日依依。"

十月，笺《史记》毕，日夜读之，盖八年矣。

十二月，至金陵。

五年丙午（1666），四十二岁。

正月人日，还扬州。罗西溪（讳□□，四川南充人）、江茹玉（讳有声，四川巴县人）、张又益（讳祖咏，四川内江人）来访。刘青夕送陈白云诗板一百二片。

二月，至高邮张公署中。

三月，还扬州。龚野遗铁夫、蒋少连、李能白、闵宾连、周栋庵、王乃宾、章云卿、迮旦庵、田肖亨、柳长在、陈礽符、戴山子、姚东只、方云祖来访。朱希文来访，与论五行。

作文《送杨方次（讳峤，四川举人，先生内弟）还蜀》。

七月，至金陵，主李二宋家，太守毛公（字南薰）来访。

八月，还扬州，得刘了翁（讳通开，号非眼，丙子举人）书，寄《范中丞词》一本。与王筑夫论文。与陆无文（讳朝）了天声（讳震）论诗。与紫芝论二氏。

《闻解纶仙弹琴》诗："自我伤寥落，徒怀大雅深。忽从仙客指，重见古人心。溪溜溅春雪，江风曳荻林。秋鸿休再鼓，幽怨已难禁。"

十月，会袁松岫、陈三石、李砚斋前辈。王子荆（讳□□，四川人）来访。邓孝威（讳汉仪，泰州诗人）来访。

十一月，与熊景台（讳世钤，江都诸生）论医，画《太极生五行图》《乾男坤女图》。

十二月，著《史记补笺》四卷毕。

六年丁未（1667），四十三岁。

二月，李梅溪（讳□□）来访，塘头于颖士（讳大仪）、峻生（讳□□）来访。会李如石先生，并其子子上（讳之弦）、豹侯（讳之椝）、宜孙（讳之中）。为双塔寺圣铎（讳元智，四川宜宾人）作《还蜀葬亲序》，并为书手卷。为吴尔士题画。

三月，还扬州。吴雁士（讳秋）、徐阆仙（讳高，俱杭州人）来访。定族谱，作《宗祀论》。同戴山子（讳□□）、程遹声（讳士骏）、谚升（讳士焘，俱夔州人）至苏州，游虎丘。会唐铸万（讳陶，四川人）。同戴山子、程遹声至晚香斋，观祝枝山草书刻石。出阊门，回至皋桥，瞻泰伯祠，称三让王。至吴趋坊看梅，桃花坞、宝志庵看梅。

五月，寄陆无文书，寄谢继实（讳时华，四川阆中举人）书。

六月，录孝贞先生《荷衣集》，录《历代编年录》，录朱枫林先生《易图》。

五月，阅《会典》，读《内经》。

六月，寄蜀中赵子匡、杨缣雪、张五华、刘苏寰、王心、宇文雪书。

七月，定祀先礼仪。与李砚斋论周礼。乞李砚斋作《孝贞先生七十寿诗》，与周木公（讳衍商，四川大宁人）论易卦。

八月，萧瑞伯（讳湘，四川泸州人）、王凤仪（讳昌岐，四川保宁人）来访。

九月，吏部王公（讳士禄，字西樵，阮亭兄）来访，与论诗，画《五行生成图》，录自著古文。

十一月，至浙江兰溪县赵公（讳□□，字松涛）署中。会朱彩公（讳凤翔，成都人）、王柱石（讳国柱，遂宁人）、吴伯鱼（讳鲲，兰溪诗人）、左襄南（讳岘，宁波举人）、章吕生（讳允奇，兰溪贡生）、严康侯（讳文治）、赵元朔（讳淳）、郭子昭（讳麟，俱兰溪诸生）来访。林存悔（讳震起，泉州人）、林友山（讳峰，莆田人）、许荷也（讳蕖，蒲田人）来访。为许荷也作诗序。费广文（讳万程，嘉兴人）来访。作《史论》，作《世系略》。

十一月二十日，次女生。

七年戊申（1668），四十四岁。

二月，还扬州。赵松涛送《枫山文集》。

二月二十七日，为孝贞先生庆七十寿。

四月，至如皋县，会冒巢民，送《渝变录》。冒巢民招饮水绘园。会冒谷梁（讳嘉穗）、冒无誉（讳褒，巢民弟）、冒明允（讳正宗）。会陈宿仲（讳应昌）、陈宿季（讳应壁）、陈肱良（讳之襄）、韩乾御（讳万宁）、练开周（讳坦）、熊元甫（讳有仁）、熊和甫（讳有礼）、梅居一（讳春）、马迁于（讳世乔）、何宫声（讳镛）、陈仪聚（讳奕业）、沈介如（讳日跻）、苏武功（讳为烈）、陆莫雨（讳合）、卢式如（讳文镜）、张穆如（讳邃学）、徐孝闻（讳尔来）、陆山雨（讳澍）、解羽轮（讳起翔）、苏克廉（讳世禄）来访。

六月，还扬州。

六月十七日，为老母曹太孺人称觞。会李克谐（讳宗夔）、李二宋、吴尔世、吴豹人。过李二宋家，观宋徽宗画鹰，王逸少、荀令真迹，皆御府旧物。观黄慎轩草书。为王左公作《赠行诗序》。得黄仙裳（讳云，泰州诗人）书，答之。

七月，泰州陈雁群编修（讳志纪）书来迎，遂至其家。送《证治准绳》六套，作《澜漪堂诗》。蔡公韩（讳孕琦，泰州诸生）、蔡公梅（讳孕环，泰州明经）同来访。与黄仙裳、邓孝威论诗。为又印老僧书手卷。为吕未仙（讳凡）题像。

《送蒋玉行之开封》："独骑生马向中原，衣满尘沙白日昏。君到大梁烦借问，古来何处是夷门。"

为陆无文跋画。为曹古上（讳常）书扇。塘头于及五（讳王臣）遣人来迎。为于及五、于峻生、于君启作草书。

八月，至扬州，奉父母至戈家庄（去塘头一里）。

九月，著《中传正纪》毕（上至先圣，下迄近代，纪载儒林师传世序，共一百二十卷）。

十一月，至海安，作文吊陆愚谷先生。

十二月，还戈庄。

八年己酉（1669），四十五岁。

正月六日，至扬州，会董畊伯、李郧臣、李克谐，论诗。为杜思旷、孙无言作草书。为天岩大师作塔铭。于峙翾（讳壬桢，颖士长郎）遣人来迎。

四月，还戈庄。为陆天声作诗序。考《儒林世系》。

六月，赵子匡来迎（时为平乡令）。

八月，至平乡县署。会冷善也（讳然，嘉定人）、李用极（讳果皓，峨眉人）任调元（讳赞化，茂州人）、郑琼江（讳之戎，安居人）。寄曹禹功刘了庵先生书。寄陈时夏、张二泽、刘苏寰先生书。

十二月，得刘了庵先生书。山西高平令白公（讳良玉，字田生）书来迎。

九年庚戌（1670），四十六岁。

二月，得太原黄副戎书（讳国美，字玉轩。），答之。得陈时夏、刘苏寰书。

闰二月，至山西高平县白公署中。会白石生（讳良璧，田生弟）、王迈千（讳高遴，梓潼人）、张凤苞（讳起彩，昭化人）、谢心膂（讳公抡，梓潼人）、陈德如（讳辅世，涪州人）、曹冠千（讳世英，梓潼人，新乐令）、傅祥趾（讳应麟，巴县人）、李星白（讳璨三，太原人）。

作《陈白云诗跋》。作《康节先生传》。作《运气图》《正系辞》。为陈三石先生作草书。寄彭匡明（讳襄，中江进士）、张鹤洲（一字石山，乙未进士）书。

□月，至京师，会彭匡明、刘了庵先生。会李子静（讳仙根，遂宁人。祭酒，顺治辛丑榜眼）、刘若潭（讳沛先，阆中举人）、胡敬之（讳希铨，巴县举人）、刘大来（讳履泰，巴县举人）、李涪钟（讳灿，江油诸生）、陈荩卿（讳忠赤，合州人）、汪鳞长（讳士龙，徽州人）。

六月，至平乡县。会吴中山（讳嵩，内江进士）、罗濮岩（讳履丰，合州人）。寄傅更生书。吊程石墨先生。作《邓玘传》。

七月，还扬州，戈庄被水淹，先生家已移入扬州，住伯外父杨公西望楼。韩能师（讳弋，江都举人，岷山令）来访。与朱玉笥（讳琟，江都诸生）论文。为廖廉夫（讳介，祁门人）定诗。余生生（讳畲，一讳本，青神人，敏肃公之后）来访，送《魏叔子集》。

八月，为于颖士志生圹，为于颖士题《诫子书》。

九月，为吴承勋祖母作七十寿文。寄赵子匡书。

十月，作《道统论》。为余生生、万子木题手卷。与王筑夫论文。

十年辛亥（1671），四十七岁。

正月二日，孝贞先生卒。先生居丧，悉遵古礼，冠衰皆仿古自制，非同市间式。期年，犹麻衰如故。邻人陈次鸿过先生家，叹曰："费先生真秉礼君子也。"

二月，作《孝贞先生行状》。

三月，扶孝贞先生柩至扬州东关外宝胜寺前朱家庄藁葬。岁时伏腊，先生必亲至展拜。每或梦见，必设馔，拜奠于家，忌辰不饮酒茹荤，不会客，惟斋居终日，以致其哀慕之诚。虽至老，弗变也。

三月下旬，出谢吊客。定《大事次第记》。

四月，吊刘平胜尊人。

八月，吊又印大师。

十二月，吊苏克廉先生。送伯外父杨公柩，葬于上方寺侧。

是年，居丧，未出门会客。

十一年壬子（1672），四十八岁。

正月二日小祥，祭孝贞先生木主，去负版，始易衣麻之稍细者，孙豹人先生自叹为弗及。与王筑夫论丧礼。定《诸儒传道世系》《画性教二图》。作《蜀先贤传》。

八月，吊季因是先生。定《周濂溪、程明道、伊川、朱晦庵传》。作《中传论》。定《中传宗系图》。画《元气图》。会马工驰（讳遇乐，灌县人）、包三瞻（讳轸裔，嘉定人）、彭又籛（讳铿，永川人）。会赵国子（讳嶷，江西人）、吕卿藻（讳澈，长在弟）。

十月，同张六飞至平乡县署中。会李曲江（讳先复，南部举人）、石介夫（讳国柱，合州举人）、王仲尚（讳荐，资阳举人）、会刘吉士、刘自强。

费燕峰先生年谱卷二

十二年癸丑（1673），四十九岁。

正月二日，大祥，改禫服。

正月下旬，至河南卫辉府辉县苏门山谒孙征君。（讳奇逢，字钟元。万历中，容城后学宗之，称夏峰夫子。）先是，孝贞先生读征君所著书，心服其学之纯，遗命往事。至是，先生走数千里从学，以后辈见先正之礼拜征君。征君年高不受拜，命揖。遂三揖，坐稍侧。

会魏莲陆（讳一鳌，保定人，刺史）、郭骙臣（讳迓熙，新乡诸生），皆征君高弟。先生请莲陆、骙臣为介绍，执弟子礼于征君，受两拜，复与征君诸子君建（讳立雅）、君协（讳奏雅）、君孚（讳望雅）、君侨（讳博雅）、君夔（讳韵雅）、君论（讳尚雅）及莲陆、骙臣同拜。

征君与先生论朱陆异同，先生进言："汉唐诸儒，有功后世，不可泯灭。"征君大以为然。又与考证历代礼制之变。

读征君《取节录》。画阳明世系。录《北学编》姓名。阅《关学编》（冯少墟著）。

为郭骙臣跋罗念庵手迹。

会郝瑞田（讳毓奇，荣州诸生）、李具幹（雄县人）、耿逸庵（讳介，登封人，监司）、刘一六（讳源洁，进士）、许蛟门（讳士标，雄县诸生）。

同魏莲陆、郭骙臣、孙君建诸君吊张于度墓（讳执中，白沟处士）。

孙征君手书

老夫年忽九十，耳目气血衰耗，无以益吾子远来就正之意。念衰朽少承家学，先祖沐阳公与阳明高弟邹东郭之子讳美者同举京兆，得闻其家学，平生口无伪言，身无妄动，以躬行教子若孙。老夫奉父命，从季父成轩公学。此渊源之所自，而尤得良友鹿伯顺夹助之力居多。伯顺，深得阳明之学者也。

老夫近见得学问一事，原不在寻行数墨、校量字句之间，建安、青田、姚江皆效法孔孟，虽不尽同，俱非立异。我辈只要眼阔心虚，实求自信，不必拾人颊吻，随人转移尔。癸丑春中，夏峰九十叟孙奇逢手书答此度及门。

此度留兼山草堂旬余矣。素不闻其师事者何人，友事者何人。偶阅其著书，闻其持论，若久在江村侍讲席者。其论朱、陆异同，阳明之效诤论于紫阳，皆确有所见，不随人口吻。至论汉儒有功于圣人，且有功于宋人，可为汉儒知己。然此皆往事，犹有人论说。其论目前人，谓其非谏官，持论亦不必太激；某某当国而令小人溃决至此，亦未免不学无术：此皆予与江村四十年所论说，此度若习闻之。此度既能世其家学，自能光大师说。老夫拭目望之矣。启泰氏又书。

王文成公之学，邹文庄公得之，传其子昌泉公，讳美。先大父敬所公，讳臣，与昌泉公同举嘉靖辛酉京兆榜，得闻其家学，暨文庄公著述，以授先季父司训公，讳丕基。不肖逢奉父命从受学，尤得吾友鹿忠节，讳善继，切嗟之益。成都费密事余山中，因述付之。癸丑春日，夏峰九十叟孙奇逢授命季子博雅敬书。

从来聚首之难，然同此覆载照临，犹比屋而居也。此度勉之！临路手书。启泰。

二月下旬，平乡令赵子匡遣人持书来迎，遂辞征君。征君作诗送之曰归：“费子此度，蜀人也。移家扬州，素不闻问。一日，于都门读予《岁寒集》，携归，其尊人鲜民公阅之，若有合也。谓读予《岁寒集》，圣门之道，汝虽徒步，必往事之。予愧，无以益此度，而感鲜民公有知己之言，口占一绝：‘若翁遗命令从游，地北天南喜应求。闻所闻兮见所见，归携何物慰冥幽?’并赠‘吾道其南’四字。”

《奉别孙夫子苏门山下》：“千里长征谒闭关，荒台旧迹古村间。远从夫子期闻道，老作征君不愧山。隐几自忘蕉叶梦，开门时见鹿群斑。巴人久失文翁化，却喜田何受易还。”

三月，至平乡县署。会邓广生（讳迪，巴县举人），谈蜀事。著《河洛古文》二卷毕。定《王心斋传》。录《蜀志诸儒》《天台山志诸儒》。考《四礼》。考《道统世系》。

四月二日，除服。（尝以此礼问夏峰夫子，云：“凡除服不得在家者，即于所次设位除服，俟到家再奠告。”）

得刘了庵书。得邓惠吉书（寄《王相国诗》一本）。得杨东子书（寄《祝心谷诗》一本，《蜀事》一本）。得李二宋、张六飞、吕长在书。为张六飞作草书。为丈雪作草书。

定《婚礼》。观石鼓文。定《修身前后宗旨》。

五月，作《易有太极论》。作《八卦生论》《八卦性论》。作《八卦化生万物论》。录《顺德府志诸儒》。

作诗《送刘自强还成都》。寄陈时夏、张五华书。

会万怀蓼（讳锦雯，宜兴进士，广宗令）。会夏旭若（讳方升，汉州广文），话旧。

注《河图洛书》。

六月，寄夏峰夫子书。闻傅谚博讣。次日，晨起向西拜吊。著《四礼补录》十卷毕。画上下经卦图。谒孟庙（乐正子一人配）。会旷绰兮（讳广，遂宁举人）、赵清章（讳心忭，西充举人）、赵懋宣（讳心普，清章弟，副榜）。

八月，还扬州，奠告孝贞先生，前以除服时未在家也。

为陆圣言作诗序。为余姚赵古则作传。为蒋玉行（讳世纪）、王正子（讳雅）、于及五、于峙廼作草书。

十月，宋杰士（讳肇兴，盐城诸生）、王大名（讳方魏，江都诸生）来访。为马闲白（讳绣）题画。跋河图洛书。

十一月，李谦吉（兴化诸生）、桑楚执（讳豸，江都诸生）、李白也（讳寅，江都人）、萧灵曦（讳晨，江都人）、宗鹤问（讳观，江都人）来访。

十二月，寄汤岩夫（讳燕生，黄山人）书。定《钱绪山传》。吕半隐（讳潜，遂宁人，大器子）、戴简庭（讳时选，徽州人，四川监司）来访。

十三年甲寅（1674），五十岁。

蔡瞻岷（讳廷治，休宁人）来访。

二月，同于上叔（讳王栋）至湖州府，过田鸡桥，舟覆，夹船板一块，得不沉。

三月，至石门县。

四月，还扬州，批《全唐诗》毕。与王筑夫论东林越党是非。

四月下旬，移家江都东野田村于颖士楼中。（是时滇中变乱，震惊江左，扬州人皆迁避他徙。于公颖士为先生至交，有宅在野田，邀先生村居，自此遂居野田。虽出游四方，以野田为归，未尝他徙矣。）

六月，至泰州，会俞水文（讳澂）。会周屺公（讳斯盛，鄞县人，即墨令）。为陆无文书册页手卷。

《题五色牡丹》：“漠漠春风上曲台，彩云无处不飞来。玉瓶满贮夗央水，长笛声中奇树开。”

何龙若（讳铁，京江人）来访。定《儒林诸传》。作《服制说》。考《先圣年谱》。考《七十子列传》。

《蔡瞻岷来野田省费燕峰夫子》诗："隐逸存耆旧，东陵自力田。野花迷榻外，短竹拂阶前。细录遗经注，长留古史编。追随鸡黍洽，直似到斜川。"

九月，至扬州。为吕半隐书册页，述《圣学寻源录》，得周屺公书并诗扇。

陈念共（讳忠清，刑科）来访。少司农曹秋岳（讳溶，嘉兴人）来访，与论逸事。吕半隐请为文肃公点木主。为马龙眉作诗序。杨东子执贽受业（自是学者多请居讲下，称先生燕峰夫子）。

作《易有太极图说》。答周屺公书，寄《燕峰文钞》（一册）。

十二月，回野田。

十四年乙卯（1675），五十一岁。

正月，定《先圣宗系》，定《圣功图录》。

二月，至扬州。寄汤半人书。与周盛际（讳斯，溧阳人）论经史。为鲁紫漪题像。与苏商卿先生（讳霖，北直人，监司）论学。

五月，徐州副宪戴公（讳圣聪，字千峦，三韩人）书来迎，遂至其署，与论儒佛之旨。为李箕山题手卷。作《天地絪缊说》。定《絜矩图》。

《徐州冬日南归过村园》诗："北风吹雨上层台，何处荒园偶独来。落叶渐深三径没，枯根未死一花开。昔人戏马名犹在，此日乘舟兴欲回。自是南征过下邳，无人桥畔更徘徊。"

七月，回野田。杨葛山执贽受业（武举，嘉峪关千总）。

九月，得汤岩夫书（寄篆书一幅）。考先圣世家。画河图洛书象。

十五年丙辰（1676），五十二岁。

正月中旬，至扬州。会罗□□先生（讳宪年，九十七）。

二月，王武征（讳方岐，江都人）来访。与论书法。余饮虹来访。寄龚半千书。

三月，为周定九题像。

《扬州郭外》诗："垂柳堤边十万家，上来新月对江斜。玉箫声断城西路，飞尽楼前满树花。"

《某氏旧园》诗："草色如春绿未收，珠帘鸟咏断银钩。莲花亦是当时物，不见人来更上楼。"

为□不文作《山中诗序》。蔡瞻岷寄《宣圣世纪》一本，《医闾先生集》一本。

四月，作《河图洛书辨》。定中行狂狷图。会曹会常（讳嘉祚，四川黎州人，爵镇公第七子）。

五月，得陆无文、王筑夫书。作《遗经旨论》。

六月，作《古文旨要》二卷毕。

八月，王聪马来访。跋《陆无文张词臣丙戌倡和诗》。

九月，王春明（讳景暄，汉中人，解元）来访。为卢歇庵书手卷。张宛都寄《萧杨合易》一本。

十一月，至泰州。闻夏峰夫子讣，先生为之涕泣。设立圆通庵，受客吊。冠细麻加粗麻一道，横于上衣，用白布二十一日，始焚所设主，出庵心丧，未去怀也。

十二月，回野田。

十六年丁巳（1677），五十三岁。

正月二日，赵太孺人殁于命。先生命孺人及次子锡璜俱服三年丧，益外氏散数千金，得人力。杨氏、费氏两家始得出彭县、新繁，故奉养赵太孺人数十年，一切丧中之费，皆先生主之。

二月，定《中旨定录》二卷毕。考《诸儒传系》。儒者传系，自刘渊诸部作乱，晋室南渡，授受无可考据，先生屡求不得。一日，读《魏书·卢玄传》，乃获焉，为之大快。

三月，蒋宣侯（讳维翰）来访。

四月，陈六阶来访。

五月，送赵太孺人柩至扬州东关宝胜寺前藁葬。张石仙（讳吾瑾，金堂进士）来访。为赵芙溪跋唐子畏画。

六月，李汤孙（讳国宋，兴化诸生）来访，与论诗。录《道脉谱》。

七月，谈公子（讳宗，浙江诗人）来访。作《道统支本论》。得蔡瞻岷书。山东提督将军柯公（讳永蓁，辽阳人）书来迎，先生谢，未往。

八月，团伟长（讳鸿烈，泰州人）执贽受业。

十月，许漱雪先生（讳□，汉阳人，丁丑进士）来访。

十一月，柯将军复遣人来迎，遂同田雨公至山东，登泰山，观日出，下至岳庙，观秦碑、汉柏、唐槐。

下旬，至柯将军署中。将军礼先生甚恭。有痼疾，先生以药愈之。将军夫人王家女，体甚尊，而无子。将军畜妾生子于外，年且十余岁，不敢闻于夫人，宾客亦无敢以此言闻者。先生乃谓夫人曰："将军年老未有子，为夫人忧，且恩荫无所承。今闻有子在江南，愿夫人取归。"夫人素敬先生，闻此言，惊喜，遂迎其子入署。将军衰年，父子欢聚一堂。因先生一言，将军甚德先生，欲致千金为寿。先生惟受其《十三经》一部。时国家方举博学鸿词，将军屡欲荐，先生力辞，乃止。

蔡瞻岷、田雨公执贽受业。与瞻岷、雨公论诗文。论汉唐及宋明诸儒学术。

十二月，同瞻岷、雨公游大明湖，登天心水面亭。寄李仲执（讳复时，济宁人，守府）书。

十七年戊午（1678），五十四岁。

二月，同瞻岷、雨公游鹊屏山，拜扁鹊墓。会蒋晋侯（讳维藩，吉安太守）。定《道脉谱》。著《中旨辨录》二卷毕。

三月，饶阳令张六飞遣人来迎。

闰三月，至饶阳县署。会瞿象一（讳戴仁，达州人，合肥令）。为高介公（讳宗矚，盩厔令）作草书。

四月，拜送奠仪，遣人奠孙夫子于容城，得其孙（讳潜）回书，并《孙夫子行状》。得傅睿初（讳尔学）书，答之。会杨存子（讳注，内江举人）。寄柯将军书。序《张二泽兄弟孝友事》。为本源书手卷。著《弘道书》。

七月，于颖士自京遣人来迎（时在京候选，得襄阳令）。

八月，至京师，同蔡瞻岷、田雨公游西山。会蒋飞占侍御（讳鸣龙，浙江建德人）。作《刘了庵先生传》（讳道开，号非眼，前丙子举人）。刘双山送《蜀志》一部。为蒋名辅题画。

十一月，至定兴县张公（讳玮，字育之，遂宁人）署中。下旬至饶阳县署。

十八年己未（1679），五十五岁。

二月，还扬州。会杨仲宣（讳桐，内江举人，礼县令）、季宣（讳楠，内江举人，陵水令）。画《河图》，跋《易图》。得吕半隐书。定吕文肃公诗。得团弘春书。为蒋太守夫人作墓志。

六月，李秋水（讳炯，杭州人）、黄叔威（讳鹭来，闽人）来访。

《为团同春题像》：密近年始得见长松先生，与之游甚简直。常空庭月皎，同数客觞于树下，微风入座，花影遮墙。长松自起行酒，婆娑庭下，绝有迂态，密不觉大笑。此犹是三十年前辈气象。客遂为密述长松诸盛德事，密摇手止之曰："吾之得长松者，在神明之内，而子欲以迹实之耶?"知密此意者，方许来观此幅。已未七月十八日益州费密题。

为吴笃生学士书扇。为□天尺题手卷。为梁公积书册页。为何龙若、王大名、于咸受（讳璠）书扇。寄张六飞、田雨公、王筑夫书。

七月下旬，泰州储颖如（讳鋆）书来迎，遂至其家。郝羽吉（讳士仪，徽州人）、查二瞻（讳士标，徽州人）、汪扶晨（讳征远，徽州词人）来访。为冒巢民作七十寿序。作《留侯论》。得蔡瞻岷吉安来书（寄《梅桑集》）。得吉安蒋太守书。

九月，著《中旨正录二卷》毕。寄于颖士书。答蔡公燮问丧礼。寄《四礼纪要》。

十一月，方赞五中翰（讳成可，徽州人）遣人来迎，遂至其家。会方黄御（讳明贡，赞五弟，主政）、方尔节（讳懋和，徽州人，中翰）。屈翁山（讳大均，广东诗人）来访，与论诗。王正子（讳雅，宁波人）执贽受业。为丹文跋定武兰亭。

十一月，至泰州。会黄仙裳（讳云）并其子交三（讳泰来）。宗鼎九（讳元鼎）、团同春来访。团同春乞题其尊人长松先生像。为王长庚题像。宫紫玄（讳伟镠）先生并其子定山（讳梦仁，会元）来访。陈懋吉先生（讳凝祉，湖州驿道）。

十二月，还野田。

《跋瘗鹤铭》：近乃见瘗鹤铭完本，无锡顾宸所藏，镇江太守钱升重勒石，康熙乙巳间事也。前辈称大字无过此铭，人争传宝，然石裂不可复拓，宋时已未见完本矣。友人陆朝言字覆在下水落时，尚可拓数字，其书尚有晋人遗法，刻虽未尽善，犹可玩也。历代辨此铭书甚众，或以逸少断为王羲之，或以华阳真逸为陶弘景，或又云顾况称华阳真逸，俱属有据。以密观之，当为弘景无疑。书固佳绝，然律以《黄庭》《圣教》诸帖，笔法已有不同，一也。其词不类晋人语，亦与晚唐人语不类，二也。神仙缥缈之事，惟弘景生平最以为重，三也。事之彰明如此，而钱太守必以为羲之，何哉？其他皆不暇辨。费密跋。

十九年庚申（1680），五十六岁。

二月，至扬州，得赵芙溪、张六飞书。许钦哉先生来访。

三月，吉安蒋太守书来迎，答之。为梁子奇题像。

四月，遣子锡琮、锡璜从蔡瞻岷学。

五月，得蒋康侯（讳维屏，晋侯兄）书。

六月，至大桥镇。会汤石城（讳彭年，进士）。

八月，王次公（讳业升，关东县令）。

闰八月，得柯将军书。作《文中子传》。会刘祥其（讳长发，扬州进士）。何龙若执贽受业。

九月，同蔡瞻岷、田雨公、长子锡琮至苏州，游洞庭山。

十月，会汤岩夫。为田子相跋世系。

《游支硎山》诗："春山开遍碧桃花，取次闲行听乳鸦。僧老不知归隐处，玉人长礼旧袈裟。"

《邓尉山看梅》诗："亦欲畅闲情，梅开谷里行。山深夜气厚，屋小晚烟平。白石消春冻，红梅上雪明。取琴花下鼓，一写凤凰声。"

十一月，至吉安蒋太守署中，与论书法。蒋太守命人为先生抄《中传正纪》。作《古文旨要序》。

二十年辛酉（1681），五十七岁。

正月，榖日，同蒋太守至南昌府。观宋高宗赐韩世忠新淦田敕（世忠孙杕勒石城隍庙旁，白玉蟾书）。观韩昌黎断碑。登滕王阁，观新涨。午后放舟，过章江门，观龙沙。会蒋宣侯（讳维翰，太守弟）。与蒋太守论宗祠祧主礼。作《原教》，作《上古论》。定《古文旨要》毕。得蔡瞻岷、何龙若书。

六月，闻刘了庵先生讣，次日晨起，向北拜吊。

七月，得徐仲宣书。

八月，寄《祭刘了庵先生文》。同蒋宣侯、陈人伟、长子锡琮游青原山。

九月，还扬州。送杨东子北上。寄王阮亭、陈其年、汪蛟门舟次书。杨兰佩（讳毓芳）来访。为王得卿题挂钱出游图。

十一月，同杨葛山至周木公家拜亲，为次子定聘。

十月，祝吕半隐寿。

于颖士寄诗："昨岁乍分手，今秋尚离群。梦回燕市月，人隔海天云。去日囊无物，归装还有文。何时来把读，淳饮醉斜曛。"

会龚半升、曾青藜（讳灿，赣州人）。

二十一年壬戌（1682），五十八岁。

正月二十八日，长女适王大名子敏士（讳来修）。

二月，赵子明（讳修芙，溪弟）自成都来。闻张五华讣，次日晨起向西拜吊。会屠大宰（讳圣治，孝感人）、吕半隐、何龙若秋浦（讳志濯，龙若侄）、戴占弼（讳梦麟）。跋《旧唐书》。祭赵芙溪，次日送殡泰州城外厝。

三月，与团伟长论金匮。塘头于东冈遣人来迎，遂至其家。补定《中传录》。答朱若符问丧礼。

六月，闻于颖士讣，往哭之。寄柯提台书。作《历代纪年》四卷毕。

八月，为胡右衡母氏作祝文。

九月，至泰州，吊成□□先生。得邓惠吉书。作《尚书说》二卷毕。

二十二年癸亥（1683），五十九岁。

正月六日，至扬州。会赵安叔（讳适美，溪弟）、李秋水、孙坦夫。会柯提台于舟中。孔樵岚（讳兴祖，关东人）、高治安（讳策武，进士）来访。

三月，陈丹文、蒋前民、张非文（讳斐）、田禹仙（讳维冀，辽阳贡生）来访。作《性图说》。为赵安叔作草书。为田贡三跋古篆。得陆寄园书，答之。寄张霞山、田子相、杨葛山书。寄张六飞、吕卿藻书。

八月，熊渭公（讳飞熊，忠州人，大令田）、永侯（讳天祚，渭公弟）来访。为陆无文题画龙卷。

九月，作《周礼注论》二卷毕。洪秋士（讳嘉植）来访。

十月，同蔡瞻岷、熊永侯、长子锡琮至苏州，游灵岩、天平、圆墓诸山。会李义和（讳时郧，成都人）、熊公望（讳邦佐，永侯弟）。会眉山禅师谈旧事（讳普周，住新繁灵庆寺）。顾迂客（讳嗣协）、侠君（讳嗣立）来访。

十二月，为杨可师（讳宾，山阴人）作诗序。为陈次横作草书。会李子上（讳之弦）、子郁（讳之）、公元。宜孙（讳奕振）、素公（讳奕据）、叔绅（讳奕缙）、冯济川（讳景灼，垫江人）、秦梓仙（讳伟业，忠州举人）来访。为秦仙书扇。潘双南（讳镠，吴江人）、钱宫声（讳中谐，苏州翰林）、朱熊占（讳薰祥，苏州进士）来访。

二十三年甲子（1684），六十岁。

正月十五日，顾迂客招同钱宫声、潘双南、曾青藜（讳灿，江西宁都人）、邱素人（讳傃，休宁人）、邓叙之（讳元学，休宁人）、林安国（讳子卿，松江人）、徐松之（讳崧，吴江人）、金亦陶（讳侃，吴县人）、蔡九霞（讳方炳，吴县人）、金祖生（讳上震，吴县人）、黄宪尹（讳玢，吴县人）、史苍山（讳周，吴县人）、金簏文（讳贲，长洲人）、金犀月（讳玚，长洲人）、蔡右宣（讳元翼，长洲人）、顾侠君集依园赋诗。

二月，同吕谦牧至圆墓看梅。朱崇龛明府来访。万元之（讳中一，四川人，上虞令）来访。与朱熊占论经学。为顾迂客作诗序。熊永执贽受业。得张汉屏（讳衡，字晴峰，浙江督学）书，寄《衢州圣裔》册子。

二月下旬，至浙江。会太史余公（讳定侯，扬州人），会提督陈公于舟中。

三月，至宁波，提督陈公迎先生至署中。陈介眉翰林（讳锡嘏，宁波人）、范□□（讳光阳）来访。

四月，至上虞县万公署中。会杜于皇（讳濬，黄州诗人）、吴六益（讳懋谦，松江人）、钱础石（讳肃润，无锡人）、程西毓（讳棫）、秦王庭（无锡人）。寄山晓禅师书。渡江观蔡卞书曹娥碑。

五月，还苏州，装潢孙夫子手迹。赋《合欢曲》送顾侠君山东就婚。梁搏九（讳冲霄，嘉兴令）来访。罗大美（讳镳，潼川举人）来访，谈故乡事。与钮南六论文。浙江督学张公遣人迎长儿至杭署教其子。

六月，还野田。跋《方正学文集》。会汝其修（讳周录，吴江诸生）。跋《汝广文死事》。跋《顾佩坚（讳廷琦，仁寿令，顾公子）寻亲录》。

七月，至扬州。会戴占弼（讳梦麟）、李嗣文（讳述）。

《江上春晚》诗："东风吹尽满园芳，更长新枝出画墙。一片落花春尚在，水禽衔得上鱼梁。”

《云台庵坐日》：“旅馆春寒客况凄，云台庵里坐晴晖。老僧送出微微笑，几岁逢君是布衣。”

定《中传世系》。序《天涯知己录》。

九月，至塘头，宿于柘溪书屋。会于峙迺，山公调卿觉斯楚行方扬公雅。

九月十三日，长女亡。得胡右衡字，遂至汤庄，宿汤圣昭家（讳日跻）。为汤圣昭作草书。

十月，陆无文、胡右衡书来迎，遂至胡庄。得罗君贶书，答之。录《类纂太极河图》。定《老农岁事》一卷。

十一月，寄唐铸万（讳□□，汉州举人，长子令）、杨可师、熊渭公、李叔绅、吴豹文书。跋《博古图》。

十二月，为次子锡璜娶于周（讳衍商，子木公女，大宁人）。得熊渭公、李叔绅、孙静子、张汉屏书。得杨葛山、田子相书，为陆子宣（讳澍，河南举人）介绍，寄贽仪受业。为汤戍生作墓志。

二十四年乙丑（1685），六十一岁。

正月，录蜀中先辈诗。中旬，塘头于柘溪遣人来迎，遂至其家。下旬，同蔡瞻岷、龚紫涛至苏州，入圆墓诸山看梅，作《游山》诸记。

二月，住李司农子静家。会吕半隐、张非文、王次峰、张二泽。城外观古要离墓，有碑。梁鸿墓，相去十步许。

三月，还扬州。高尺木（讳凌云，推官）、张历山（讳统，关东诸生）来访。为蔡瞻岷尊人作墓志。为杨周子、吕书西、林茹长作草书。与谈公子论诗、论八分书。

四月，田子相（即雨公）寄诗求序。作《易有太极说》。为阎再彭（讳修龄）作草书。为张二泽书手卷。泰州游击罗灿伯（讳太明，巴县人）来访，谈绥阳战事。

五月，得曹会常、介常（讳繁祚，黎州贡）书，乞为爵台作祝文。得杨可师书。

六月，李嗣文执贽受业，杨周子（讳岐，东子弟，先生内弟）执贽受业。

是月也，北方大水，先生泥涂入都，奉孝贞先生行状入史馆。（时国朝命儒臣修前代史，颇采旧臣遗佚者。先生叹曰："先人位虽卑，然经术著于锦江，惠政播于滇海。晚年弃官入道，高谢郑之节，虽无意于名，此为子之分也。"遂奉行状以往。）

七月，杨葛山书来迎，先生至窦店，住弘恩寺。为苍林禅师（名常岫，北直人）点定诗稿。王戬西（讳誉）来访。

《道上偶成》诗："当时离乱血为燐，白骨荒原度此身。幸遇清平今已老，看花多属少年人。"

孙健夫（讳于王，旗人）来访，送倡和诗。张锡卣（讳世勋，芜湖人）、张雪村（讳含章，文水人）、徐澄源（讳濬，旗人）同来访，与论诗、论韵学。

自沈、宋定近体诗，声韵铿锵，文采绚烂，有气有格，亦古亦今，固诗中之杰作，可以垂法后世者也。然繁音促节，错彩镂金，质淡消散，古色渐稀。时移风转，至于元、白之轻俚，温、李之纤艳，长吉、卢仝之怪僻，下逮晚唐诸公之小近卑寒，风雅之道于斯变极，愈变愈恶矣。五言四韵，李峤之和平，王勃之精丽，沈、宋之典重，王维之含雅，孟浩然之自然，岑嘉州之疏秀，李白之高华，杜甫之悲壮，洵文章之能事也。

九月，司业达公（讳鼐，耶黑国公之孙）遣人来迎，遂至其家。

《咏蒲桃》："蒲桃新熟上宾筵，甘滑宜人味正鲜。秋扇影中倾露紫，月明帘下见珠圆。祁连酿出藏春祀，博望贵来已暮年。遂使河源书史册，荔枝空取玉妃怜。"

会穆乾若（讳辉日）、焕若（讳柏子），与论诗、论画。作诗送上南道曹公（讳熙衡，字素□）入蜀。同达司业、穆焕若、张锡卣、张雪村、陈健夫、蒋公坦、沈雷臣（讳中震，杭州诗人）、赵觐甫（讳历光，举人）唱和各体诗。与达司业、沈雷臣论二氏宗旨。著《二氏论》一卷。

田雨来（讳需，德州人，修撰）、祖维周（讳□□）、周介庵（讳昌，安陆人，登莱道）、周石公（讳之麟，萧山人，太仆）、万贞一（讳言，宁波人，史馆纂修）、郑远公（讳缵祖，福建监司）、邢伟人（讳千古，开封人，中书）来访。会费葛陂（讳而奇，杭州人，联宗）。

《寄河南孙静紫（讳淦孙，夫子之孙）中翰书》：客岁，小儿自浙还，云：

拜瞻道宇于荷香桂子之中，流连竟日，受诲殊深。又承赐琼函，殷勤下问，村舍启观，觉春气回寒，絪缊满室。尔时无人南之，不遑寄讯也。老世翁闻已置身凤池，行将道德勋庸，为世仪宪，岂仅鸿章巨笔，鼓吹升平？吾党贡老多矣。密绥先子平生苦志，经传汉唐注疏之学，号为精深，家久贫困，著述郁阏。以今岁孟秋来京，奉行状，史馆极欲把臂北风，一伸积悃，而属车尚在淇水间。山川道远，觌面维艰，东望长路，我劳如何？倘有便来都，乞一过寓斋，得以畅谈为快也。马年兄回汴，荒函布候，不尽依依。《年谱》恳再赐一本，尊公、令伯、令叔世，先生均希叱名上候，令弟、令侄世。年翁统致郭骙翁，并致声。又及。

二十五年丙寅（1686），六十二岁。

正月，著《二南偶说》一卷。与朱岐载（讳镐，无锡人）论诗。会玉轮禅师谈。会楚林禅师谈。与张絅庵、毛子长论文。跋朱阳仲诗。

二月，观国学祭丁。刘芊白（讳珩，大名人，中书）、黄俞郜（讳虞稷，史馆）、屈明玑（讳昭侯，国学官）、董瞻屺（讳德其，举人）来访。会懒云禅师谈。会黄子先（讳元治，建昌别驾）论治河，选《类苑》毕。

三月，作《任少海传》。为邢伟人书册页。

《游青原山礼智公塔》诗："远郭寒峰野雾昏，残僧遥指旧军屯。山河百战埋金甲，烟月三年度石门。兵气累朝犹未解，吾生已老更何论。不将酒洒黄师塔，抛满芦花当一樽。"

《道上》："长路疲驴走夕曛，乱山重叠绕烟云。叹无白璧黄金福，辇上逢人只卖文。"

《塞上》："大漠荒烟鸟不栖，画旗队队出关西。多年白骨无人葬，吹作黄沙没马蹄。"

吴楚渡（讳大榛，扬州人）、李字兰（讳珊，杭州人）来访。朱宣时（讳埙，遂宁人，永丰二尹）执贽受业。跋国则公诗。删《孔宙六传》。与张原仲（讳深，山阴诸生）、李澄百（讳铨，虞城令）、刘康侯（讳迪，阆中考功司）论文。

四月，定《八政勾稽》。作《景陵朱三娘传》。陈健夫赠诗。为穆焕若、周介庵、张丰村、刘继周、王戬西题手卷。寄孔樵岚书。会罗西溪谈蜀事。

《送汪太史（讳楫）出使诗》：“赐衣捧诏出龙楼，使者乘风万里舟。陆贾本能持汉节，扶余原属外诸侯。珊瑚□老波光射，玳瑁群来海雾收。译字金函献天子，却将佳句和清流。”

注《太极图》。周二南（讳家齐，介庵子）除定海令，邀先生同行，遂出京，过邢台县，过交河（即杵臼、程婴藏孤处）。

闰四月下旬，渡漳河，望铜爵台废址，过廉颇墓，蔺相如故里。过汤阴县（即古羑里），过岳武穆故里。过嵇侍中血溅帝衣处，过淇县（即殷旧墟），拜殷三仁祠（外有六七贤圣君故里碑，县南有斫胫河、淇水，乃虞侯故治、荆卿旧居。卫河通漕运，抵北通州。诗云：“泉源在左淇水在右”，即此）。

五月，渡黄河，过郑州界（新郑北有欧阳文忠公墓碑）。至许州石固镇，访王标五长者（讳玉玑，许州贡生）。年已九十有二，犹健。观其牡丹芍药园，广三十亩，花木丛茂。次日，出镇望颍考叔墓、汉司隶校尉李膺墓。过襄城。过叶县汝坟桥（即文王化行南国处，又北子路问津处，皆有碑。城南五里，有止子路宿处）。过真武庙，瞻汉世祖塑像。

五月下旬，至安陆府，住周介庵家挹翠亭（观《安陆府志》载胡恒事，皆非。此密目见已如此，故刘因有史事“论心”“无边受屈”之叹也）。定《郝敬传》。寄杨长苍（讳崧，武陵督师，嗣昌公长子）书，求蜀中事。

七月上旬，至汉口。中旬，至南康府。

八月，至严州府，过钓台（严子陵墓即在钓台对江有树处）。中旬，至定海县署。周二南执贽受业。

九月，作《仪礼制度考文说》。与崔视公（讳拟崧，莱阳贡）论礼。为周二南题手卷。

十月，至苏州，住李司农子静家。会朱乾远（讳以旻，徽州诸生）。一寄杨瑞九（讳鸣凤，潼川举人）书。

十一月，至扬州。王抱荆（讳□，山东举人）、杨东里（讳□，黄州人，刺史）、王梅村（讳□□，江都人）、赵吉人（讳天相，金陵人）来访。为何庸也书册页（讳金蔺，镇江进士）。

十一月下旬，至泰州。与黄仪逋（讳逵，山阴人）论诗。游击钱公（讳嘉，常熟人）来访。胡继韶（讳□，北直进士）、陈希韩（讳休，念共季子）、张石楼（讳嵚）、姚恭士（讳谭昉）、朱鲁瞻（讳光岩）来访。为朱掖垣（讳枢，淮安人）作草书。

十二月，次女许字北直刘公（讳芳洪，徽州别驾）。寄寓泰州，第五子兴聘（国子司业，讳芳喆，公之侄，字德问，乙酉举人，授获鹿县教谕）。

（刘司业，宣人。寄洪洞范彪西先生书略云：燕峰先生潜心理学，著书甚富。家贫，大部通未付梓，其受业者又多寒素之士，心与力左，即转相钞写，亦非易言。弟虽属在至戚，以地隔南北，不但未获亲炙光辉，即要言至论，亦未窥领一二也。扬泰时，有家书往来，其两嗣君亦间入京城。若或觅得，即以邮奉清览，不敢有虚表章盛意。云云。）

费燕峰先生年谱卷三

二十六年丁卯（1687），六十三岁。

正月，著《笭箵归来晚暇记》四卷毕。为鼎美、□□涉园、胡羽鹏作草书。

二月，寄达司业、张岫庵、张丰村、陈健夫、徐澄源、穆焕若、杨葛山、杨溥生书。

二月下旬，至塘头，会王歙州（讳熹孺，兴化诸生）。

三月，至扬州。贾德遇（讳重仪，镇江守备）来访。画《弘道中旨图》。

五月，至苏州，同顾迂客、姜勉中（讳安节）、奉世（讳寓节）、骆紫久、宾于（讳观）、郑墨林、茅允传（讳□，归安人）、彭子务（讳□，江西人）、曾陟藩（讳□,青藜姓）集依园。为姜勉中题册页。朱孔远、朱汉璧为先生刻《燕峰文钞》。为李扶质、李云起（少司农长孙）作草书。

七月，还扬州，得张丰村、朱宣时、杨可师、吴友嵋、汤岩夫书。定《中庸本旨》。定《中庸录・凡例》。答蒋玉行问丧礼。

九月，作《圣门道脉序》。作《七十子授受传略》。

十月，胡羽鹏执贽受业。为长子锡琮娶于叶（讳宗，字子可。公女，讳弥广，字博之。公孙女，扬州人）。孔东塘国博（讳尚任，圣裔）来访，谈阙里六代之乐。孔东塘招集琼花观赋诸体诗。与卓子任（讳尔堪，关东人）论诗。与孔樵岚论学。

十一月，会许漱雪先生。为吴懋叔（讳永励，徽州人）题手卷。倪永清（讳匡世，松江诗人）来访。

十二月，跋《北监本十三经注疏》。石涛和尚（讳原济，全州人，善画）。跋《吴懋叔大母节烈文》。撰《道脉序》。得汤岩书，答之。

序汉书儒林

> 密初读《国语》，观其文词丰蔚，气度雍容，非西京可比。及后重读之，始知古圣贤撰书之旨，凡事不足以垂法，言不可以鉴戒者，不著。古人所撰，王侯学之，保国守爵；公卿、大夫、士庶人学之，可以安身立名。古称圣人得二十国宝书而作《春秋》，左丘明《传》，盖宝书中语也。其与经相通者为传，其不与经相通，而其言不可磨灭者为《国语》，故亦谓之《春秋外传》是也。虽其词不无史臣润色，而要皆当时实事。凡文士博才而狷狂易致失身败行者，不可不日诵一二章。乙丑立冬费密记。

二十七年戊辰（1688），六十四岁。

正月，定《雅伦》目录。著《中旨统录》二卷毕。

二月，至扬州，为吴懋叔母氏作祝文。会闵义行（讳奕仕）、曹会常、倪永清、宗定九、杨东子。扬周子邀看梅花。郑若千（讳昂，徽州人）来访。

《为孔东塘作汉铜尺歌》："野人伐地得古物，长布一手大如綍。坚重类玉削然方，涤洗渐见光勃郁。土花蚀久质尚完，紫绿斑剥互盘旋。新篁迸裂蒙寒雾，菖蒲老节石相连。汉家下诏谨权度，有司晨入启官库。赤金贡剂九牧来，分寸黄钟按式铸。划然流泻欧阳炉，浑朴不琢尚方模。既成瑳荡功深细，绨缯为藉献公孤。天子临轩百僚侍，大臣奏进平衡器。御前亲瞩赐纶音，喜慰天颜宣称意。命颁定制与公侯，十具郡国百世留。列侯准之各有作，封户全消百度忧。虑侯当国建初载，膏泽朝廷洽薄海。四民生业官立规，更为则式安敢怠！铸成与汉一般同，官爵编年纪载中。刻取扬雄三苍字，摩挲环视真绝工。流传已历千载久，名家大姓世相守。遭逢兵火没尘埃，散落闾阎向市走。闵君好古一见之，不惜囊橐解藏资。凤研龙香相错杂，几席横陈展卷时。孔公乘车来阙里，命佐司空治淮水。往年曾考六代遗，重新礼乐修禋祀。方愁累黍度未精，得见此尺心眼清。相逢不用赠明月，从此笙簧近古声。国子博士孔公出汉铜器示密，上刻'虑傒铜尺，建初六年八月十五日造'，云得之闵君奕仕。"

三月三日，同孔东塘、颜遇五、孔石村、黄文岩、蒋子久、宗子发、朱天饮、郑汉崔、张岩晓、张谐石、詹于水、董四明、郑若千、吴云逸、陈鹤山、戴西铭、端梅庵、方宝臣、卓子任、杨东子，红桥泛舟，各赋七言律。于栢溪命其子璠（字咸受）、奂（字丹源，俱江都诸生）执贽受业。作诗《送张石仙还蜀》，寄蜀中亲友书。冉同人（讳存异，南充人，增城令）、张菊水（讳羽皇，营山人）来访，谈蜀事。得汤岩夫书，寄篆字一幅。得端梅庵（讳字谦，高邮诸生）书。为孔东塘作草书。张丰村执贽受业。

五月五日，白龙潭观竞渡。

六月，杨周子遣人来迎，遂还扬州。寄朱润生张胶州书。作《张伯起传》。

作诗《送杨申佩（讳化贞，内江举人）还江宁》："南去孤舟上晚潮，鸡鹊乱落荻根遥。故乡人尽江东老，莫到长干立断桥。"

七月，寄刘德柔（讳兴职，徽州别驾。讳芳□□公长子）书，托其令岳许师六编修序《许氏河图说》。孔东塘送《湖海集全乐图》。

七月，《过京口昭关》："关云江月总苍凉，别楚来吴昔自伤。去国深含家难痛，投邻信有霸图方。行人过此都惆怅，古迹传来半杳茫。千载涛声犹蓄怒，感恩誓不负先王。"李嗣文送吴鹿友相国《柴庵疏集》。朱乾远送《世说补》。张永孚（讳绍基，歙县人）来访。

八月二十九日，生孙轩（锡璜出，后还蜀，新繁县学庠生）。

九月，寄李司农子静书。为蔡瞻岷尊人作墓志。为汪异三尊人题像。

十月，何屺瞻来访。为顾书宣（讳图河，榜眼）母氏作寿诗。为清庵和尚题像。得杨可师、田子相书。为达司业书手卷。与宋射陵（讳曹，盐城人）论字学。

十一月初八日，生孙冕（锡琮出，后还蜀，入新繁学，癸卯拔贡，甲辰副榜，授保宁府南江县教谕）。杨丹岩（讳凤毛，江宁人）招同宋射陵、范文玉、顾迁客集拙政园，赋诗。为宋射陵题手卷。为烟籍和尚跋《狮林图》。

十二月，闵右臣（讳奕佑，徽州人）、郑怀侯（讳三锡，大梁人）、丁德远（讳骏声）来访。为李叔绅作草书。张子昭（讳潜，江都诸生）、徐竺村（讳化庆，江都明经）执贽受业。著《奢乱纪略》一卷毕。

二十八年己巳（1689），六十五岁。

正月二十八日，圣驾幸扬州，沿门供设香案，万民欢呼。录蜀人诗。记孙夫子手书。作《班孟坚传》。

二月初三日，杨孺人殁，为孺人作墓志。得任文仪（阆中人，永嘉令）书，寄刻书资。考《旧唐书》。

三月，自定生平所著书，命子锡琮、锡璜分录，诸及门亦时为录焉。

闰三月，至扬州，刷印孝贞先生《荷衣集》。为蔡圣言作《南薰楼记》。

四月，于柘溪遣人来迎，作《中传录自序》。

五月，序《儒林诸传》，定《统论》，定《二氏论》。书《繁川春远图后》。

六月，为团长松作寿文。寄李刚主（讳塨，蠡县人）书。

七月，作《太极生两仪说》。寄朱崇龛书，并《青城先生集》。

八月，寄黄俞邰、姜西溟书。作《历代贡举合议》二卷毕。与于柘溪、顾山雷论《易》。

九月，为高懿庵（讳尔仁）祖母题“节烈”。唐云若（讳宪章，阆中诸生）来访。为熊永侯母氏作寿文。得吕半隐蜀中书。得叶县令吕长在书。

十月，周冰持（讳稚廉，松江人）来访。与吴菌次刘太占论填词。潘双南送《南郊诗》。会孔东塘谈圣庙礼乐。为孔东塘书册页。作诗《送孔东塘还京师》。吴秩三（讳寅，徽州人）、张靖庵（讳沄，陕西人）来访。

十一月，杜书载（讳秉）、徐白眉（讳振）、王公孙（讳宋槐）来访。为钱十青（讳岳）题册页。定长沙金匮方。

十二月，定自著诗集。为张历山题《独坐鼓琴图》。吴涵公（讳春）送印章。于柘溪送刻书资。

二十九年庚午（1690），六十六岁。

正月中旬，于柘溪书来迎，遂至塘头。会于峙乃恭武山为。

二月，至扬州，为孝贞先生刻《雅伦》。跋孝贞先生草书。为张天尺母氏书祝文。为张锡卣、徐澄源、朱文日、蒋秉维、李椒公作草书。高小却、钟山眉来访。为刘玉介题像。

三月，吊龚半千，会其子础安。

作《寒食哀词》："茅宅依沱水，荒坟近子云。弱年丁大乱，远窜不相闻。孙息成江左，牡醪隔布裙。此身头白尽，西望哭斜曛。"

王景州（讳仲儒，兴化人）、乔次五（讳卫圣，扬州人）、梅卫瞻（讳琇，江都）、汤映台（讳□，江都）、沈楼文（讳咏）、乔东湖（讳宾）来访。寄达司业、王阮亭、穆焕若、姜西铭、王戬西、陈健夫、杨溥生、黄俞邰、李刚主、刘康侯、罗西溪、周介庵、张丰村、徐澄源书。许编修师六来访。田公燮（讳□□，刑部郎中）来访。与孙滋九（讳兰，江都）谈井田。

四月，边亦文（讳声威，旗下）来访，乞书扇。马高陵、李遐祚、左自卫、李晓村来访。定《雅箸》二卷。王长庚（讳永寿，辽东人）、朱天藻（讳白，苏州人）来访。唐云若（讳宪章，阆中人）来访，谈蜀事。

五月，为张历山作诗序。为程士喆（讳濬中，新安人）作草书。寄蜀中丈雪和尚书。

六月，吊李司农子静，于舟中哭之。为宋射陵跋《蔬枰图》。会苏际二（讳会）。会智林务一和尚。会闵山长（讳□□，义行子）。寄张曲山、汪舟次书。

七月，乞宋射陵题孝贞先生手卷。熊永侯送《浙江通志》。得朱宣时书寄诗稿。得冉同人岭南书。

八月，王简在（讳所浩，中江）、李仲孙（讳荃，中江）来访。会行西和尚。得朱文日松江书。得杨葛山、卯来泉书。跋张九宣（讳昭）《五色鸡冠赋》。成都乔别驾耦渔（讳祥裔，旗籍）寄刻书资。会大安禅师谈。会邵苏隐（讳岑）。

九月，张去瑕来访。梁质人（讳份，南丰）来访。时自都门来，言茹紫庭（讳仪凤，宛平）、刘继庄（讳宪庭，北直人）、梅定九（讳文鼎，宁国）皆慕先生名，深致意焉。得冉公让（讳德，广元人，溧阳令）书，寄诗。任端游寄诗（讳钟麟，苍江人，涿州牧）。得蔡瞻岷京中书。寄蜀中吕半隐、张二泽、赵安叔、敏思（讳守讷，安叔侄）、丈雪和尚书。与团伟长论丧礼。顾书宣来访。

十月，薛霞峰（讳景瑄，苍江）寄其尊人晋卿诗一册。寄李曲江、汪舟次书。得陆寄园京江书。黎绣虎（讳陈寅，广西阳朔）来访。为顾书宣、团伟长、蒋玉行、于柘溪、咸受、丹源作草书。

十一月，张少文（讳景蔚，辽太守子）寄刻书资。为刘子羽题像。齐纯武（讳象先，辽东，苏州司马）来访。得祖维周书，乞为其尊人（讳广渊，户部主事）作墓志。寄蜀中张曲山、秦梓仙、邓惠吉、熊渭公书。

十二月，回野田。得祖振公书（商河令）。得杨东子济南书。得张丰村、蔡瞻岷、张岫庵、杨溥生、李嗣文京中书。为陆无文书扇。

《腊底大雪成诗一首》："今岁苦深雪，河山浩无涯。琼田接村舍，玉树满吾家。客至鸡豚少，人欢笑语哗。天将谷士女，不止助梅花。"

定尺牍六卷。

三十年辛未（1691），六十七岁。

正月九日，次儿锡璜自叶县回。邢伟人寄书，请执贽受业。为何标万书扇。会程穆倩，年已八十有五，而谈不倦，观所藏三代、秦、汉、宋、元遗物。迟茂先（讳震起，永平□州佐）、施虎文（讳炳，天津）、张逸峰（讳坦，永平学，住天津）来访。骆菊岩（讳鼎钟，大兴）、丁仁先（讳麒，池州）、陆升翊（讳丹成，嘉兴）、练开周（字履道）来访。张逸峰邀先生同往江宁，登孝陵，过灵谷寺。与张逸峰论诗。

《秣陵舟中闻有吹笛者作诗一首》："春风初过畅闲情，与客偕舟白下行。歌似采莲江上缓，人如垂柳笛中清。乱山停雪僧留寺，小市悬灯月满城。共计来朝酤惠酒，醉眠一任露华生。"

郑谷口（讳簠，字汝器，江宁人）来访，乞为孝贞先生草书，题八分于后。

二月中旬，过常州、无锡，登惠山寺，游秦园。下旬，至苏州圆墓看梅。

《游虎丘》诗："春半犹寒不解裘，洞箫装就未登楼。遍烧红烛歌吴曲，从此吹香上玉钩。红灯新艳百花楼，公子乘春命酒筹。唱到鹧鸪声歇处，乱云横裹一山幽。"

张逸峰、施虎文同执贽受业。吴青霞（讳启元，徽州）书来寄，贽仪受业。寄张鲁庵水部（讳霖，字汝作，永平人）书。为马蕃侯（讳晋，苏州庠生）题像。徐东望（讳峰）、王仙侯（讳□）来访。得达司业、张锡卣、徐澄源、朱文日、刘德果书。

三月，至浙，游灵岩，上灵隐寺。坐冷泉亭上天竺观。为张鲁庵水部作诔文。

三月，还扬州。跋《王文成公手书》。昝元彦（讳茹芝，怀宁学）、许眉征（讳锡聆，江都）、徐跨青（讳岱，杭州诸生）来访。为张逸庵作诗序。为许眉右、蔡瞻岷作草书。与宋射陵论草书。张丰村寄刻书资。为团长松作墓志。刘继庄（讳献廷，北直）、黄宗夏（讳宗瑚，徽州）、李久于（讳衍恒）、申周良（讳维翰，中书）来访。为钱石镜评诗（苏州人）。张去瑕（昆明令）自昆明寄书，已为孝贞先生入《云南通志·昆明崇祀·名宦》。次日，先生至其家拜谢，拂座四叩首，即寄书致谢，并寄谢云南诸父老书。

四月，还野田。

《茱萸湾送汪道士》诗："红鹤翩跹去不回，知君何日上萧台。淮南亦是仙人国，丛桂花开可再来。"

《村中晚吟》："远村无路客来稀，置葛裁为至骭衣。日暮掩书徐出户，水边闲立看鸦飞。"

为李司农子静作传。会熊季辉（讳□，忠州，永侯侄）。为张锡卣、吴青霞作诗序。为董金佩（讳燧）作草书。钱翰林庸亭来访。周二南补乌程令，书来迎。

五月，至乌程县署。会陈公猷（讳一纶，诸生）、陈尔志（讳学圣，举人）、陈仙佩（讳梦莲）、周文相（讳大赓，俱镇海人）、陶尔渊（讳瑞龙，兰溪人）、唐与参（讳有勋，蒲圻人）、顾美侯（讳鎏，苏州人）、谢达生（讳起荣，金坛人）、陈逸民（讳之伟，无锡人）。与二南论《易》、论《诗》。

六月，周二南邀游西湖诸胜，二南尽屏驺从，携童子樽俎，命小舟，同署中诸文人乘月入荷花深处，快饮赋诗，极欢而罢。定《幼仪》目录。蔡合公（讳廷升，瞻岷弟）执贽受业。

七月，杨六谦（讳还吉，即墨，博学鸿词）来访，与论学、论礼。杨觉山（讳周宪，北直人，吏科）来访，谈往事。作《统祀·凡例》。

八月，定《中传录·凡例》。定《归熙甫传》，入《中传正纪》。

九月，得汤岩夫书，寄篆字。为周二南作学书。得邓惠吉、邱子余（讳善庆，鸿渐子）、赵安叔书。

十月，还扬州。理《十三经注疏》。为蔡补斋女蕙生作传。得杨可师、蔡瞻岷书。

十一月，徐槐江（讳燕誉，兴化人）、顾去疑（讳问）来访。为佟栋臣题像。与胡羽鹏谈金匮，观内府板《五伦书》。

十二月，得张汝止逸峰书。徐竺村自宣城回，言梅逋仙（讳喆，宣城人，国学）慕先生名，托为致意。得张去瑕书，寄《云南通志》一部。

三十一年壬申（1692），六十八岁。

正月八日，往塘头，会于柘溪伯杨峙乃山为恭武人弘隆四同亮。会王子健、蒋玉行、戚山公。

正月下旬，至南通州，游狼山。寄范汝受（讳国禄，字十山，南通州，诗人）书。为徐槐江题像。会张来庵先生。会方彦伯（讳良弼，桐城人）。丁柯亭（讳鼎时）来访。为姚东只作草书。

《为张子昭作诗序》："江都之东戈庄滨河，密居二年，巨水浸屋，移宅野田。是时，儿曹幼，从塾师。张潜子昭家有塾，命儿共学。子昭视密前辈人，虽恭谨，未尝横经列讲席也。子昭为诸生，年少气锐，方谋举制科，率妻孥迁郡中，日与名人游，久始返野田。子昭齿颇长，而储蓄亦非往时。甫事密焉，乃以文词来请。数年，子昭阖户，坟册尽弃，旧所为诗歌，依止于古，清婉秀洁，篇章大殊矣。夫诗之为物，若灵花异果，味旨芳远，然莳蓄之勤，非旦夕之力，'晚节渐于诗律细'，往哲已如此。子昭既决志古学，不为杂说所惑，他日用六朝体，为密赋《芙蓉花绕门》数首。康熙壬申，益州费密书于江都野田书屋。"

二月，杨东于除福建上杭令，邀先生并长子锡琮偕行。

四月，至延平府，太守张公（字芳传，扬州人）留先生署中数日。

五月，至上杭县署。会朱范公（讳陶，上杭前令，江都人）。序《远游杂咏》。

六月，定《弘道书》。会刘鳌石（讳坊，上杭人）谈诗文，送《永昌三忠传》。

七月，定《题跋》六卷毕。跋《周礼》。为邓氏题族谱（宋栟榈先生邓肃之后）。为张素公、叶志达、郭小鲁作草书。作《礼不下庶人论》。

八月，作《治平论御》《边论》。

九月，同长子锡琮游紫金山，为中峰寺山门书对联。

十月，至永定县，会吕氏景文（讳坊之，曲阜人）。

十一月，作《统典序》，作《辅弼录序》。得陈帝文（讳梦璧，兴化府，广文）书。

三十二年癸酉（1693），六十九岁。

正月三日，同杨东子至汀州府。

二月，汀郡太守鄢公（讳翼明，字在公，镶白旗，进士）迎先生至署中。会陈凤轩（讳用行，广东顺德人，归化令）。会长汀令潘尔谋（讳世嘉，定昌人）。会清流令刘雄飞（讳汉球，合肥人）。为汪快士跋《梅花诗》。题詹遴五死节卷。会黎愧曾（讳士弘，长汀人，宁夏道）谈文。黎宣岩（讳士毅，愧曾弟，寿州牧）来访。寄屈翁山书。张慈长（讳伯龙，永定人）为先生写照。

四月，还上杭。先生为岚气所中，病，左体不仁，自服药，乃痊。汪武襄（讳鸣盛，徽州人）执贽受业。

六月，鄢太守复遣人迎先生入署中。为鄢太守写寿词。鄢太守送《福建通志》《性理大方》。为陈孚尹先生跋诗。

黎愧曾先生为先生作诗序。

成都费此度先生，客临汀，裒聚其生平所著诗文若干卷书来，谓弘也阅之。予读之，既又呼子弟共读，至五日七日不能自休，乃起而叹曰："此非今人之文，而后世必传之文也。"

天下尚文久矣，学士家操笔为文者，亦既尽国而是，尽邑而是矣。然考古数今，一代之中，传不数人，一人之文，传不数篇，世安得传人，亦人之精神自为传耳？我不能自为传，而待后人之表章而传。或选定而传，其传之也仅矣。笙竽之激楚也，以时计；草木之荣华也，以日计，以月计。山水流峙，历古今而不敎者，彼固自有恒德之贞，而非随耳目为近玩者也。

此度之为文，何如哉？释经绎史，而不以剿说戾前闻，不以私心诬旧学，原本道德，称述先民，使天地往来生成运会之理，先王之大经大法，皆得体用备见，而不使百家之说竞喙争鸣。下至赠送将贻，亦必人如其言，言如其人，不为伪辞饰说，颠倒是非，以博人之喜悦。嗟夫！此皆当世所不讲之学，所不问之书，此度独专力而好为之。文章，公物也，原不争一人之信从，一时之毁誉，即使此度今日一字不存，付之杂烧，投之溷厕，锢之井底，而予终谓此度必传。盖其精神固在千百世，而岂爰此旦夕为也？

昔扬雄书成，谓当世不识，宁待之后世。子云，此千古著书人，猛心定力，非后人之所敢望。若朝舂而暮鬻焉，吾虑其有市心矣。此度以避乱踉跄出蜀，历尽艰难愁苦之境，居维扬华丽之乡有年，衣冠言动，不改其常，朴貌古心，望之如耕野石农、深山道士，使人可亲而不可狎，敢敬而不敢怜。惟其有此度之人，是以有此度之文也。

夫近此度得末疾，扶杖而后能起立。愿此度自爱，久留岁月，为后进典型。予即视此度五年以长，犹将舍所学而愿学焉。公子锡琮博闻强记，侍此度南来，搜集先伐遗贤名字不多为人记忆者，拟人各为立传，以成一代之书，继《三唐诗话》。夫自为必传之业，而又恐人之失传也，乃急急传之。其为事甚难，而其心绝苦，非有志之士，孰复为之哉？叔皮、孟贤，明允、子瞻之间，吾不知何以位置公家父子也。康熙癸酉初秋，长汀同学弟黎士弘敬序。

八月，还上杭。

十月，著《古史正》十卷毕。

十一月，得家书，曹太孺人殁，先生遂辞归。

十二月上旬，至江西，吉水令杨公方次（先生内弟）迎先生至署中。下旬至铅山县柴家埠（离家六十里），上为费鹅湖内阁旧居河口。会费伯含（讳文灿）、伯扬（讳文烈）、长韫（讳润，俱庠生）。送《文献文通小集》。

除夕，宿兰溪县。

三十三年甲戌（1694），七十岁。

正月二十日，至扬州。二十一日，至野田。为曹太孺人治丧，买田祥生庄西地四亩，作坟地。张子昭、徐竺村喜宰、陈荔洲、张友夔羽可、王甸公、朱禹尚、朱圣节、田灿生、刘立成、吴守之、彭子觐、子赤、子芳、张澄公、乔梓过。

二月二十四日，先生遣子锡琮、锡璜至扬州东关外宝胜寺前朱家庄，迎孝贞先生柩，同继母曹太孺人柩，合葬于野田庄西（在扬州江都县东，宜陵镇后，西北十五里，地名砂礓埧）。杨孺人祔葬于旁，孺人母赵太孺人别一冢，遂大葬于此，令后人世守焉。

五月，百日后，泰州李廷标（讳善树）书来迎，衣墨衰往。会黄仪逋仙裳，交三俞陈芳（讳楷）墨书。缪湘芷（讳沅，探花）、沈子厚、周天嘏、陆寄园、俞水文、刘德治。为俞陈芳、缪湘芷作草书。寄汴梁邢伟人书。蔡补斋送刻书资。为寇瑶集、孙喆传、康尧赓作草书。

六月，扬州乐永谐书来，迎遂至其家。

八月，续补孝贞先生《剑阁芳华集》二十卷毕。

九月，汪武勷（讳鸣盛，徽州人）执贽受业。为李西玉作草书。

十二月，团伟长迎先生至其家。下旬，还野田。张梓声（讳自瀛，江宁）、张羽可（讳承仪，江都）、彭子觐（讳维藩，江都）执贽受业。

三十四年乙亥（1695），七十一岁。

二月，同次儿锡璜至扬州。得龚太仆（讳懋熙）书。得邓惠吉书，寄蜀人诗。会李刚主、毕嵋谷、贺天山、李久于。张印宣（讳师孔）、张进也（讳渐山，来弟）来访。许师六编修为先生作《雅伦序》。会王歙州、李大村、卓子任、贾鼎王（讳铉）。为贾鼎王书册页。昝省雪、阮退思（讳无忝，桐城人）、王竹堂（讳元凤，景州人）、杨石公（讳和可，师从弟）来访。为王竹堂作草书。

二月，通山令张丰村书来迎，并得长儿信。

三月，至宣城县。会梅耦长渊公定九、沈方邺（讳泌）、姜勉中。会宣城令薛公霞峰。观梅定九所自作《浑盖通宪》。梅耦长送诗赠画。为梅耦长题像。梅渊公赠扇画。会雷箣山（讳珽）、王伟人（讳倬）、周子俞（讳名臣，理藩院判，内江人）。梅定九送《小识》《忠节纪》二书（《小识》，文震孟之子文秉著。《忠节纪》，宣城吴坰著）。

五月，至通山县署。会罗荐公（讳绅，通山广令，江陵人）、谢玉临（讳庭树，通山举人）、谢渐逵（讳士仪，通山诸生）。作《太极图说》。定自著诗余二卷。著《朝野诤论》二卷毕。与张丰村论经学，为张丰村评诗，为张丰村作诗序。张丰村为先生作《弘道书序》。为穆焕若、张岫庵、田子相作草书。

八月，丰村报升罗平州牧，赋《哨遍词》送丰村之罗平州任。至通山县文庙，瞻仰先圣石刻像碑。

九月，得徐澄源书。

十月，至武昌，重登黄鹤楼。

十一月，大冶令李曲江（讳先复，南部人）书来迎，遂至其署。为李子来题册页。题李老先生名宦后。为文宾门作草书。会张弘蘧庶常（讳尚瑗，太仓人）。作《太极图纪序》。

十二月，同长儿至汉口，重登黄鹤楼。

三十五年丙子（1696），七十二岁。

正月中旬，至安庆府。观察张公逸峰迎先生至署中。会张声百（讳埙，逸峰弟）、杨可师、施虎文、昝仲绪、程叔才（讳斯恭）、商安世（讳和，山阴举人）。宿程子尚家（讳斯才，明经），长子（佐衡，名邦华）、次子（赞，一名邦定）、三子（南缄，名邦容，诸生）。会林翼鲲（讳搏云，府教授，武进人）、李莱驭（讳挽河，怀宁教谕，兴化人）。潘锡畴（讳天成，府学生）与论《易》。为张逸峰作草书。与梅勿斋谈诗。

二月，钱鹤亭（讳选，怀宁进士）、孟南湖（讳命世，瑞州太守）、张继文（讳超彦，举人）来访。抄宋真宗书七十子诏。朱字绿（讳书宿，□松学□）来访。作《四科申论》。姚玉阶（讳士陛，桐城举人）来访。

张逸峰舟中出所藏书画鉴赏，同梅勿斋、杨可师、汪异三、商安世、杨楚书、施虎文、张声百，各赋七言近体一首。“晴沙春涨水微茫，远近烟消集乱樯。宾客齐来开箧衍，使君饮罢命荐章。飞蝇墨误弹屏小，舞剑工深濡发长。寒具不登成故事，今宵颇足慰清狂”。

张逸峰送刻书资，送《江南通志》。程佐衡（讳邦宁，怀宁拔贡）执贽受业。

五月，还扬州。下旬，还野田，病疡。

八月，下河水渰野田，水至墙根。得邓惠吉书。

九月，著《费氏家训》四卷毕。

十一月二十四日，生孙盉（锡琮出，年还蜀省墓）。

十二月，李棠思（讳芨，江都诗人）执贽受业。

三十六年丁丑（1697），七十三岁。

正月，得陈定九书。

二月，寄万季野（讳斯仝）、王岷绳（讳源）书。著《太极图纪》八卷毕。考量衡古法，数黍而称之。

三月，吴青霞至野田。得良乡令傅济庵（讳作揖，奉节人）书，并寄其尊公诗一册。跋程紫臣（讳瑞袍，徽州人）诗。作《祝希喆传》。阅《宋史新编》，《本纪》批毕。

四月，江豫臣（讳兆宣，徽州人）迎先生至其家，命人为先生抄《中传正纪》。著《中旨辨录》二卷毕。陈定九为孝贞先生作传。

五月，还野田。江豫臣送刻书资。

六月，汤鹤闻（讳启声，石城子，举人）来访。得蜀中赵敏思书。得丈雪书。为胡羽鹏作诗序。

七月，至扬州。寄徐白眉书。会顾书宣。许荔生（讳迎年）来访。著《中旨申惑》二卷毕。

八月，寄杨可师、黄叔威、田子相、汪异三、熊永侯、徐澄源书。

九月，为许师六编修作墓志。为陆寄园作祝文。

十月，陆天声（讳震，如皋人）执贽受业。与张子昭、彭子觐论丧礼。

十一月，为许眉右作墓志。定自著文集二十卷。

胡羽鹏寄诗："先生偃仰卧茅茨，水满雕菰石满芝。镇日注经绛帐屋，终身谈道白牛溪。儒林序录人惊盛，实业铺陈世始知。索米养亲归未得，一编长跽在何时？"

费燕峰先生年谱卷四

三十七年戊寅（1698），七十四岁。

于咸受遣人来迎，遂至塘头。

得清平令王公（讳吉人）书，答之。

三月，作《李晋王传》，作《崇信伯费公家传》，觅得曾子世系。

四月，胡二守（讳炅，字子亮，杭州人）遣人来迎。作《祖将军传》。著《蚕此遗录》二卷毕。

五月，野田大水平岸，月底大风，水上岸。

六月，朱伊吕（讳程）遣人来迎，遂至大桥。会朱二水（讳泗）、朱会沧（讳溶）、朱天仪（讳□）、顾玉莳（讳植）、顾丹瞻（讳楚）、顾蔚木（讳森）。得穆焕若、朱字绿书。得刘伯贤（讳象先，顺天贡）书，寄自序文，求跋。

九月，得徐仲宣书。为许眉征作医行诗。野田张澄公先生殁，年九十有三，往哭之。

十月，得张丰村书（时为云南罗平州牧）。

十一月，董天位（讳三台）遣人来迎，病，未往。

三十八年己卯（1699），七十五岁。

正月十三日，董天位复遣人来迎，遂至其家。会董知三（名三畏）、维三（名三纲）、华三（名三祝）、友三（名三乐）。会汤绩（讳□）、周唐卿（名宗克）。为董天位、董友三作草书。

二月中旬，还野田。录《七十子列传》。

三月，定《中传正纪》一百二十卷毕。跋《王春石相国草书》。余俊公（讳瀛，酆都人）来访。为叶少君作诗序。定《大学中庸说》。

五月，熊永侯、杨殿先（讳文元，铜梁贡）来野田，谈蜀中事。作《吕尚书（讳维祺）论赞》。

六月，考晋儒，作《河洛古文》一卷毕。取《史记》《家语》校对七十子姓氏。

七月，考七十子封爵，录《唐册礼先圣》及《赠七十子诏》。

八月，大水进屋内尺许，书籍半为淹湿。是年江都水灾，胡翚山书来迎，从郭村舟行，一片汪洋，稻在水中，房屋倒塌，较前两载水灾更甚。定老农岁岁事。董天位、周唐卿执贽受业。为杨申佩、朱林修（讳庭柏，金陵人）、朱丹霞（讳儒经，徐州人，上元教谕）、戴牧士（讳思谦，占弼子）作草书。为汪安璞、汪岚予、宋考槃作草书。

九月，于恭武遣人来迎，遂至泰州。恭武许为先生刻《雅伦》（孝贞先生著《雅伦》□卷，付梓未竣，后于康熙四十□年恭武出百金刊成）。会黄仪逋、蔡公韩、蔡补斋、陆天声。

会张良御（讳苻骧）、陆金溪（讳祖渊）、戴云笠、俞骢臣、俞济航、俞学耕（讳维植）、陈毅伯、宫维章、张友石、沈苍树、姚瑞甫、王伯舫、沈达生、沈宗喆、龚序五。

为于恭武、陈毅伯、张启儒作草书。游击张公（讳升，绍兴人）来访。

十月，寄佛佑人（讳启达，司业子）书。刘德问、刘得誉（讳兴闻）执贽受业。

《述怀》诗："经业未能传杜氏，闲居久已慕王通。向因抱病思常卧，近不摊书意益慵。家在海边多雁鹜，人逢田畔尽农工。诸君莫拟萧夫子，自笑颓唐一废翁。"

三十九年庚辰（1700），七十六岁。

正月六日，于恭武遣人来迎，次日至泰州。会俞骢臣、俞济航、蔡补斋、蔡虎谈、刘德誉、王白舫、王苍书、庄云秋、王商乘（讳辂）。得佛佑人书。陈恪士（讳允恭）来访。寄庞雪崖（讳垲，北直人，建宁太守）书。

三月上旬，蔡补斋遣人来迎，遂至泰州。桐乡令刘公（讳镗，四川人）过扬州，来访。时先生在泰州，未晤。为于恭武、蔡虎谈、黄仙裳、俞济航、蒋正民作草书。为成陟三作草书。

三月，黄叔威、田子相、熊永侯、李棠思至野田，谈旧事，为诸君作草书。为黄叔威尊人作传。

为田子相作诗序

田金子相去吾讲下二十载，顷偕黄叔威、熊永侯、李棠思来野田，至门与序宾主礼。子相歉然远退，及庭悉声音举止，乃知之，勃然大笑。子相少为家难所困，拂逆难堪，百事错迕。十有余岁出游，至年江四十，乃卜居王屋山下，买宅，购田，成家。北土往时路尘，马汗沾衣垢体，不得安闲觞咏，垂老颀然，而黑面颐丰阔，见女妇蚕桑，儿辈诵读，宾客邻舍，岁时会聚饮酒，追往谈来，何多庆也！子相在济南，共蔡瞻岷习赋咏，日诵五言二首，课一首，满百日而后，吾之饶阳省故人。今子相诗风旨含蓄，韵度翩跹，与年俱进矣。吾将八十，尚有游王屋之志，他日拉诸子，款段北走，子相其多储柿酿，鸡肥菜美，饱食登山，拖藤负笠，坐峰石四望，放歌作啸，响振林木，人疑海外仙公来遏神州也。

四月，著《瓮录》一卷毕。

五月，著《伤寒口义》二卷毕。

六月，至扬州。会汪曼思（讳朔园，徽州人）。为李二宋题像。为闵在东母氏许夫人作寿词。为王汉藻、乐永谐、邵沛恩作草书。董公祖（讳鼐，辽东人，新升四川马湖太守）邀先生偕行，谢未往。储同人（讳欣，宜兴人）来访。为袁复斋（讳开圣，峨眉人，泰兴令）作草书。会王清瑶（讳世铭，兴化生）、黄龙起（讳通新，兴化生）。会戴牧士理研（讳思讷）。朱师晦（讳元英，江宁举人）来访。会熊伯升（讳宾，永侯子）。寄张方伯鲁庵书。

九月，还野田。重定《道统授受图》（圣门惟子夏一支相传不绝，历序授受至先生为七十二传）。作《圣门学脉中旨》二卷毕。装订《本草纲目》。

十二月，宋考槃（讳涧，江都）执贽受业。

四十年辛巳（1701），七十七岁。

二月，定《外集杂存》八卷毕。

三月，郭式庵（讳振，兰溪人）执贽受业。

七月二十八日，生孙藻（锡璜出。年遗蜀者墓，入新繁学，以五经中雍正壬子科举人）。

八月，病下痢。及门蔡瞻岷、杨周字、于咸受、于丹源、张子昭、彭子觐、董天位、宋考槃、郭式庵、刘德问，俱来问疾。

九月初七日未时，先生卒于正寝。门人私谥中文。

私　谥　议

康熙四十年辛巳，成都费燕峰先生卒于江都之野田村，门人会哭于丧，次既辍哭，乃议曰：生名冠字，死谥，礼也。仕者，公谥；隐者，私谥。昔柳下黔娄谥，皆议于门人，其来尚矣。吾先生少丁祸乱，首聚义徒，保障郡邑；参赞大帅，克定高勋，微言解纷，遂全百室。寻亲绝域，陷身蛮峒，九死一生。及避乱汉中，辞辟雄藩，千金不顾，终成父志，輂遁江乡。中岁负笈百泉，缵承坠绪。晚年著书累尺，定议千秋。羽翼光复，旧注倡明。实学蔚为儒宗，论其为人，温恭肃穆，粹质坦中，未尝厉色加人，而人自畏之，自然之威也；未尝比同于人，而人自亲之，自然之和也，盖数百年来未见先生之匹焉。道不偏倚曰中，勤学好问曰文，先生著《中传正纪》数百卷，尊先圣之旧章，启后贤之统绪，非宋儒直接孟氏之阿说，正汉唐未尝问道之詹言，不为矫异，不为苟同，广而不滥，博而有要，剿绝浮辞，引归大义，论人从恕，遇事持平，可不谓之中乎？先生古文词赋，海内宗称，磅礴昌明之气，温柔敦厚之致，遗世独立，优入渊微，别开堂奥，津梁后祀，可不谓之文乎？其谥为中文先生。于是门人咸称善，遂定议焉。

休宁蔡廷治谨识

先生既殁，四方闻者竞为诗歌以吊。

黄叔威挽

海内称遗老，西江与蜀川。河汾惊绝业，泰华仰崇巅。鹿洞方兴感，麟经竟断编。典型沦丧尽，相望泪潸然。

忆昔吾师在，相将访草庐。风尘占气后，江海识荆初。既许支天柱，谁推挽日车。十年梁木涕，重为泫衣裾。理学西河接，穷经表汉儒。灯传将烬火，书并负耒图。狂海澜应障，中华气不孤。更闻新谥好，惆怅旧生徒。

去夏登堂日，追随杖履强。星辰缠笔札，岁月慎行藏。薄质承垆锤，探源欢渺茫。痛深床下拜，尘世忽沧桑。

著述纵横列，成书讶等身。津梁垂后辈，华衮及先人。艺苑夸珍绝，家风续《雅伦》。巾箱何历历，手泽尚如新。

赖有佳儿绍，传家重蔺弢。诗篇嵋岭雪，文采锦江涛。佩结双龙气，人称两凤毛。无嗟身后事，千载望弥高。

张子昭挽

淮海凄凉烟水中，灌园人去讲堂空。五更鹃血啼残梦，九月虫声咽晚风。野圃任开陶氏菊，闲庭犹挂鲁连弓。暮年甘隐逃名姓，一听人传卖酱翁。

禾黍秋风动古原，百年遗老几人存。一从避乱栖吴地，万里移家出蜀门。独鹤孤寒依素幄，高楼细雨泣黄昏。最怜门下为文浅，洒泪难招万古魂。

旧事征君受易还，至今理学有真传。远探淇水二千里，自住牛溪四十年。漠漠苇花垂户外，深深枫叶下庭前。数声凄断人空散，独自悲歌向野田。

师徒永别不胜愁，浩气苍凉此夕休。旧纪一篇传万古，高吟十字遂千秋。悲风白草瞻新冢，夜雨青灯哭故侯。从此江村长寂寞，无人更到东海头。

徐竺村挽

乾坤板荡怅何穷，万里移家自蜀中。绝域寻亲经鸟道，一身罹难出蚕丛。铜驼早下新亭泪，督亢犹追易水风。痛哭广元军散后，江湖何处着哀鸣？

仰承先训赋归休，欲把江都作首丘。一卷荒书编岁月，百年绝笔继《春秋》。西河道脉人谁续？剑阁芳华志已酬。不识啼鹃流血尽，鹤归还到锦江头。

八年游学客京华，绛帐春风入梦赊。天地忽然收正气，乾坤谁复怨哀笳？生刍致祭惭家稚，败鼓登龙愧阿芭。他日场前筑庐舍，石楠种作墓门花。

诗礼过庭少异闻，今欣令子继河汾。几千万卷书能读，六十余年志敢分。当日三苏色绝代，只今二陆任斯文。相逢痛哭斜阳外，还恐高天结暮云。

杨周子挽

遗老孤踪寄海滨，巴山万里暗伤神。盛年负笈牛溪夜，高坐谈经鹿洞春。此日蝶成江左梦，何时琴续广陵人？野田寂寞多荒草，忍见离离平芜新。

搜罗史册序前贤，著述江东五十年。先姊甘贫同灌溉，佳儿有志接经传。仲连蹈海非忘世，宁戚悬书岂执鞭？惆怅生平多事迹，丰碑茂草泣重泉。

先生逸志古今稀，正脉人亡愿已违。兵燹久残乡国路，哀迟长着芰荷衣。少经瘴雨蛮中过，老爱春泉月下归。亲串趋迟同醉酒，江村弹泪湿斜晖。

忘年爱我缘多病，今岁看花未倦游。诗社平山邀几杖，尘谈小阁待淹留。禄辞升斗腰难折，书继钟王笔自幽。几许门墙述遗行，自惭下里续名流。

刘德问挽

拜官多难西南日，蜀汉人归统自尊。谋国曾经纾上计，荒书宁敢发空言。千秋十字传佳句，白发青衫隐泪痕。事业文章知不朽，独伤耆旧遂无存。

早向东吴隐姓名，苏门折节更传经。归来始序西河脉，老去徒深北海情。讲学一时称弟子，告哀万里哭先生。江乡著述关千载，莫怪当年尽掩荆。

自出成都便未还，天涯事事总凄然。干戈旧族悲亲串，风雨孤村阅岁年。应怕哀猿归未决，可知非虎梦空悬。白头甘向江东老，留得青钱买墓田。

几杖周旋原子婿，皋比侍列且门徒。经纶暇日叨闻诲，贫贱长年愧学儒。感愤无言歌《薤露》，凄凉多泪奠生刍。野田从此西州路，但想恩知未有殊。

彭子觐挽

峨眉山峻锦江幽，此地高贤莫与俦。白鹤老人悲倡和，青毡子弟怅从游。茅堂落落余花圃，野水荒荒剩钓舟。鸡犬桑麻犹往昔，西风何处解长愁？

宋考槃挽

芸窗留得夜灯青，黄叶悲风落满庭。东海何人还讲道？南陔有子更传经。百年松菊空存径，万卷图书自有灵。《薤露》歌成挥泪罢，空教后学叹零丁。

王甸公挽

巴蜀征兵事已虚，声名长在百年余。补天有石曾纡策，系日无绳且著书。雪满寒原人化鹤，月鸣空馆夜啼乌。窗前有泪难为泣，烛灺更残独向隅。

郭式庵挽

夙昔彤帏志久虚，中传绝笔两楹余。青毡几杖留残句，黄绢图书载数车。只有浮云低日暮，再无白发对庭除。明朝谁共茱萸酒？客子秋风独黯如。

卞和玉挽

遁迹荒村四十年，骑鲸此日遂归天。龙门共说容高士，马帐空留在野田。绍述前贤功不浅，熏陶后学惠无边。东邻贱子何凄切，泣对遗文洒暮烟。

先生子锡琮、锡瓒，扶先生柩，与杨孺人合葬于野田庄西孝贞先生墓，西南第一冢。

新繁县志·人物

费密，字此度，号燕峰。九岁，祖母殁，哀泣如成人。十岁，父经虞为讲《通鉴》“盘古氏相传首出御世之君”，遽问曰“盘古氏以前”，曰“鸿荒未辟”。又问“鸿荒以前”，经虞呵之，然心奇密。年十四，父病。医言尝粪甘苦可决生死，密私尝粪，言苦，病果起。崇祯甲申，流贼张献忠犯蜀。密年二十，为书《上巡按御史刘之渤》言四事：练兵一、守险二、蜀王出军饷三、停征十六十七两年钱粮四。仓卒未果行，贼遂陷成都，密展转迁避，得不遇害。丙戌入什邡县高定关，倡义砦拒贼。贼乘闲劫营，设伏待之，不敢犯，一方赖以安。时经虞仕滇，以家遭大乱，屡乞休。密闻之，遂只身从兵戈蛮峒中入滇。

丁亥，奉父归，入建昌卫。十月，至黎州省母。十二月，复入建昌，遇相岭凹者，蛮掳去。明年戊子，赎归。会杨展镇嘉定，闻密名，遣人致聘，因说展屯田于雅州龙门，复于青神江口命人沈水，得张献忠弃金，为民间买牛种，余赀悉给诸镇，得久与贼相持。十月，同展子璟新复屯田于荣经瓦屋山之杨村，入叙府，遇督师吕大器，署为中书舍人。内江范文英见密文，大惊曰："始以吾此度有经济才，不知吾此度词客也。"是时，密与成都邱履程、雅州传光昭，以诗文雄西南，称"三子"。

己丑秋，杨展为降将袁韬等所害。密与璟新整师复仇，与贼战，身自擐甲。时营在岁眉，裨将来某与花溪民有衅，诈称花溪民下石击吾营，势且反，以激璟新。璟新署檄讨之。密力争曰："花溪，吾民也。方与贼战而杀吾民，彼将去而从贼，是益贼也。"乃止。率残卒复与璟新屯田于瓦屋山。

庚寅七月，还成都省墓，至新津，为袁韬贼兵所劫。十月，又为杜汉良掠，送袁韬营中，几被害。十二月，乘间还杨村。辛卯四月，归新繁，旧宅皆为灰烬。

明年癸已二月，至陕西沔县，暂卜筑焉。当时公卿将相闻密名，争相延致。留杨展父子幕最久，所至屯田为持久计，而天命人事已改，是以大功不就已。乃究心《内经》《伤寒论》《金匮》诸书。为长沙发挥后，闻二程见人静坐，便叹为善学。丙申，与破山门人通醉论禅。四月，遂入静明寺杂僧徒静坐，坐六七日，心不能定。自属曰："百日之坐尚不能自定，况其大者乎?"誓不出门，半月余乃定。

尝自言：始半月视物，疑为二，如履在床前，心中复有履。久之，胸中见红圈渐大，至肌肤而散，颇觉畅美。一夕，闻城濠鸭声，与身隔一层，如在布袋。良久，忽通鸭声与水流入身中甚快，乃叹曰："静坐，二氏之旨，吾儒实学当不在是。"自后益有志古学矣。

丁酉十月，携家至沔汉。戊戌春，至扬州。闻常熟钱尚书以文名天下，乃上书钱公。钱公得书大惊，与论诗于芙蓉庄，指密《北征》诗叹曰："此必传之作也。"时王司寇士禛司理扬州，见密古诗，以为绝伦，而尤爱近体。"白马岩中出，黄牛壁上耕""鸟声下杨柳，人语出菰蒲""大江流汉水，孤艇接残春"等句，当时咸谓知言。

辛亥，居父丧，悉遵古礼，冠衰皆仿古自制。三原孙枝蔚见之，自谓弗及。服阕，以父遗命走数千里，至卫辉苏门山，受孙征君奇逢之学。一日论朱陆异同，密进言"汉唐先儒有功后世，不可泯灭"，征君大以为然，又与考历代礼制之变。逾月归，征君题"吾道其南"四字为赠。丙辰冬，闻孙征君卒，哭于泰州圆通庵，设主受吊，冠细麻，加粗麻一道，横于上衣，用白布二十一日始焚，主出庵，心丧未去怀也。

丁巳，入山东提督将军柯永蓁幕，会举博学鸿儒。永蓁屡欲论荐，力辞乃止。乙丑，修《明史》，颇采旧臣遗佚者。密泥涂入都，奉其父行状入史馆，下拜，涕沾襟，在馆诸公皆为感动。己巳，大病，寻愈。乃自定生平所著诸书。辛巳六月，病下痢，遂不能起，年七十有七，门人私谥中文先生。

密少遭丧乱，经历兵戈，中年迁徙异国，足迹遍天下，晚年穷困，阖户著书，笃守古经，倡明实学，以教及门。尝谓子锡琮、锡璜曰："我著书皆身经历而后笔之，非敢妄言也。凡与诸生论经术及古文诗辞，必本之人情事实，不徒高谈性命，为无用之学。"天性和平，与人无忤，终身未尝言人过。人有机相向者，淡然处之。村居数十年，书甚多，自宋人谓周程接孔孟，二千年儒者尽黜，无一闻道者。密尝为之悲痛，乃上考古经，与历代正史，旁采群书，作《中传正纪》百二十卷，序儒者授受源流，为传八百余篇，儒林二千有奇。又作《弘道书》十卷。《弘道书》者，所以广圣人之道也。曰统典论，曰辅弼录论，明大统必归帝王，不得以儒生参之也。曰道脉谱论，明先圣以来七十子传人具在，不可灭没其功也。曰古经旨论，曰原教明圣人之道，古经具在，无所谓不传之秘也。曰圣门育才论，明圣人取人甚宽，不可举一废百也。曰祀先圣礼乐旧制议，曰先师旧制议，曰七十子封爵旧制议，曰七十子为后议，曰从祀旧制议。汉唐以来学校不可废，先儒不可黜七十子，汉唐过薄而宋儒过厚也。曰先儒传道述，曰圣门传道述，明帝王师儒有旧章，不可杂、不可改易也。曰吾道述，明圣教不同于二氏也。并附载诸图为十卷，是为《弘道书》。圣门旧章六种，共二十四卷，文集二十卷，诗钞二十卷，外集共三十二种百二十卷，藏于家。密生平精于古注疏，谓古注言简味深，平实可用。后儒即更新变易，卒不能过。古经之存专赖此书，变易经文，各自为说，势将不止，深为可惧。次则犹熟《史记》，枕籍其中者八年；于诸子则熟《南华》；于八家则爱昌黎，故所为文浩然如水之无涯，而未尝骋才矜气也；为诗则以深厚为本，以和平为调，以善寄托为妙，尝戒雕巧快心之语教门人及子弟。诗文法最精严，不轻许可，故凡闻其余风者，下笔率有法度。书法钟王，人得片纸，皆珍藏之。子二：长锡琮，字厚蕃，为人慷慨任事，方正不阿，与其弟锡璜承家学，绝意仕进，以诗古文词名。著《阶庭偕咏》《白雀楼》诸集。锡璜，字滋衡。合肥李司空尝欲荐举鸿博，谢免。晚岁间关入蜀，访求先墓，自嘉诰至锡璜，凡四代，殁，俱祀于乡。

江都县志·流寓

费经虞，字鲜民，成都新繁人。汉费诗之后。明己卯举于乡，令云南昆明县，以贤能擢广西府知府。乙酉后，遂薙发告休，偕子密流寓江都县之野田庄。闭户著《剑阁芳华集》二十卷，《雅伦》三十卷，为艺林所重。

费密，字此度。中书舍人。广元伯杨辟为军前赞画，因流贼张献忠乱蜀，乃间道寻父于云南山中。后随父流寓江都，学于河南孙征君奇逢。及归，从游之士几二百余人。所著有《弘道书》十卷，《中传正纪》百二十卷，《圣门旧章》二十四卷，《中旨定论》以及《历代贡举》二十二种，共九十卷，诗古文词二十二卷。子锡琮、锡璜，皆能著书，世其业。

费经虞，字仲若，蜀新繁人。明崇祯间举人，令昆明。土司吾必奎作乱，黔国公讨之，俘三百余人，将尽歼焉。台使者檄经虞审理，皆胁以，民力请释之，俱得全活。升同知。乞休归蜀遇乱，间道走秦，流寓于扬州，著有《毛诗广义》二十卷，《四书字义》一卷，《雅伦》三十卷，《临池懿训》三卷，《周易参同契》三卷。

子密，字此度，传其父业，工诗古文，所著有《弘道书》十卷，《正纪》百二十卷，《圣门旧章》二十四卷，自著诗、古文、词二十二卷。

甘泉县志·寓贤

费经虞，字仲若，新繁人。弱冠肆力经史。崇祯已卯，举四川乡试，授昆明令。土司吾必奎作乱，黔国公讨之，俘三百余人，将尽戮焉。台使者檄经虞审理，以胁从，民请尽释之。进官同知。遂乞休归蜀，遇乱，间道走秦，流寓于扬。经虞自以不得养亲为恨，每忌辰，哭泣终日，至七十犹然，卒于江都。所著有《毛诗广义》二十卷，《四书字义》一卷，《雅伦》三十卷，《临池懿训》三卷，著《周易参同契》三卷。子密，另有传。

费密，字此度，新繁人，经虞次子。从万里戎马中随其父至江都，居野田庄，传父业，工诗、古文、词。俯仰取给于授徒卖文，人咸重其品，悲其遇。所著有《弘道书》《圣门旧章》及自著诗文若干卷。子锡琮、锡璜，皆能文。

云南通志·名宦

费经虞，四川新繁人。由举人，崇祯十六年任昆明知县，薄征省讼，重士劝农，勘覆吾必奎叛党一案，全活数百人。流贼入滇，弃职隐去，不知所终。后大父中文公闻之，有《谢云南父老书》。

明史列传

刘可训　刘应遇　胡平表　卢安世　朱家民　周鸿图　段伯斯　秦懋观　岳钟秀　杨开远　金九陛　孔贞会　费经虞　熊启宇

费经虞，字仲若，新繁人。早孤，事母孝，尝刲臂疗其疾。好学敦行，州里重之。崇祯十二年举于乡，十七年正月授昆明知县。有江西人选什邡典史，携幼妇偕经虞行，次沅州而典史卒。为出资殡殓之，妇无所归，欲适经虞。经虞不可，以配士人年少者。明年，土酋吾必奎反，伏诛，俘其徒数百人。下昆明按问，则皆良民。其人系缚饥困，气息仅属。经虞急令释其缚，居之庑下，煮糜食之，而畀蓐草使寝处，夜草牒，力白其事。上官屡驳，执如初，乃止罪十二人，余皆获免。复给资遣之，其人歌舞而去。无何土酋沙定洲反，逐黔国公沐天波，而迫巡抚吴兆元会署为都司。郡僚惮其凶威，莫敢与抗，独经虞以都司礼之。明年，迁云南府同知。是时，蜀中大乱，意欲不仕，屡投牒乞归。兆元反，巡按御史罗国瓛不许。国瓛且荐为广西知府，经虞既力辞不得，又明年四月，薙发以示不返，乃听之归。甫出境，而大盗孙可望辈又滇矣。流寓雅州五年始还里，而蜀乱犹未靖，乃转侧入陕，流寓沔县者又五年。兵戈饥馑，屡濒于危，而经虞读书不废已。乃东游至扬州，遂家焉。闭户纂述，扬州人希得见其面。著《毛诗广义》二十卷，《字学》十卷，《雅伦》三十卷。卒年七十有三，门人私谥曰孝贞。子密，隐居，博学，有父风。

费氏家传

费公讳嘉诰，字云衢，由新繁县明经任大竹县训导，有文名，卒于官，乱后著述，事迹失传。

一、公为诸生时，同众出郭迎督学使者，憩南岳庙。庙中乞儿进茶，众皆弃去，惟公独啜而谢之，人以为盛德云。《蜀总志》有传，载其事。

二、公居家，敦笃孝爱，以读书为程限，四子皆饩于庠，自相师友。流贼陷成都，季子经虞仕滇获全，余皆殁于贼。

三、公仕大竹时，训课有方，士风丕振。

四、重庆府对江枯髅山有祟，为行旅害，公率族人敛金铸铁柱以镇之，祟遂绝，铁柱至今独存。

五、《四川总志》云：公长子经国，副榜贡生，遥授训导。次经世，次经济，皆庠生。张献忠陷蜀，贼将与经世有旧，欲荐而官之。经世坚不受，遂遇害。经国、经济，皆同时死难。

费公讳经虞，字仲若，号鲜民。由新繁县廪生中崇祯十二年己卯科举人，仕云南昆明令。卓异，迁本府同知，旋推升广西府知府，以流贼猖獗，公屡请休，上官皆不许。后子密从乱中徒步入滇省觐，公归志愈坚，乃截发为诗以献，曰："八次乞休归不得，衰颜病骨礼瞿昙。黄冠返故今无恙，添个人间小雪庵。"公返蜀，乱不可居，避患于秦。后流寓扬州，年七十三卒。

一、公性孝友天成，童时大母常伪怒以戏公。公跪大母前，得笑容乃已。晚年以不得养亲为恨，每遇忌辰，必痛哭，七十时犹然。容城孙征君著《取节编》，立公传于《孝子门》。

二、崇祯十四年，民变，围新繁城，倡言拿衙蠹。他宦出，与之语，众以石击。费宦肯为力担，当听。约公单骑出城，谕以缚为首者，置之法归。事载《县志》。

《云谷年谱》点校[①]

云谷年谱序

余老矣，自惟无所树立，忽忽须鬓俱白，独亲书如雪生命以之，岂于文字有夙缘耶！追念髫龄失怙，零丁之状，凄然欲绝。顾慈闱朝夕训诲，依依如在目前。及长，得弟兄师友之助，有不可诬者，历游四方，动定自检，不敢跬步逾越。今幸以余年，偃息林下，兢兢自惕，庶几其有终乎！夫为一事，而一生之精力注之，此余之所可必者也；阅一生，而精力有间与无间，此余之所不可必者也。根器有浅深，成就有大小，各任其天，而人事寓焉，甘苦得失，由今思之，益皇然惧矣。儿辈晚出，论文之暇，间问往事，因作谱示之，异日即以质当世诸君子。

广汉云谷老人记，时嘉庆八年春三月八日

云谷年谱

乾隆二年丁巳（1737）三月初八日，予生于汉州后营。

按：张氏先世本江西太和县人，世居县之鹅溪口，元末迁湖广麻城县，明初千户指挥伏三公随汤东瓯定蜀，留兵分镇，遂家于重庆之荣昌县。后分荣昌

① （清）张邦伸．云谷年谱［M］．清嘉庆九年隆昌张氏刻本．

县地置隆昌县，遂为隆昌人。今七里场有张伏三庙，献贼之乱，避居遵义。本朝定鼎，回隆昌，会岁旱，曾祖连义公携子五人迁汉州后营。祖冠玉公行五，州贡生。四子考凌霄公行二，州廪生。妣程孺人，岁贡程公珮女。雍正九年壬子（1731），兄如南讳仁寿生。十一年甲寅（1733），胞姊生。予生时先君梦游蓥华山，忽白猿飞肩上，化为童子，顾而笑曰："予蓥华山侍者也。"寤，遂诞予，因命乳名华长，名曰邦伸，字石臣，号云谷。

三年戊午（1738），二岁，八月初一日，先君卒。

是年，先君考优等，食廪饩。时伯父超暨、伯母罗孺人相继病殁。冠玉公复病，先君侍药饵，积劳成疾，竟不起，年二十四岁。母时拟以身殉，水浆不入口者屡日。先外祖父母至，勉以事亲抚孤大义，始啜粥守节。

四年己未（1739），三岁。

是年，将祖业析为四分，各得田三十亩。伯父母殁后，遗一姊及兄荆山玉林蓝圃，母程孺人抚如己子，与伸等共寝处，相依为命，授室后始各居。

五年庚申（1740），四岁。

六年辛酉（1741），五岁。

七年壬戌（1742），六岁。

八年癸亥（1743），七岁。

九年甲子（1744），八岁。

是年，伸从叔父景泗公入乡塾。三月，先祖冠玉公捐馆舍，卜地邑之东山裴家沟。

十年乙丑（1745），九岁。

是年，景泗公迁居桐子树，离舍东里许，仍从叔父读书。

十一年丙寅（1746），十岁。

十二年丁卯（1747），十一岁。

是岁，授经学，艰于买书，以纸抄读。

十三年戊辰（1748），十二岁。

开讲作时文，景泗公初以"事父母能竭其力"命题。余破云："竭力以事亲孝已克尽矣。"叔父疑有倩者，呼至座，历试之，俱明顺。

十四年己巳（1749），十三岁。

应汉州童子试，不利。

十五年庚午（1750），十四岁。

十六年辛未（1751），十五岁。

十七年壬申（1752），十六岁。

景泗公因家贫贸迁，余拮据，构茅舍数椽于舍南，延表兄程师中先生（若楷）为师。会课，余常居首。是岁，应州试第三，府试第四。

十八年癸酉（1753），十七岁。

是岁，入泮。乡试卷落，井研白士宏先生房荐而不售。时湖北进士罗朴斋先生（克昌）莅州任观风拔超等第二，并取平日诵习文校之。

十九年甲戌（1754），十八岁。

时大竹周玉潭先生（国器）经术湛深，设教新都双牛寺。因往受业，凡三年。是岁，大兄如南入中江学。

二十年乙亥（1755），十九岁。

是岁，学使王容斋先生（晟）厘正文体，岁试汉州，一等仅一人。余列二等第一，补增。九月，徐孺人来归。

二十一年丙子（1756），二十岁。

科试一等第一，食廪饩。容斋先生奖慰甚，至乡试卷落，青神林宾九先生（鸿）房荐而不售。十月，考入锦江书院。时掌院为高白云先生（辰），金堂人，辛未进士，由庶常改归班假归，宿儒也，课文屡第一。

二十二年丁丑（1757），二十一岁。

肄业锦江书院。时学使史怵堂先生（贻谟）观风超等第四，岁试，一等第一。

二十三年戊寅（1758），二十二岁。

肄业锦江书院。驿盐道卜观察（宁一）考课，五置第一。

二十四年己卯（1759），二十三岁。

科试一等第一。怵堂先生甚赞赏，拟举余优生。八月，乡试入闱，首题“诗三百，一言以蔽之”，次题“及其知之一也”，三题“今人乍见孺子将入于井，皆有怵惕恻隐之心”，诗题“玉韫山含辉”。榜发，中式，是科大主考为刑部郎中闵峙庭先生（鹗元），浙江归安人，乙丑进士，后官江苏巡抚。副主考为编修周立崖先生（于礼），云南嶍峨人，辛未进士，后官大理寺少卿。房考为林宾九先生，即丙子科荐卷房师也。先是，卷未出房，立崖先生搜遗卷，得之填榜。时宾九先生愕然，卜观察素知余为监临监试，诸公言之，喜甚。阅日，白云师宴两主考于城南少陵草堂，命同年何希颜（明礼）、李雨村（调元）、张鹤林（翯）、姜尔常（锡嘏）与余同入宴，诸公有诗，属余五人和焉。盖是科初改表判为试帖，以五人诗入选，故有是命。立崖先生询知家寒，促同行，因事不果，回家拜母，始措贷北上。

是岁，长女生。

二十五年庚辰（1760），二十四岁。

抵京，立崖先生招至馆，与族兄鹤林同寓，因从先生授书法。会试，卷落，朱倩圃先生房荐而不售，李石亭先生（化楠）接至沧州署，与同年雨村同读书。九月，患唾血。

二十六年辛巳（1761），二十五岁。

二月至京，云南张医语以服侧柏叶法，病稍愈。会试卷落，秦西岩先生（黉）房荐而不售，回蜀。

二十七年壬午（1762），二十六岁。

设馆于舍南碧露草堂，生徒八十余人。因病戒酒及盐、茶，每日淡食。

是岁，二女生。

二十八年癸未（1763），二十七岁。

是岁，值会试。因母多病，未赴京，仍就馆课徒。大兄如南岁试一等第一。

二十九年甲申（1764），二十八岁。

馆碧露草堂，因从游者众，训迪过劳，患怔忡。

三十年乙酉（1765），二十九岁。

余因病与生徒约只四十人冬月北上。

三十一年丙戌（1766），三十岁。

抵京入闱后，大挑一等。揭晓被放，拟呈请注销一等，再作会试计。立崖先生曰："知县虽微，却有实惠，及民正学者体验经济处，且君恩也。况汝家贫，母老需禄养。舍已成之功名，而欲求未来之科第，不亦误乎？"因遵例于五月初二日赴吏部，带领引见。先是，乙酉秋梦登白玉梯，见栋宇巍峨，金碧灿烂，旁一人曰："此碧云天也，汝不欲留此，从此下。"入一洞中，迤逶而出。遂寤。私拟是科必中，被放，以为梦幻，及入大内，由乾清门左登阶阶白石，入乾清宫殿阙，相望一一如梦中所见，因悟数有前定也。旋签掣河南，抵省，与同年乐山罗飞鸾（辅）同寓，捡阅律例及各成案。时有道人求见，年约四十许，自言为合州镇远将军李芳述之弟。芳述，国初人，计之殆百余岁矣。谓余有夙根，宜服丹，并述招隐意。余辞，道人曰："君他日亦急流勇退人也。"遂去。后丙申年，如南兄于京都见之，应诏祷雨，立应，赐号桂柏老人，亦奇人也。

八月，周愚溪先生（于智）调补开封府，立崖先生胞兄也。延余入署，代办发审案件。

三十二年丁亥（1767），三十一岁。

八月，委署辉县篆。问吏治于愚溪先生。先生曰："州县用度繁，惟俭可以养廉，而公帑尤宜慎重。弊去其太甚，余惟从容久自，就绪延名，幕王翼庭往值收漕，平斛响挡，民甚踊跃，甫一月交兑，民间词讼，惟期质天地顺民心而已。"

三十三年戊子（1768），三十二岁。

正月，卸事回省，遣人迎养老母。时抚宪阿公（思哈）以分发人员较多，议以科分，先后分题补借，补两班轮用。余借补光州州判，母程太孺人携徐孺人及两女来署。

是岁，光州及所属光、固、息、商四县灾。余分查东北乡，按户口、人数生理，何为极贫、何为次贫、何为不应赈。或直入其家，向童稚查问。间有逾堡求赈者，立指里居姓氏示之，皆帖服。然查核虽严，收入极次贫者较宽。竟事，无一人訾议。

是岁，纳篷室王氏。

三十四年己丑（1769），三十三岁。

光州州判驻札息县乌龙集，离光州、息县各一百二十里，与安徽接壤。俗凶悍，群盗出没，共辖十二集镇。缺虽闲曹，事匹剧县。余莅任年余，甚安静，州牧果高亭公（兆煌）相待甚优。时调至州审案，总记一年共办三千八百余案，从无翻控者。光州多上控之案，至是始息。

九月，委署正阳县篆。前任抱病久，积案繁多。到任后，每日约以十五案为率，一月后尘案俱清，呈词不实者即面讯劝息，应理之案即传审，任人环集不呵斥，一切陋规俱革除。

是岁，三女生。

三十五年庚寅（1770），三十四岁。

正月，交卸回光。是岁，借帑修理乌龙集衙署，并代纂《光郡通志》六十八卷。光郡初无志，余广加采访，潜德幽贞，多所表扬云。

是岁，四女生。

三十六年辛卯（1771），三十五岁。

三月，天气亢旱，蝗蝻大作。民初隐匿不报，后遂蔓延。余时在光，带领夫役择宽平地面挖长沟，沟外牵布城，城外数百人持拍笆排打。蝗奔腾如潮涌，入沟。沟中有窠，窠滑不得上岸。外数百人以杵舂之。甲处净尽，再扑乙处，亦如前法。所持拍笆，以破鞋底系木柄上，夜间燃火数十处，蝗见火即自扑。并设局捐赀购买，以沸水浇之。乌龙集界连阜阳，为蝗孽萌生之处，随赴彼协办。

四月，蝻亦息，时藩宪何公（煟）在鹿邑督办蝗蝻，饬属甚严，随将前情具禀，蒙批“此次捕蝗出力，以该员为第一，深堪嘉尚，着纪大功七次，以示鼓励”。又奉南汝光道高公（趱）调赴三河尖协捕，并由春河至商城之金刚台跑挖蝗子，以绝根株。

七月初二日，委署确山县。

九月，回任，时先慈住光，久思归，因同族妹由水路回川。初，麻城族兄（芸）以庚午举人任闽南司马告归，路经乌龙集，贫不能行，遂留止署中，荐光州书院主讲。子女不能嫁娶者，余为摒挡之。有妹适查氏婿，游幕入川。是年，因与先慈同舟云。

十月，永抚军（德）题补襄城县知县。十五日到任，时长随荐者六十余人，余签掣十人，量才安置，余悉引去。襄城为两湖、云贵通衢，差使络绎，拉车拉马，商民颇病。余均设法查明县中骡马车辆，挨次轮换增减，以时添注。署内外各置一簿计，十三月始轮一次，官民便之，至今垂为令甲。同乡公车过境，差人照应，酌送酒席程仪，并得访问乡里情事。

是岁，恭遇覃恩，貤赠祖奇瑞为文林郎，祖妣赵氏孺人，敕赠父越为文林郎，敕封母程氏孺人。时汉州绅耆以先慈节孝闻于当事，题请旌表，奉旨允准，给帑建坊。

十二月夜，三里场火，余亟出城，城已扃扭锁，赴火次风猛火烈，哭声酸鼻，救之不得。余私念宰实不德，愿灾宰身，民若无良愿，许修省以忏重孽拜祷。须臾风从东南缺处去，火渐息。

是岁，长子玉麟生。

三十七年壬辰（1772），三十六岁。

二月，先慈来署，次子襄麟生。月余，病，惊风不育。五月，玉麟病泄，亦殇。

秋收，开征常平义仓。向例每石息一斗，经手者暗加一斗，以备鼠耗、糜烂，兼零尖踢斛，计每石得三四斗。余定每石息一斗，禁零踢，各户完纳后多将余谷倾入仓。怪问之，佥曰："昔年多数倍不足，今年少数倍反有余，民之受惠多矣。是琐琐者尚忍携回耶?"每年倾入仓者二千余石，劝阻不能禁。时有樵夫二送柴两担，不受值而去，追之不及。

十月，奉檄修各营房，余勘造如式。襄多古迹，如颍桥为颍考叔故里，桥南有颍谷封人祠；龙门为汉司隶李膺故里；县南为古汝水发源，天息山过襄城、郾城，湛、汝诸水自南来入之；又南为首山，黄帝访道处；又南为马跑泉，光武驻军处；再南为湛河洼，即《水经》所称"湛坂"也。俱建坊标题。

是岁，选刻《汜南诗钞》四卷。

三十八年癸巳（1773），三十七岁。

三月初五日，子怀洵生，徐孺人爱怜甚至。余因先举两子皆不育，有侄三人，爰呼为四儿。

六月，徐孺人卒。未卒前，案头大镜忽中分为二，盖咎征云。

是岁，囹圄空虚，禁卒无事，父老来观者咸叹为生平未见，并戏云："此递解公馆也。"

冬，祈雪，雪盈尺。

三十九年甲午（1774），三十八岁。

三月初少雨，仿《春秋繁露》念木郎神咒。札龙祈祷不应，择日再祈，大雨霑足。每亩麦收二石有奇，麦穗两歧数十处。余以事涉嘉祥，靳不报，上宪风闻，差人采取，赞赏不已。邻邑时有煌灾，竟未入境。

六月，沈孺人来归。孺人江南吴县人，前御史沈公（景澜）孙女，云坡老人（犹龙）之女也。是时官民相依，有水乳交融气象。盖余自服官以来，民间利弊，事事体恤。在襄三年，始终尤不敢懈，故士民信之最深云。

十一月朔，忽张公（炎辰）奉檄署襄城事，并携委牌，委余署固始县事，盖是年固始旱，前任某未报勘。十月，灾民数百将某扛至江南霍邱界，弃之去。及归，妇女登堂击鼓，市集俱罢。四乡民入城，填街溢巷，汹汹哗甚，某遂以民变具报。时值山东王伦之变，上宪接报，惊骇谓张炎辰曰："襄城张令，官声甚好，计此事非渠不能任，汝可往代之，促彼速往，勿缓。"计襄至固邑须十日程，余即束装，六昼夜赶至。途间先出示，晓以大义，并许散给籽种、口粮，人心稍定。甫接印，陈观察（辉祖）至，次日荣藩宪（柱）亦至。荣公旋奉旨赴遂平查办王伦余党，谓余曰："吾将去，此固始事，汝能任之乎?"对曰："事势如此，驻节久民情更不可测。今以事去，民无疑，且既委(伸)，则责无旁贷。此时但能给籽种，使民有麦收之望，再得抚绥一二次当自定。"藩宪即座间拨邻邑库贮五万两付之，且曰："望善抚之，勿贻余西顾忧也。"翼日银至，余以次散给籽种、口粮，无一哗者。

先是，前任某具禀奉驳赶紧补报灾分，不敢赴乡遍查，委之书役地保，已多至五十余万口，以需索故多遗漏。余念惟煮粥方可一律收养，遂于县北关帝庙设厂收养男口、奶媇庙收养女口，北乡刘家大庙男女兼收，共一万六千名有奇。其时女口多生育，有一日产五男子者。余赁庑居之，每日送粥，全活甚众。并开仓捣米以供煮粥，共捐谷六千余石。盖既已奏，请放赈具禀，恐致驳诘，反于赈务有碍，宁先拨用，事后筹补，虽被严议不恤也。由是县民闻之多乐输者，复得米三百石。向来粥厂之弊，往往书役窃米而以石灰投之使稠，故食者多毙。余每日卯刻即入厂遍查，令司厂者同食厂粥，书役无所用其弊，故是年虽大荒，无一死者。至春间，麦豆盈野，民得聊生矣。

四十年乙未（1775），三十九岁。

固始在豫东南隅，界连安徽、湖北，文风甲他邑，人亦健讼。初到任时，上控未结三百五十余案。余日判二十五案，年余俱详结。后谒陈抚军（辉祖），问曰："余曾任开归道固始，控案甚多。自君抵任，此风顿息。何也?"余对曰："不过准情酌理立案，以垂永久耳。"抚军深以为然，叹曰："非深服其心者不能也。"

邑有临淮书院，余延溧阳孝廉史（堂）为之师，按月考课，定甲乙暇日至院中讲书，指示声病。一时人士最盛，如祝（曾）、许（鋆）、许（克岐）、曾（光黻）、丁（树本）、许（登陛）、沈（树纲）等皆先后取科甲、跻贵显。童二树（珏）赠余《甘棠篇》。二树，山阴布衣，名宿也。

二月，大兄如南援例授广西布政司经历，回固。

三月，赴广西任。

四月，五儿怀湝生。

十二月，恭值计典，列入卓荐。

四十一年丙申（1776），四十岁。

正月，六女生。

五月，以荐剡入都，谒见同乡周文恭公（煌）及少廷尉刘乙斋（天成）、侍御雷绍堂（轮）、李艺圃（漱芳）、孟鹭洲（邵）、太史周东屏（兴岱）、王士会（汝嘉）、郎中王镇之（汝璧）、唐尧春（乐宇）、员外郎李夔堂（调元）、李孝廉鼎元（天英）辈饮酒赋诗，叠相唱酬，极一时文酒之乐。因与李艺圃、唐尧春联姻。

八月初一日，赴热河引见，奉旨加一级回任候升。遂买书数百种，载归。是役，有《热河纪行草》一卷。

四十二年丁酉（1777），四十一岁。

县治清河、湛河、曲河，自前令杨济庵先生修濬后，多淤塞。因大加修葺，以均水利。间有以沟高水低，不愿使水拗执者，曲为开导，条陈利弊，贴于龙潭大坝，并挑总沟、分沟。每年于十月以后、二月以前举行，既不妨工，又不缺水。行之二年，沟势日低，水无不利之处，亦无不均之虞，争执者顿服。至筑坝，夫草按亩均摊，严杜胥吏暗折夫草之弊，灌溉田数按照现在水分，其不出夫草强援远年水分使水者惩之，其有余水愿以分溉邻田者听。于是高下均沾，宣泄有制，旱涝无虞矣。

秋，选辑《全蜀诗汇》十二卷。

是岁，七女生。

四十三年戊戌（1778），四十二岁。

正月，接大兄如南卒于桂林之信。痛哉！忆兄与余少失怙，先慈以一篝灯纺绩，余兄弟读书于侧，稍倦则严督之，泪涔涔下。今幸成立，聊慰慈闱，何意中道弃捐如此？盖兄自乙未抵桂林，即署柳州府通判事，丁酉调办科场，病卒。老母痛甚，闻灵柩起程，即带胞侄（怀洲、怀滨）回川。抵里门日，兄柩亦到，人以为慈孝所感云。

是岁，仪封所属马家店河堤冲决，调赴考城工次。时被水，饥民流离河干，染疫多死。余为施藿香正气散、六合定中丸、寸金丹，并刊刻各药性于单后，随症施治皆效。每日求药者约千人，随带夫役，在工无一染病者。

六月，工竣回县，荣抚宪拟升汝州、直隶州，会迁去不果。

秋收丰稔，重修《固始志》二十六卷。

是岁，八女生。长女归朱氏，宜宾县训导朱（廷珠）次子（映旸）。

四十四年己亥（1779），四十三岁。

二月初，仍调赴考城青龙岗工次，挑挖引河。初分工假，长七丈、宽十八丈、深一丈五尺。按照《河防一览》，先取中三丈成沟，使遇雨之日水有所归，再挑两旁。则按日挑挖，俱系干沙，不至践踩成泥，有妨人力。先挑土送至引河两岸十丈外，后渐积渐高，逼近成山，土有所归。每日役夫四五千人，皆按日雇觅。七昼夜河成，续派工假九丈，亦如前法，九昼夜成。又代光州朱公工假七丈，六昼夜成，工费皆自发给。陈抚宪赞赏，以为工既敏速，并肯代劳，大是难事。河北朱观察（岐）禀留工次，总查帮同，相度机宜。

六月，闻老母自蜀来署。两月，闻予在工次，遂病，余禀请归省。时河正泛涨，约宽十里有余。是日晨刻登舟，舟下双锚，欲行则十人挽锚，一放约行三丈。又下一锚，又十人挽之，一放又行三丈。危而复安数次，漏二下始抵岸，觅茅庵住宿。是日，饮食不能下咽。次日，途中俱有积水，二三尺不等，踩泥而行，身渐病。由沈邱太和归见母，悲喜交集，逾月，病始痊。

十月，六儿怀渭生。接川闱信，知从侄怀泗以是科领乡荐。

四十五年庚子（1780），四十四岁。

二月，挐获颍上盗首刘黑塔，解省过司院供认确凿，抚军迟两月不奏，间者微示风旨。愚以为缉盗安民，吏分内事，稍有迎合，是盗不死于法而死于吏，不答。

十月，忽将刘黑塔送至颍上，并委署兰阳县事。时河决，阿广庭相国（桂）驻工次兰阳，兼冲繁疲当路者，意在苦之以事也。余接任两月，巨细就理，合龙后雅。抚军过县，奖慰交至，拟升直隶、郑州酬劳，而不知余意已在告养矣。

是岁，次女归汪氏，本邑庠生汪（朝宗）三子（文禄）。

余族居广汉百余年，宗祠未立，心甚戚如，爰捐廉俸千金以为倡。六房和之，各集金若干，择公直勤能者董其事。于舍西北数里许买地一所，为正室三楹，置木龛其中以祀神主，前厅三楹，左右两厢各七。每岁元旦、清明、中元、冬至以时祭奠如典礼。

四十六年辛丑（1781），四十五岁。

二月，卸兰阳事。余既陈情，各宪极意挽留，拟升郑州，余辞具文得允。

六月二十八日，老母寿终固始官署，寿七十二岁。先慈一生苦节，以孝闻，性尤慈惠。余服官后，命每岁以谷分给亲族贫乏，其纤弱者代为主张之。在署犹纺绩无间，衣服多补缀，尝云物力艰难，不忘在莒也。讵意忽至，于此痛哉！痛哉！

七月，交卸。

九月十二日，送灵柩至汉口上船时，涪州潘克斋（元会）为岐亭司马飞桨来唁，并约婚姻。余命诸子出拜，克斋曰："小者佳。"即怀渭也，因委禽焉。

十月，余仍赴省交代。

十一月，始束装由西安归里。临行时，二树山人为先慈作《贞孝篇》，并送至河干，执手谓曰："吾历中州，见儒雅吏无如君者。君恬澹，想不作出山计，望自爱以著述为己任，异日各以所成就相闻而已。"相对泣下，流连不忍别。余连路查访山川形势，及古人诗咏，辑《云栈纪程》，凡相沿讹误，考核厘正，成书八卷。抵家后，因草舍欹斜，于中江买新宅一区。灵柩于十二月至中江。

四十七年壬寅（1782），四十六岁。

四月，七儿怀潞生。时同所孟鹭洲（邵）给谏读礼家居，因与缔姻。妻弟沈捷三（联芳）自吴来访，留主余家。

十一月，九女生。

是岁，为先慈卜地，凡中江、德阳、绵州、金堂等处踏看几遍，于三台县西乐安铺东原得地一区，遂于十二月二十六日扶柩安葬。

四十八年癸卯（1783），四十七岁。

春，同沈捷三、潘东庵（元音）、李筠亭（世保）游圣泉、元武、栖妙诸胜迹。元武在中江城东，其山周回三里，六窟三起，有龟蛇之象，故名。其下有渊为圣泉，出文石，即唐王勃、卢照邻、杜工部诸公赋诗处。西为栖妙山，系广政中田真人修炼之所，近多湮没少知者。余为作《元武山考》及诗数章，并录唐宋以来诗之佳者遗寺僧，命刻于壁。

三月，送沈子捷三北上。

十月，服阕。同人相劝入都，赴补豫省。寅好亦书来促驾，余力辞不赴。

是岁，为四儿聘王福田（勇）之女。孟鹄端（印）为其三子（元章）求婚，遂以第九女许字。鹄端，鹭洲给谏之从弟也。

四十九年甲辰（1784），四十八岁。

延门生冯君（兆昌）为塾师，其子（国柱）亦从学。时从子（怀浣、怀澍）及朱生（映嵩、映旭）来从余问业，与之讲习讨论，按课作时文，或间作一艺以示取则，颇得教学相长之乐焉。

五十年乙巳（1785），四十九岁。

仍延冯君课读。

九月，三女归于王氏，乙酉孝廉、甘肃宁夏县尹王砚田（耕）之长子（易珍）。余以中江米珠薪桂，遂赴汉州，稍葺旧宇。

冬，间移眷属，仍回后营居焉。

五十一年丙午（1786），五十岁。

春，族中诸子及王婿（易珍）、蒋生（廷焕）辈来受业者二十余人。余为按期课文，定其甲乙，爰取有明及国朝诸大家制艺，择其纯雅者，仿《已山八集》之例，分为养正、汇精、咀华、参变四集，以为家塾课本。

三月，母难日，不敢云寿，而昆季群从戚属门生称觞进祝，有相别二十余年者，至是握手言欢，谈心道故，盘旋数日始别去。

五十二年丁未（1787），五十一岁。

是岁，四女归金堂陈氏，婿名汝德。选辑《唐诗正音》十卷、《明七律选》二卷、《地理正宗》八卷。

五十三年戊申（1788），五十二岁。

先高祖母胡孺人墓葬隆昌殷家坝百三十年矣！去年冬，从兄蓝圃官泸州学正，便道祭扫，见盗葬累累，询为豪右范氏，遂呈请永宁道孙公（曰秉）檄县究治县左祖。三月，余同侄怀泗等往清理，范氏始迁去，殆七家焉。余于墓旁置地数亩，并叙颠末，立碣，付子孙之在隆者守之。先高祖珩玖公曾置有家祠祭田，历年既久，经手者多，当出。余因与合族议集金若干赎回，并约嗣后有子孙游泮者给银二十两，中式者给银一百两，以示鼓励。其有此次不出钱者，不过岁时随班祭奠而已。经理数月，事竣，始回汉州。

九月，乡试榜发，门人叚（钟孚）中式。时直隶通永道罗江同年李雨村（调元）里居过访，与淮儿缔姻。

十一月二十一日，沈孺人卒，于十二月二十二日命儿辈扶衬，安葬于三台县建宁驿之北原。

五十四年己酉（1789），五十三岁。

正月，八子怀潼生。

夏，李雨村同其弟墨庄太史（鼎元）见访，约游峨眉山。余以暑，不果行。雨村作《述怀诗》三首，余与墨庄及侄（怀泗）和之，并乞雨村为先慈程孺人作传。盘桓数日，诗酒唱酬，颇得林泉之乐，有《西园倡和集》一卷。

五十五年庚戌（1790），五十四岁。

延邹孝廉鉴亭（大训）为塾师。

七月，访雨村于南村，不遇。宿掬云亭，留诗壁间，遂至安县访张明府（仲芳）及山长顾德草（稧）。德草工书法，曾着《副墨近品》，论近代书家优劣。

八月十三日，恭值纯皇帝八旬万寿，赴成都庆典局随班拜祝。时内江同年仪部姜尔常（锡嘏）掌教锦江书院，以其第七女与八儿缔姻。

十二月，四儿怀洵完娶。

五十六年辛亥（1791），五十五岁。

仍延邹鉴亭课读。

二月中旬，刘生自德阳来，言张氏园林之盛。余以诗柬雨村同游。

二十六日，九子怀淇生。

九月，大庾戴可亭（均元）先生科试绵，属洵儿以德阳籍游泮。

是岁，南笼守唐尧春（乐宇）扶母榇至夔州，卒于舟次。其四子张兰，余第六婿也，抵绵竹后即送来读书。

五十七年壬子（1792），五十六岁。

二月，舒甥礼堂（文彬）访余于后营。盖余一姊归金堂舒氏，生一甥，即礼堂也。姊夫早卒，姊茹荼矢节，抚子成立，于丙申年为甥援例分发湖北钟祥县丽阳司巡检，姊亦就养在署。

是年，甥奉委解饷回蜀，因给假省墓，盖相别十余年矣！依依话旧，得姊氏近状，甚悉远怀，为之一慰。时乡里学校中亦以姊氏节孝闻于当事，题请旌表，奉旨允准，给帑建坊，与先慈后先辉映焉。

三月，为溎儿完婚。

五十八年癸丑（1793），五十七岁。

正月，延童时熙（佩章）课读。

三月，长孙懋中生。舍南有桥跨清泉溪，为州东各集镇往来之要道，从前架木为桥，冠玉公易之以石，经今五十余年，日渐坍塌。余与友叔、玉林二兄谋议改卷洞，坚实可久，爰集金百余。鸠工督造，阅两月而桥成，为易名青云。于桥侧立字库一座，并为作碑记，以志颠末。

四月，四媳王氏卒。

五月，溎儿受知于督学使者吴寿庭先生（树萱），游泮。

九月，唐婿来就婚。初，汉州学宫前泮池宽十余亩。元明以来，时有金鳞游泳，士子每于此决科，为州胜迹。明季兵燹，后废为荒圃。余请于州牧胡一峰先生（延璠），率同人重为修凿凡四，阅月始克复旧观。时大成殿渐倾圮，旧有铁铸圣像，但儒衣儒冠，颇失尊崇之意，且于典礼不合。因为添设冕旒，并整修大殿及两庑，更捐金补筑周围墙宇，而圣庙于是灿然可观矣。

五十九年甲寅（1794），五十八岁。

九月，秋闱榜发，怀湝中本省乡试。是科，正主考为郎中范摄山先生（鏊），大兴人；副主考为中允余秋室先生（集），钱唐人；本房高县庚子科进士周莘圃先生（谦），仁和人。

十一月，湝儿偕门生叚（钟孚）及冉孝廉（辙）北上。

六十年乙卯（1795），五十九岁。

二月，至绵竹，访唐婿，并为其尊人尧春谋葬地。途中忽病，眩晕急归，调治稍愈。自是时发时止，年余方就痊可。

四月，为洵儿续娶李氏，成都前山西汾州司马李公珠庭（元芝）次女。

八月，送儿辈赴省乡试。姜尔常邀同李雨村游浣花溪，置酒少陵草堂。回忆己卯榜后陪宴，迄今三十余年。何希颜、家鹤林已久作古人，而余三人尚得携酒论文，重寻旧约，为之黯然。壁间观中州李鹤林（振青）画《兰雨村》，题五言律诗二首，余和之。翌日，鹤林复邀同往，极一时文酒之乐。

是岁，十一女生。选刻《排律韵荟》四卷。

嘉庆元年丙辰（1796），六十岁。

三月，学使李沧云先生（棨）岁试，渭儿及唐婿俱入泮。朔八日，值母难辰，宾朋称祝略如五十岁时。然岁月如流，忽周甲子，恐德业无成，多年多辱，惟兢兢自守而已。

十月，次孙懋禄生。

二年丁巳（1797），六十一岁。

春，胸膈间忽患疡症，日渐甚，幸饮食如常，不致为累，多方调治，数月始愈。自是精神较昔稍减矣！

十一月，渭儿往涪州潘氏就婚。

三年戊午（1798），六十二岁。

正月，渭儿自涪州挈眷回里。

四月初八日，十二女生。

六月，怀淇患痢疾，数日而殇。此子颇聪慧，四岁能辨四声，以为或易成就，遽尔夭折，殊为恸惜。怀洵科试优等，食廪饩，旋考取优贡第一。

是岁，纳妾龙氏。

四年己未（1799），六十三岁。

春，闻高宗纯皇帝升遐。六十余年深仁厚泽，普天渐被，哀诏到日，旄倪哭泣，如丧父母。时达州民王三槐等倡乱，余党蔓延秦、楚、蜀之间。

四月，从侄临川（怀泗）自军营归里。予得信喜甚，遂肩舆赶赴德阳墓次，相见泣下。盖侄自己酉岁赴都，以四库馆议叙选授怀来令，继调宛平，旋以疏防被议留缉，会达州教匪滋事，遂随陕西永抚军（保）至汉中，因乞假省墓。予赋诗四章寄之，翌日，族中诸子往访于半亩园，遂以韦应物诗“宁知风雨夜，复此对床眠。始话南池饮，更咏西楼篇”分韵赋诗，汇为一集，名《水村唱和集》。景泗公为之序，时年八十有三，亦韵事也。

六月，督学使者陈钟溪先生（希曾）岁试汉州，渭儿考列一等第一，食廪饩。

八月，十儿怀沂生。

九月，命潞儿赴都就孟氏婚，与临川侄同行。

十月，第三孙懋炎生。

五年庚申（1800），六十四岁。

正月十六日，达州贼党偷渡嘉陵江。余避居省垣，于北门内买宅一区，挈眷居件。

八月，添第四孙懋嘉及长孙女。九女归于孟氏。

是岁，渭儿以优等选拔，从侄（怀澍）、冯生（国柱）亦与焉。《锦里新编》十六卷成。

六年辛酉（1801），六十五岁。

正月，第五孙懋豫生。

九月榜发，洵、渭两儿俱中本省乡试。是科，正主考为侍御钱次轩先生（栻），仁和人，戊戌进士；副主考为户部主事杨刚亭先生（健），清泉人，丙辰进士；（洵）本房为蓬溪己酉进士敬约堂先生（大科），和州人；（渭）本房为青神甲午教廉朱篪村先生（怀班），桂林人。

十一月，儿辈由省城东门外买舟北上。

七年壬戌（1802），六十六岁。

春，连举二子，一名庆元，一名玉山。春闱揭晓，儿辈俱下第，于七月归里。

九月，资州牧赵芦洲先生（遵律）来访，出所作《甘露寺八观龙洞记书后》、近作数十首见示。九日，复置酒草堂，邀同内江孝廉艾春岩（荣松）及儿辈游青羊、浣溪诸胜。登高怀古，握手谈心，风流逸韵，亦宦海中所不可多觏者。是时，儿辈刻予诗集八卷，将次告成，芦洲复为之序，以弁其端。

十二月，潞儿同临川侄携眷回里。

八年癸亥（1803），六十七岁。

课儿辈读书，邹生（峄贤）、李生（化同）、刘生（倬）来从学。

是岁添六、七、八三孙。余因汉州旧志简略太甚，暇日广为搜罗，汇为十二卷，名曰《绳乡纪略》，六阅月始告成。余老矣！精力就衰，不能多所撰作，拟于秋后回后营清理家务，交付儿辈。余得借以息肩，旋省时再将《纪略》一书删订付梓。此后静坐焚香，闭门课子，不复以俗累撄心矣！

右先君自订年谱，系去春课读之暇，因不肖兄弟等晚出，不能知昔日事，追忆六十余年甘苦阅历，略书梗概，付洵等收藏。去秋回汉州经理庄务，凡亲友一切借贷，贫不能偿者，悉焚弃券契，且量为佽助。盘桓数月，于十一月二十二日始回省。先君体素健旺，精神饮食不减壮时，惟步履稍弱，然无他疾病。数日前忽觉眩晕，时发时止，医者谓火气上炎，投以清火化痰之剂，颇效。二十五日，尚与家人辈围炉聚话，昏刻忽痰壅气喘，令人扶至床褥，闭目端坐，至戌刻鼻息渐微，玉箸双垂，溘然长逝，寿六十有七。呜呼痛哉！不肖等未能仰体庭训，稍自树立，茕茕在疚，依依无之。痛念先君一生，持躬莅物，政事文章略具斯谱。观者可得其概，谨付剞劂，俾子孙什袭藏之。他如与人，以恕交友，以诚睦姻，任恤以惠，以及厉俗型方，培植士类，其彰彰在人耳目者，未敢多赘。不孝等草土余生，语无伦次，惟冀大人君子锡之，铭诔传志，以光泉壤，则不孝等生生世世感且不朽。嘉庆甲子（1804）孟春，不孝男（怀洵）等泣血谨识。

张云谷太翁传

君讳邦伸，字石臣，云谷其号也。世籍江西太和，明初迁蜀之隆昌，数传至曾祖连义公，遂家于汉州焉。君二岁而孤，程太夫人抚之襁褓中，伶仃孤苦，形影相依。稍长，深以不及事父凌霄公为终天恨。每侧闻母训，涕泣志之，不敢忘。

先是，君生时，父梦游崟华，忽白猿飞肩上，化为童子，顾而笑曰："予崟华山侍者也。"寤，遂诞。故其髫龄即颖悟过人，每读一书，如素所成诵。迨至崭然头角。时能属文，叔景泗公屡面试之，皆入彀。十七岁，补博士弟子员，食饩于庠。遇试，辄裒然居首。二十二岁，举于乡，座主为闵峙庭、周立崖两先生。时有欧阳得子瞻之目，众谓张氏有子矣。会试，累举不第，患咳血，犹力疾读父遗书，达旦不少辍。嗣遂还家奉母，息辙课徒。三十岁始至京大挑一等。

君志不欲小就质之师，师勖以及时施实惠答君恩，且家贫，亲老正需禄养，毛义捧檄而喜，盖有所屈也，乃随班引见，签掣河南，遂迎养于光州署，朝夕供子职。回忆茕茕孑立时，越今三十载，菽水之志差慰矣。君所莅，率极冲辉县，为通省财赋区，劣衿蠹吏，或乘隙滋事。君至，力治之，船载涂歌，民甚踊跃，其治漕如此。迨其补光州州判也，值四县旱，东北乡分析离居，君按户口、人数分中、次、极贫，查问得实，无滥无遗，其治赈如此。光俗剽悍，群盗出没，君莅任年余，萑苻尽息，此外共结三千八百余案，无上控者，其除弊如此。光岁偶歉多蝗蝻，民隐匿不敢报，君为恻然，督夫役择地挖沟，蝗奔腾如潮涌入，力剿之，使尽息。后遂有麦穗两歧之应，其捕蝗如此。

又明年，补襄城县，复调知固始事。是岁，固大灾，前任未及报勘，四乡民汹汹入城，时遂以民变具报。上游以张君官声好，促往代之。君为晓谕大义，给仔种、口粮，人心稍定，又请拨邻邑库贮银五万两付之，且更自捐谷六千余石，设粥厂，所全活者万六千名有奇，其济众如此。于是抚臣悯其劳，又以治清河水利，并治颍上诸迹，欲登之荐牍。君以母疾当告养力辞，痛值母丧，百姓咸若大戚。君系念慈亲一生苦节，孝德上闻，垂老犹纺绩不倦，衣服多补缀，遗容犹在，风木凄怀。盖至是而君竟不复作出山计矣！自归田后，日以著述为己任，督课子弟，或偶拈题，自作一艺，与受业诸生讨论之。他若建宗祠、修文庙，交友睦族，陶镕士类。惟日以行善自娱，或劝入都赴补，谢不应，其出处之际如此。君素体健，闻君客秋回旧宅清理家务，凡向时借贷力不能偿者悉焚其券，并躬诣亲朋家絮语，如作永别状。比十一月二十二日来省垣，越三日，果端坐长逝，年六十有七，其去来了然又如此。

君之所著述者：《光郡通志》六十八卷、《固始县志》二十六卷、《云栈纪程》八卷、《锦里新编》十六卷、《绳乡纪略》十二卷、《西园唱和集》一卷、《热河纪行草》诗一卷、《云谷诗钞》八卷、《云谷文钞》四卷。所选辑者：《汜南诗钞》四卷、《唐诗正音》十卷、《明诗七律选》二卷、《全蜀诗汇》十二卷、《地理正宗》八卷、《排律韵荟》四卷、《维桑集》四卷。

子八人，怀洵、怀溎、怀渭俱连举贤书。孙八人。

论曰：自古才人杰士，半皆托迹神佛、仙怪，以轮回旋转于天壤间。谢灵运前生慧业，李青莲夙世如来，尚已！其人或技艺卓冠一时，或文章宣昭人口，英风灏气，诚足凌铄百代。然遭遇非时，不获尽展其所抱负，故晚年著述每多悲歌慷慨，以自抒其不平之鸣。惟君躬逢盛世，在乡为名诸生，在官为世循吏，诗歌雍容，道扬懿美，所至多惠政。宏济时艰而尤可传诵者，莫大于能事母。君自少至壮至老，中间得禄养数十年，未尝一日忍离膝下，迨母殁之后，遂终其身守墓庐，不复萦情既仕。是则至性过人，始终如一。今其流风余韵，犹能令子若孙恪奉先训、敦孝友，以上继家声，固非凡为良有司所能企及者。苏子瞻云："其生有自来，其死有所为。"是固信之，于理而益知君实有不朽者在矣。

赐进士出身、钦命提督四川学政、掌河南道、监察御史、四川正考官、江西副考官、前翰林院编修、咸安宫总裁、通家愚弟钱栻拜撰。

皇清诰授文林郎、知河南固始县事云谷张公墓志铭

张云谷先生，讳邦伸，字石臣，汉州之后营人。故籍楚麻城，明初迁蜀之

荣昌，国初曾祖连义公始徙汉居之。祖冠玉公讳奇瑞，州贡生；父凌霄公讳越，州廪生，俱以公贵封文林郎，赠如其官。兄讳仁寿，字如南，广西布政使司经历，公其次也。凌霄公尝梦游蓥华山，有白猿跃肩上，化为童子曰："予蓥华侍者，奉命为君子。"已而公生，越一载，凌霄公卒，母程孺人茹荼而抚之，曰："务以文学世其家。"公年十八补博士弟子员，二十四举于乡，屡上春官不第。

乾隆丙戌（1766），圣天子方雅意作人举大挑盛典，俾寒畯得及时自效。公与，挑得高等，以知县用签掣河南，借补光州判官，判署分驻息县之乌龙集。壤接安徽，群盗往往出没其间，公捕渠魁，治以法，群盗敛迹去。

辛卯（1771），光州蝗起，公奉文捕之。令人掘渠数丈，以布蔽其一面如城，数百人持拍笆逐，至蝗为布所阻，辄堕渠杵令死，夜则燃火其处，诱蝗扑火光，迫之亦堕渠死，仍悬价购余蝗之不及逐者，一二日间蝗绝，蝻竟不起。是岁也，蝗而不害。布政使何公闻之，曰："此出力捕蝗第一员也。"

明年，补襄城县知县，县为通衢，使者、车马络绎于道。民病役不均，公籍有车马者为轮法，均其役，凡十三月而役一周，其车马有登下者，以时增减各如簿，官民至今便之。县有常平义仓，每岁春发秋敛，敛加息一斗，而仓役恣为奸，假鼠耗倍其息，零尖踢斛又倍之。公仅取息一斗，余尽捐之，而严禁仓役之作弊者。民户入谷往往获羡，余而归，乃相率以其余者倾入仓。公怪问之曰："往者倍数而来谷不足，今如数而来尚有余，民受其赐多矣。"顾惜此戋戋也。襄城名胜之区，向多古迹，如颍桥者，郑颍考叔故里；龙门者，汉司空李膺故里；首山者，黄帝访道处；马跑泉者，汉光武驻军处；汝水湛坂，皆《水经》所载，各为坊联，以表之政理民和，案牍清简。明年，遂无系狱者，囹圄虚无，人独递解流囚宿焉。父老来观，指为解囚传舍也。

甲午（1774），固始灾，饥民欲为变，大宪调知固始县事。公下车，先晓以大义，使各定厥居，然后请帑银五万两，按极贫、次贫例分别给口粮、籽种，计赈五十余万口，其漏册者又万六千余人。爰设粥厂，男女异所，俾学官司之。公日巡其处，至则尝粥，而后分给，使书役不敢窃米杂灰滋弊。时孕妇多产育，有日产五男子者，别赁庑居之，厚其养，使不及于病。凡捐仓谷六千余石而全活众矣！县有报杀其女者，民自外归，门闭不启，掇入之。女缚柱而绵塞其口以死，无奸，亦无失物。公验之，并验得后墙足迹，密令民确检所失，而密以告，果失钱四千文、口袋一条。问有见此钱者乎？曰：“表兄某曾见之，且向借未与。”因饬民自邀其戚族邻人集庭下，有不至者以贼论，已而毕至，某亦至。公点名逐一目之，目至某色动。点毕，拍案大叫曰：“得贼矣！”某益色惊遽，诘之，吐实，问钱袋安在，曰：“弃之池。”涸而取之，真赃也，一时服其神明。计典卓荐入觐，归仍知固始县事。县有清河、曲河、堪河，引灌圩田为一邑之水利，历年沟淤益积而高水益退而下，水有及沟不及沟而讼兴焉。公喻民按亩均夫，按籍征草，岁一挑浚，每于十月以后二月以前举行。逾年沟低水高，沟以次受水，水以次入田，无病旱者。考城黄河决，大宪檄公往治之。河阔十八丈有奇，往者夫役足陷泥淖中，施畚锸不便，公令先浚河心阔三丈许，使水趋中流，两旁淤泥渐涸为浮沙，而从事焉，事半功倍矣！负土两岸，约一丈以外积如丘阜，因以固堤防。计自青龙冈以下长二十余丈，两旬而毕功。大宪嘉其成功之速，将升汝州或郑州，议未定，适公以母程孺人病，请告终养，而程孺人寿终固始官署矣！扶柩西归，年四十五岁，正古人强仕时也。服阕后，遂栖隐不出。初，合州有李道人者，国初镇远将军李芳述之弟也，计年百余岁矣！乾隆丙戌（1766），公遇之于汴城，谓君有夙根，将授金丹。公以禄养辞，道人曰：“他日急流勇退人也。”至是果如所言。

公家富图籍，杜门快读异书，尚如诸生时，训课诸子，得登贤书者三人。公修宗祠，赈族党，赒鳏寡孤独之无告者。同年友某宦江宁，以事系刑部狱，公为归其孥于蜀业师高白云（辰）。卒后，遗妻晋氏，老而贫甚。公膳养至二十余年无倦色，其勇于好谊如此。

公好为诗歌，约四千余篇，手自删减，仅存集八卷行于世，其他著述有《光郡通志》六十八卷、《汜南诗钞》四卷、《热河纪行草》一卷、《全蜀诗汇》十二卷、《固始县志》二十六卷、《云栈纪程》八卷、《唐诗正音》十卷、《明七律选》二卷、《地理正宗》八卷、《排律韵荟》四卷、《绳乡纪略》十二卷、《锦里新编》十六卷、《维桑集》《云谷文钞》若干卷、《庆诞记》一卷。

嘉庆癸亥（1803）十一月二十五日，方宴客，谈笑饮食如常。是夜，无疾而卒，距生乾隆丁巳（1737）三月初八日，得寿六十有七岁。配徐孺人，继娶沈孺人，俱先公卒。子八人：长怀洵，辛酉举人；次怀淮，甲寅举人；次怀渭，辛酉举人；次怀潞，次怀潼，次怀沂，俱业儒；次怀澂，次怀沄，俱幼。女十二人，长适宜宾县训导朱廷珠之子映旸，次适邑庠生汪朝宗之子文禄，三适宁夏知县王耕之长子易珍，四适陈惟观之子汝德，五殇，六适南笼太守唐乐宇之子张兰，九适广东顺德紫泥司巡检孟印之子元章，余未字。孙八人，懋中、懋禄、懋炎、懋嘉、懋豫、懋直、懋科、懋卿，俱幼。

嘉庆庚申，公由汉州避贼乱，迁居成都，余亦病休寓省，居相近，志相得也。暇日读公所著书，并识其居官廉明状。甲子初秋，归窆有日矣，孝廉君怀洵等奉公年谱来乞余志，因按谱，撮其政治之大者叙次如右而系之铭。铭曰：

于惟云谷，古之人与。服官不十五，稔而水旱，与俱民各宁。其居林下二十余载，而遗荣甘蔬，乐我琴书。在国为循吏，在乡为鸿儒。诗书贻后，庆也有余。城开滕沈，墓树枌榆。琢石纪之，惟怀永图。

嘉庆九年（1804），岁次甲子，秋七月，知顺庆府南充县事京山愚弟李元顿首拜撰。

先叔云谷公行状

嘉庆八年癸亥（1803）十一月二十五日，吾叔云谷公卒于蓉城里第。戚族闻之，哭于巷。士大夫闻之，相与叹息。于官佥曰："善人已矣！"泗闻信，奔至，哭于柩之前，和诸昆相抱泣。呜呼！斯文坠矣，小子安仰。甲子（1804）冬，卜兆既定，洵等嘱泗为公状。呜呼小子，忍状吾叔哉！公生平出处，俱在年谱，已乞当代。大君子为传、为墓表、为墓志铭，不复状，今就其大者而繁其词，并状公逸事。

公讳邦伸，姓张氏，字石臣，号云谷，别号鋆华山人。曾祖连义公由隆昌徙新都，旋徙汉州。祖冠玉公，州岁贡生，父凌霄公，州廪生，俱以公贵赠如官。母程太孺人，奉旨旌表节孝，建坊里门。公生二岁而孤，稍长，读书不善记，记辄不忘。每所览书，能通晓大义，程太孺人夜纺绵，课公及兄仁寿读，读稍倦，太孺人曰："而忘尔父耶？积学未遂而赍志以殁，殁时以手指汝，冀有成也。不学，何面目见泉下？"语毕，太孺人泣，公与兄俱泣。以是益奋励，弟兄先后补弟子员，以学行重于时。

公己卯举于乡，历官河南光州州判，辉县、正阳、确山、襄城、固始、兰阳县知县，有惠政，大计，卓荐屡拟郑州、直隶、汝州知州，以母老乞养不拜。既乞养得允，旋奉讳归里，服阕不出山，优游林下者二十余年。公之令襄城也，缅甸之役，吉林兵过境，前途畏其剽悍，辄封署，藉事他出，而以丁役应之，兵见官怯势益张，公令洞开堂门，肃仪仗，使知朝廷体制，而躬自照料出境，凡廪饩、车马，无缺亦无滥。其有桀骜者，与领队官言之，故吉林索伦兵以次过境，无敢哗。公之调固始也，前令某以旱灾未报，为百姓扛至安徽霍邱县界，弃之去。某踉跄归，士女哗于堂，某遂补报灾赈情形，而以民变上告。时值山东临清有警，当事大惊，檄公驰往。公兼程至县属之往流集，集市皆罢，人以布蒙首，插草标折棹几脚为具。公曰："尔曹何为？"众曰："某等无他，闻前官告变，省中大人动兵，某等死于岁与死于兵等耳，不得不自为计。"公曰："休矣！岂有将用兵而使新官受代者乎？省宪实带银来赈汝等耳。"众不信，公曰："若有他意，我岂单车疾驰而来？今晚矣，我为汝等留一宿。倘有变，愿以身代之。"是夜，公进绅耆与之言，并作谕数十通，使张布各处。众素耳公名，及读谕，相与流涕，皆曰："今始望活。"公至署之次日，方伯荣柱、开归道陈辉祖先后驰至，方伯旋奉命赴河北防边，临行谓公曰："固始事至此，可奈何？"公曰："宪节驻久，民情不可测。今以事去，民自定。此时计得银五万两，以次抚恤可无虞。"方伯仓卒出城，实无银。公曰："拨邻封库贮，可速济。"方伯即座间，如数与之。陈观察见民情宁贴，亦旋省。当前任补报灾案时，处处查户口，多不实。公按册给予而漏户一万六千有奇，复据实补报。其续经查出而赶报不及者，设厂煮粥，分别男女以养之，捐谷六千余石。或以详请为词，公曰："事急矣，倘不允，事更掣肘，不如先自拨碾，后筹弥补，虽严议不惜也。"是岁，虽奇荒，无以饥死者。

邑有临淮书院，公厚饩延名师教之，暇日亲至院中，与诸生讲示声律，尤敬礼绅士，以故士民亲之如父母，尊之如师长，依依不舍。公纂辑固始志，多采入古人诗词，而忌者摘以为訾，卒赖贤绅士排解而息，然其书实斐然可观是邦文献也。

庚子，拿获邻境盗首刘黑塔，例得保送引见当事者，迟两月不奏。间者微示风旨，公不应，于是将盗送还颍上，而委公署兰阳，公事事就理当事，复奖励交至，注意擢拔，而公已决计告归矣。

公少贫，不能购书，尝于荒肆买苏诗残本读之，红黑圈数十遍，故公诗从东坡入手后，乃泛滥百家，巍然自树一帜，佚荡排傲，纵横不可一世。然皆引经据典，步武一准先民，遇古今陈迹，尤多论断，的然为有关系文字，而气韵和平，识者以为生平福力之征云。公精制艺，凡三变，当廿余岁时，典丽矞皇，为应试之文，继乃冲和平澹，晚益高，老不肯为靡靡之音。今《云谷归田集》坊间翻刻几遍，几于家有藏书，人人手执一编，凡游其门者皆先后取科第去。公所读书，皆借钞副本，后宦游四方，藏书既多，手自披阅，讹者正之，秘者纂之，手不释卷，终日喁喁。如诸生遇人问疑难事，公言在某书第几页，检之，百不失一。

公与人谈忠孝，辄欷歔太息，闻妇女节义事，涕泗交颐，其艰苦者多方周全之，盖追念太孺人守节之难，推而及之，孺慕之忱，随感而发，故真切如此。州城地势东南隅颇平陷，公议建奎阁于城上，倡修文庙，挖泮池，工力捐绵倍焉。是役也，适山阴胡一峰别驾权州刺史，工将竣，调任简州，复以书访圣像典礼于公，公报云："唐贞观二年，专祀先圣于学，诏天下州县皆立庙，塑像衣衮冕；宋祥符中，追谥文宣王，桓圭一，冕九旒，服九章；崇宁中，冕用十二旒；明嘉靖九年，改易木主，以其像瘗大成殿后，此木主之始。古者祭必有尸，释奠于学，无尸设像以代之，变而得正，自东周元圣庙已然。文翁作《礼殿图》，绘古圣贤各像，亦仍此意。明改祀木主，道德之容，莫由瞻仰，惟其近于有像无尸，故至今守之不废。然天下郡县学宫，犹有用塑像者，想是时有不忍撤毁之心。近见河南陈州府学大成殿及两庑皆像，中江县四配十哲亦皆像，至圣像皆冕旒龙衮，自唐以来定制如此。汉州学宫原无圣像，前州牧徐芷塘先生见村寺有铁铸圣像，因移于文庙，但儒衣儒冠，颇失尊崇之义。或元以前所为，按之典礼未合，宜加冕旒龙衮以昭德容之盛，辨极详核士论韪之。今庙圣像加冕旒如礼，权州刺史鲁公华祝循吏也，西藏之役访驿站利弊于公，公上言力役之征，圣王不废，国家值军兴大事，些须津贴，小民具有天良，岂容推诿？第责令当站州县独任，则未免向隅撤入通省丁粮，则众擎易举，不如按粮公摊，俟差事临境时，先行借项垫办，差竣之后，按定确数带征还款，方能实用实销，不至有悮差病氏之患。乾隆三十三年（1768），河南办送滇差，曾经奏准有案，似可仿照云云。鲁公叹服，请于上，格议未行。”

公生平著述多经济，裨益当世之务，另载专稿，兹择其尤者录一二于此。公见善如不及，见不善亦恶之甚，严然事过即忘，光风霁月，人皆谅之。晚年两颊忽生须，体素健，就床即鼾睡，鼻息如雷，有动即警醒，盖心地坦白清宁之故。教子弟不事呵斥，以身示法，而循循引诱之，待之以廉耻而养其性情，使之餍饫而不自知，公之教也。以故子弟与及门诗文皆有法度，动定中规矩，望而知为云谷先生门下士也。

癸亥冬，以事回汉州，夜梦大风烈烈，屋后大树忽中断，压倒屋梁而醒。翼日回成都，抚诸孙而问之曰：“汝等想我否?”（洵）等方讶不祥，欲问之，俄而痰气上壅，端坐逝，口中吐沫如丝，玉筋垂焉。

公兄仁寿，入籍中江，由廪生授广西布政司经历、权柳州府通判，先公卒。姊适舒氏，旌表节孝。元配徐氏，继沈氏。子八人：长怀洵，戊午优贡，辛酉举人；次怀淮，甲寅举人；次怀渭，辛酉拔贡举人；次怀潞，国学生；次怀潼、怀沂、怀澂、怀沄。

公生平坐处，足未尝蹲踞，贴身汗衣、袴衣，未尝用丝绵，饮食未尝专指一味，久而不渝，亦可觇公之所养矣。论者谓公笃信谨守而文学斐然，于圣门中似子夏。顾子夏，春秋时人，至战国尚为魏文侯师，约百四十余岁，而公年止此。然综公身世出处之际，德福兼备，亦敻乎不可及哉！回忆（泗）莅宛平时，五弟（淮）以公交车来署，公手书勖曰：“为官无济于世，读书不登于朝，皆为恨事，自古险夷无常，唯尽其在我，从平时处立脚方有根抵。余老矣，汝弟兄互相师友勉之！勉之!”今洵、淮、渭相继而起，尚未可量，而（泗）诸事瓦裂，深负期望。壬戌冬，挈眷归里，公犹拮据以应事。事先为体恤，可谓难矣，而今已矣，悲夫悲夫！兹就所知及（洵）等所状，连缀成篇，唯其事实而言不文，伏乞仁人君子俯赐采择，赐之铭诔，感且不朽，（从侄怀泗）抆泪谨状。

参考文献

古籍：

（战国）列子．列子［M］．叶蓓卿，译注．北京：中华书局，2011.

（战国）韩非子．韩非子［M］．高华平，王齐洲，张三夕，译注．北京：中华书局，2010.

（西汉）司马迁．史记［M］．北京：中华书局，1959.

（西汉）扬雄．扬雄文集笺注［M］．郑文，笺注．成都：巴蜀书社，2000.

（东汉）于吉撰，王明编．太平经合校［M］．北京：中华书局，1960.

（东晋）常璩著．华阳国志［M］．刘琳校注．成都：巴蜀书社，1984.

（南朝宋）范晔撰．后汉书［M］．（唐）李贤等注．北京：中华书局，1965.

（南朝梁）刘勰．文心雕龙注［M］．范文澜注．北京：人民文学出版社，1978.

（南朝梁）刘勰．文心雕龙［M］．徐正英，罗家湘注译．郑州：中州古籍出版社，2008.

（唐）李延寿．南史［M］．北京：中华书局，1975.

（唐）薛涛著．薛涛诗笺［M］．张篷舟笺．北京：人民文学出版社，1983.

（唐）白居易著．白居易集笺校［M］．朱金城笺校．上海：上海古籍出版社，1988.

（后蜀）何光远．鉴诫录［O］．文渊阁《四库全书》本.

（北宋）孙光宪．北梦琐言［M］．北京：中华书局，1985.

（北宋）薛居正等．旧五代史［M］．北京：中华书局，1987.

(北宋) 李昉等编. 太平广记 [M]. 北京: 中华书局, 2013.
(北宋) 乐史撰. 太平寰宇记 [M]. 王文楚点校. 北京: 中华书局. 2007.
(北宋) 范仲淹. 范文正公集 [M].《四部丛刊》本.
(北宋) 欧阳修. 新五代史 [M]. 北京: 中华书局, 1974.
(北宋) 张唐英著. 蜀梼杌校笺 [M]. 王文才, 王炎校笺. 成都: 巴蜀书社, 1999.
(北宋) 沈括著. 梦溪笔谈 [M]. 侯真平校点. 长沙: 岳麓书社, 2002.
(北宋) 阮阅. 诗话总龟 [M]. 北京: 人民文学出版社, 1987.
(北宋) 范成大. 范村梅谱 [M]. 上海: 上海书店出版社, 2017.
(南宋) 胡仔. 苕溪渔隐丛话 [M]. 廖德明校点. 北京: 人民文学出版社, 1962.
(南宋) 陈振孙. 直斋书录解题 [M]. 上海: 上海古籍出版社, 1987.
(南宋) 严羽著. 沧浪诗话校释 [M]. 郭绍虞校释. 北京: 人民文学出版社, 1983.
(南宋) 魏庆之. 诗人玉屑 [M]. 上海: 上海古籍出版社, 1978.
(南宋) 祝穆. 宋本方舆胜览 [M]. 上海: 上海古籍出版社, 1991.
(明) 杨慎, 黄峨著. 杨慎词曲集 杨升庵先生夫人乐府 [M]. 王文才辑校. 成都: 四川人民出版社, 1984.
(明) 杨慎, 黄峨撰. 杨升庵夫妇散曲 [M]. 金毅点校. 上海: 上海古籍出版社, 1989.
(明) 杨慎. 升庵诗话 [A].《历代诗话续编》本 [M]. 北京: 中华书局, 1983.
(明) 杨慎著. 杨慎词曲集 陶情乐府 [M]. 王文才编. 成都: 四川人民出版社, 1984.
(明) 汤显祖著. 汤显祖诗文集 [M]. 徐朔方笺校. 北京: 北京古籍出版社, 1982.
(明) 胡震亨. 唐音癸签 [M]. 上海: 古典文学出版社, 1957.
(清) 钱谦益. 列朝诗集小传 [M]. 上海: 上海古籍出版社, 2007.
(清) 毛先舒. 诗辨坻 [M].《清诗话续编》本 [G]. 上海: 上海古籍出版

社，1983.
（清）吴任臣．十国春秋［M］．北京：中华书局，2010.
（清）王士禛．花草蒙拾［M］．词话丛编（第一册）［G］．上海：上海古籍出版社，1986.
（清）王士禛著．五代诗话［M］．郑方坤删补，戴鸿森校点．北京：人民文学出版社，1998.
（清）张廷玉等．明史［M］．北京：中华书局，1974.
（清）许儒龙．郫犀许水南征君诗文集［O］．咸丰五年八月许天禄重订本，1855.
（清）李调元．全五代诗［M］．《丛书集成初编》本.
（清）张邦伸．云谷年谱［M］．嘉庆九年隆昌张氏刻本.
（清）章学诚．文史通义［M］．上海：上海古籍出版社，1956.
（清）李馨纂修．（乾隆）郫县志书［M］．海口：海南出版社，2001.
（清）朱鼎臣修，盛大器等纂．（嘉庆）郫县志［M］．成都：巴蜀书社，2009.
（清）叶申芗撰．本事词［M］．贺严，高书文评注．北京：中华书局，2019.
（清）孙錤．瘦石文钞［O］．上海：上海古籍出版社，2012.
（清）赵尔巽等．清史稿［M］．北京：中华书局，1998.
（清）王增祺．聊园词存［O］．清光绪十七年刻本，1891.
（清）陈庆熙修，高升之等纂．（同治）郫县志［O］．同治九年刻本，1870.
（清）李玉宣等修，衷兴鉴等纂．（同治）重修成都县志［O］．同治十二年刻本，1873.
（清）况周颐，王国维．蕙风词话　人间词话［M］．北京：人民文学出版社，1960.
听雨楼随笔［M］．魏尧西点校．成都：巴蜀书社，1987.

今人著作：

任中敏．曲谐 女曲家［M］．北京：中华书局，1930.
吴梅．词学通论［M］．上海：上海商务印书馆影印，1934.
王国维．王国维戏曲论文集［M］．北京：中国戏剧出版社，1984.

任继愈．老子新译［M］．上海：上海古籍出版社，1985.
叶朗．中国美学史纲［M］．上海：上海人民出版社，1985．
唐圭璋．词话丛编［M］．北京：中华书局，1986.
张璋，黄畬．全唐五代词［M］．上海：上海古籍出版社，1986.
车文博．弗洛伊德主义原著选辑［M］．沈阳：辽宁人民出版社，1988.
蔡毅编．中国古典戏剧论著序跋汇编［M］．济南：齐鲁书社，1989.
赵国志．色彩构成［M］．沈阳：辽宁美术出版社，1989.
霍松林．中国历代诗词曲论专著提要［M］．北京：北京师范学院出版社，1991.
李谊辑．历代蜀词全辑［M］．重庆：重庆出版社，1992.
赵春林．园林美学概论［M］．北京：中国建筑工业出版社，1992.
陈华昌．唐代诗与画的相关性研究［M］．西安：陕西人民美术出版社，1993.
牟钟鉴．道教通论——兼论道家学说［M］．济南：齐鲁书社，1993.
李谊辑．历代蜀词全辑续编（第2版）［M］．重庆：重庆出版社，1994.
韩健敏．神秘的空间［M］．成都：四川文艺出版社，1994．
谢伯阳．全明散曲［M］．济南：齐鲁书社，1994.
韩经太．理学文化与文学思潮［M］．北京：中华书局，1997.
李朝正，李义清．巴蜀历代名媛著作考要［M］．成都：巴蜀书社，1997.
丰家骅．杨慎评传［M］．南京：南京大学出版社，1998.
王国维．宋元戏曲史［M］．上海：上海古籍出版社，1998.
郭绍虞．中国文学批评史［M］．天津：天津百花文艺出版社，1999.
艾治平．花间词艺术［M］．上海：学林出版社，2001.
里功，贵群．中国古典文学荟萃·花间词［M］．北京：北京燕山出版社，2001.
吴功正．中国文学美学［M］．南昌：江西教育出版社，2001.
张国庆．云南古代诗文论著辑要［M］．北京：中华书局，2001.
王文才，万光治．杨升庵丛书［M］．成都：天地出版社，2002.
胡兰成．今生今世［M］．北京：中国社会科学出版社，2003.
杨世明．巴蜀文学史［M］．成都：巴蜀书社，2003.
曹明刚．满堤红艳立春风——花蕊夫人诗注评［M］．上海：上海古籍出版社，2004.

王星绮．元曲与人生［M］．上海：上海古籍出版社，2004.

蔡忠，王金星，谭国应．黄峨诗词曲赏析［M］．香港：香港教育出版社，2005.

王运熙，顾易生．中国文学批评史［M］．上海：复旦大学出版社，2007.

赵义山．明清散曲史［M］．北京：人民出版社，2007.

耿刘同．中国古代园林［M］．北京：中国国际广播出版社，2009.

王晓波．清代蜀人著述总目［M］．成都：四川大学出版社，2009.

陈其兵，杨玉培．西蜀园林［M］．北京：中国林业出版社，2010.

曾晓娟．都江堰文献集成 历史文献卷（文学卷）［M］．成都：巴蜀书社，2017.

期刊：

葛兆光．道教与唐代诗歌语言［J］．清华大学学报，1995（4）.

刘益国．论杨升庵的散曲［J］．四川师范大学学报（社会科学版），1996（2）.

陈渭忠．摩诃池的兴与废［J］．四川水利，2006（5）.

刘盈．杨圻诗歌的梅花情结［J］．盐城师范学院学报（人文社会科学版），2010（2）.

白秀珍．梅花诗的发展及张道洽的梅花诗创作［J］．武汉工程职业技术学院学报，2015（2）.

赵仁春．清代蜀中诗人许儒龙初考［A］．《蜀学》第12辑［M］．成都：西南交通大学出版社，2017.

后　记

这本《巴蜀文学与文献研究论稿》是一本集体合作的著作，由我和同事喻芳、张婷婷两位老师共同完成。全书由我统筹，并进行了体例上的编排、格式的修改。各章的具体分工则如下：

喻芳：《“浓妆淡抹总相宜”——论花间词的色彩美》《论五代西蜀诗歌》《孙光宪文学思想初探》《从〈升庵诗话〉看杨慎的诗歌美学思想》《论杨慎、黄峨夫妇的离思之作》《“蜀女多才”的道教文化渊源》《花蕊夫人笔下的成都园林》《黄峨散曲的戏剧因素》《从“金钗笑刺红窗纸”的纯真少女到“闺门肃穆”的严整妇人——论明代女诗人黄峨的情感历程》《不同性别视角之下的怨歌——黄峨与沈仕闺怨之曲比较》10 篇。

王燕飞：《天乎于汝不为薄，千树梅花一声鹤——浅析清代郫县诗人许儒龙的梅花诗》《清代郫县诗人盛大器研究三题》《诗梦草堂西，偏爱杜陵诗——论晚清四川女诗人曾懿对杜甫的接受》《陈炳魁诗文辑佚》《〈历代蜀词全辑〉增补 65 首》《〈都江堰文献集成·历史文献卷（文学卷）〉续补 34 首（篇）》《〈都江堰文献集成·历史文献卷（文学卷）〉续拾 60 首——以吴升、赵金鉴为中心》《〈费燕峰先生年谱〉点校》8 篇。

王燕飞、张婷婷：《〈都江堰文献集成·历史文献卷（文学卷）〉增补 60 首（篇）——以许儒龙、孙錤为中心》。

张婷婷：《〈云谷年谱〉点校》。

另外，由王燕飞负责的部分还请西华大学文学与新闻传播学院中文系的部分学生做了一些工作，如《陈炳魁诗文辑佚》由 2015 级汉语言文学专业的杨茂同学代为录出，《〈历代蜀词全辑〉增补 65 首》由 2015 级汉语言文学专业的冯蘭同学代为录出，《〈都江堰文献集成 · 历史文献卷（文学卷）〉续拾 60 首——以吴升、赵金鉴为中心》由 2017 级汉语言文学专业的贺泓瑞代为录出并标点，《天乎于汝不为薄，千树梅花一声鹤——浅析清代郫县诗人许儒龙的梅花诗》一文则是王燕飞给 2015 级汉语言文学专业的刘迪指定的毕业论文题目，最后由王燕飞润色修改。需要特别说明的是：杨茂已经考上了南京师范大学古典文献学的研究生，冯蘭则考取了安徽大学汉语言文字学的研究生，刘迪考取了四川师范大学古典文献学的研究生。

收在本书中的论文比较“杂”，作者有三位，内容上则有文学研究、有文献辑补，还有年谱整理，涉及文学、文献学、史学。这和我们三人的专业也有关。

喻芳老师的教学以唐宋文学为主，同时对巴蜀才女颇有研究，承担过多项相关课题，收在本书中的有关论文即是她从事这方面研究的成果。

四川省社会科学重点研究基地“地方文化资源保护与开发研究中心”因地处岷江流域，因此以都江堰为研究重点，努力构建“都江堰学”，而资料的搜集是最基本的工作。在研究中心领导的支持下，经过有关专家和老师的努力，先后出版了《都江堰文献集成 · 历史文献卷（古代卷）》《都江堰文献集成 · 历史文献卷（近代卷）》《都江堰文献集成 · 历史文献卷（文学卷）》等三部著作。《文学卷》的编者曾晓娟老师赠送给我一部。我放在书桌时时翻阅，发现不少遗漏的诗文，故而记录下来，便是本书中辑补的 154 篇诗文。其他有关盛大器、许儒龙、曾懿、陈炳魁、王增祺等人的研究，则是我翻阅《清代蜀人著述总目》（四川大学出版社 2009 年版）所得。

费密、张邦伸均是巴蜀著名文士，学界对其研究极不充分，其年谱的点校整理，必将推动对二人的进一步深入研究。张婷婷老师是四川大学历史学硕士毕业，在中心工作，踏实认真，并于今年考上了四川大学历史学博士。因时间紧迫，我请她帮忙整理了张邦伸的《云谷年谱》。

之所以要出版这本书，主要是因为我们对巴蜀文化的热爱。三位作者中，有两位不是四川人（喻芳老师是重庆人，算巴蜀）。虽然不是生于斯、长于斯，然而我们却工作于此，生活于此，我们对巴蜀文学、文献、文化的热爱是发自内心的，我们愿意献上我们的一瓣心香。我们热爱巴蜀文化，愿意用我们稚嫩的笔，写下我们对巴蜀文化的热爱，写下我们的点滴理解与感受，写下我们或许微不足道的“研究”。当一个个逝去的灵魂在我们的研究下重新“复活”的时候，当我们试图去了解他们曾经的所思所感的时候，当我们走进他们内心去感受他们的歌与哭，笑与泪的时候……或许，这正是“研究”的意义所在，也是“研究”最美妙的时刻。

关于“巴蜀”，周裕锴先生在《通江三李雪鸿堂文集校注序》中有过精彩的描述：

> 四川古称巴蜀，然巴与蜀实有别焉。盖蜀以川西平原为中心，田土肥沃，物产丰富，其民好游赏，喜文章；而巴则僻处川东北山地，重峦叠嶂，土薄物贫，其民生多艰，其民风厚朴。故自古号为文人墨客者，多蜀人，而巴人鲜预焉。如司马相如、扬雄、王褒、陈子昂、李白、“三苏”、杨慎，概产自西蜀而名满天下。
>
> 然则山川之气果厚于蜀而薄于巴乎？巴人果困于民生而朴野少文乎？非也。盖巴与蜀均处四川盆地，其元气相通，其地理相接，其人文相化，固自有翰墨相继者。阆中近巴，而宋有陈尧叟兄弟三人，联翩状元及第，继登台辅。阆中而东有巴州，有县曰通江，为巴之腹地。崇山环抱其旁，曲水流经于侧，实天地钟灵毓秀之所。有清之李蕃、李钟壁、李钟峨父子三人，生于斯地，以科第起家，遂播声四海之内，驰名康熙、雍正间数十年，安得谓巴山无俊才大器乎！

严格意义上说，拙著并没有涉及“巴人”的篇章，我们只不过沿袭了“巴蜀”这一传统说法，但同时，这也是我们以后前进的方向！我们希望今后继续努力，为深入研究“巴蜀”文学、文献，甚至文化，贡献我们的绵薄之力。

当然，我们的研究也有很多不足，比如研究对象偏向于小人物、小作家；研究视阈有些狭窄，不够广阔，还需要我们不断学习，不断积累；研究方法较为单一，也需要进一步提高……

我们愿意将这本有很多不足的“著作”贡献于学界，祈望得到相关专家的批评指正！同时，我们更感谢给我们鼓励和帮助的师长、领导、同事和亲朋好友！

感谢我的导师郝润华先生！当我初来四川工作时，先生就建议我要多了解巴蜀文献，最好能从事巴蜀文学文献的整理与研究工作，并给我推荐了好几种有关巴蜀文学文献的目录学著作。如果没有恩师的谆谆教导和热心帮助，就不会有今天我们这本小书的出版！

感谢西华大学图书馆潘殊闲馆长在百忙之中赐序。潘馆长不仅是我们的领导，更是我们的良师益友。他对巴蜀文学、文化的研究功力深厚、独具特色。我们不仅在工作上得到他的指点，从他的研究成果中也获得了不少启示。

感谢“北京人文在线”提供的部分经费支持，感谢刘芬老师为此付出的辛苦劳动！和刘芬老师已经是第二次合作了，每一次合作都感到很是亲切和高效。

“路漫漫其修远兮，吾将上下而求索”。这本《巴蜀文学与文献研究论稿》算是我们对巴蜀文学与文献研究的一个小结，我们会继续努力，希望以后能交出一份满意的答卷！

王燕飞

二〇二〇年清明于无所住居